CHRISTOPHER AILSBY

DIE GESCHICHTE DER WAFFEN-SS

In Wort und Bild 1923-1945

CHRISTOPHER AILSBY

DIE GESCHICHTE DER WAFFEN-SS

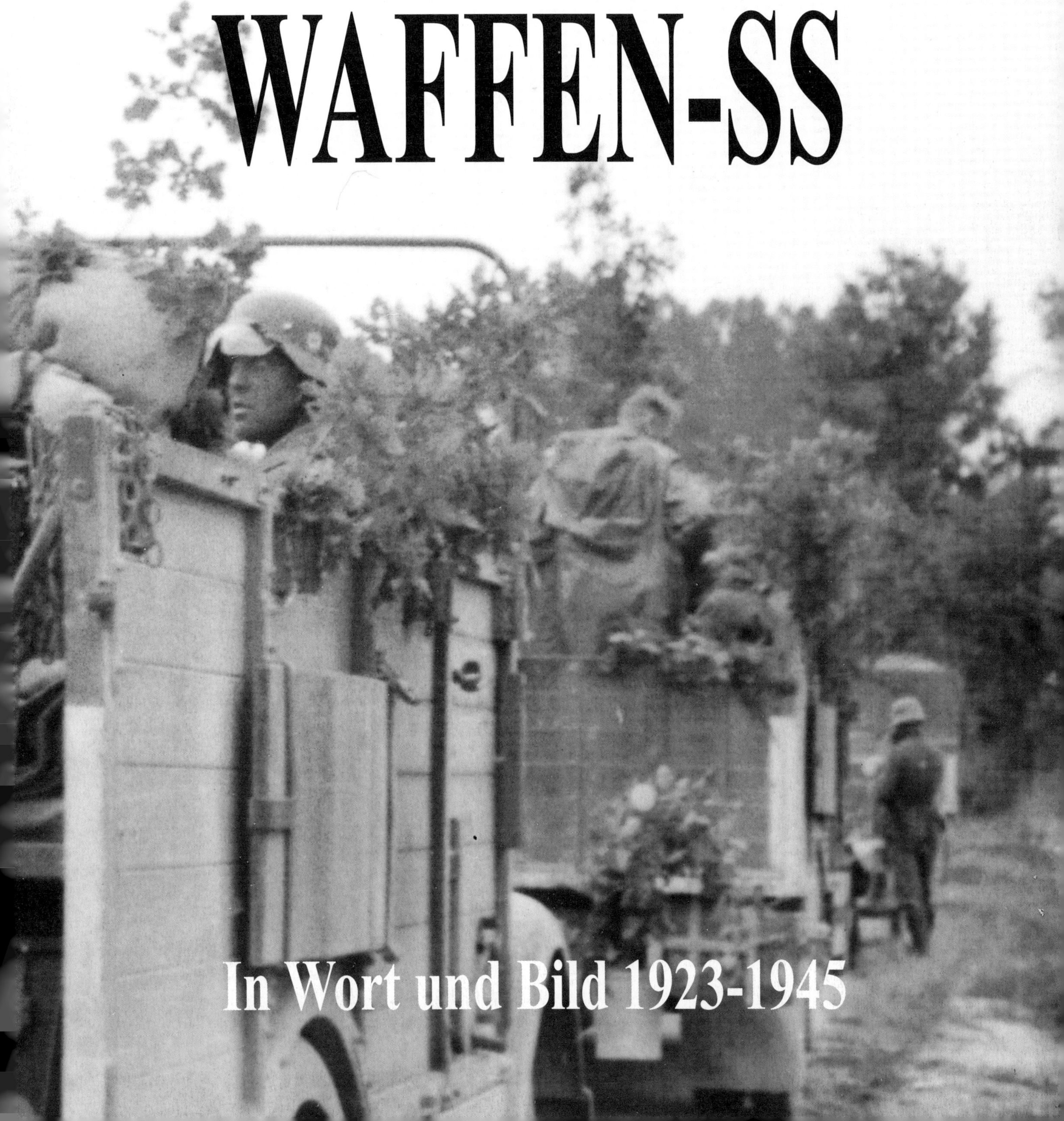

In Wort und Bild 1923-1945

Originaltitel: Waffen-SS: The Unpublished Photographs, Erstveröffentlichung 1998 © by Verlag Brown Packaging Books Ltd., London
Aus dem Englischen von Rudolf Kaspar
Umschlag von HP-Graph unter Verwendung von Bildern aus dem Innenteil

Bildnachweis:
Alle Photos von Christopher Ailsby Historical Archives, ausgenommen, mit Genehmigung von:
Agencja Wydawnicza CB: 56, 57, 58, 59, 60 (alle drei), 61 (beide), 62 (beide), 63 (alle drei), 64 (alle drei), 65 (alle drei), 66 (beide), 67 (u)
Robert Hunt Library: 170, 200 (u), 212, 213, 214 (o), 215 (u), 219 (o), 219 (m), 220 (u), 221
TRH Pictures: 9, 10, 17 (u), 22, 23, 25 (u), 30 (beide), 31 (beide), 84, 85, 88 (o), 89 (u), 92 (o), 96, 97, 98 (o), 99 (u), 101 (beide), 102, 108 (u), 114 (o), 116 (u), 117, 118, 128 (o), 146, 150 (u), 151 (u), 154 (o), 155 (beide), 156 (beide), 157 (u), 158 (u), 159 (or), 159 (u), 164 (u), 168, 169, 171, 176 (beide), 177 (alle drei), 178 (u), 179 (beide), 180, 181 (beide), 184, 185, 186, 187, 191 (beide), 193 (u), 195 (o), 196, 197, 198 , 200 (o), 210 (beide), 202 (o), 203 (u), 208 (beide), 209 (beide), 210, 215 (m), 217 (o & m), 218 (ol), 218 (u), 220 (o)
TRH Pictures via Espadon: 82, 95, 100 (o), 193 (o)

Inhalt

Einleitung

Dieses Buch ist ein einzigartiger Bildbericht über die Entwicklung der wohl berüchtigtsten militärischen Organisation des 20. Jahrhunderts, der Waffen-SS. Die Organisation der SS und ihrer militärischen Einheiten im besonderen ist unerbittlich mit dem Aufstieg Adolf Hitlers und seiner Nazi-Partei verbunden. Entstanden als kleine, ausgewählte Gruppe Entschlossener, die Hitler und seine Kumpane in den 1920ern bei den politischen Versammlungen vor ihren Gegnern schützen sollte, wuchs die Waffen-SS zu einer Armee, die am Ende des Zweiten Weltkriegs fast eine Million Männer umfaßte.

Die Waffen-SS war Teil der SS, im wesentlichen ihr paramilitärischer und dann militärischer Flügel, und wurde während der 20er und 30er Jahre streng vom Führer der SS, dem Reichsführer SS Heinrich Himmler, dominiert. Es war stets Himmlers und Hitlers Absicht, daß die bewaffneten Einheiten der SS aus politischen Kriegern, einer rassischen und militärischen Elite, indoktriniert von der nationalsozialistischen Ideologie, bestehen sollten. Hierzu wurde die Rekrutierung genau überwacht: Nur die rassisch und körperlich Vorzüglichsten des Dritten Reiches wurden ins Schwarze Korps aufgenommen. Dies traf besonders für Hitlers Leibwache zu, die Leibstandarte unter ihrem charismatischen Führer „Sepp" Dietrich. Die Rekruten, die in die Waffen-SS aufgenommen wurden, erhielten eine ideologische Unterweisung in den Lehren des Nationalsozialismus, die sie in der Überzeugung wiegten, daß sie die Bannerträger des Nazismus in jeder Form seien. Hand in Hand mit dieser ideologischen Indoktrination ging eine harte militärische Schulung. Das Trainingsprogramm, ersonnen von Felix Steiner und Paul Hausser, schuf SS-Soldaten, die sowohl fit als auch vertraut mit den Theorien der mobilen Kriegsführung waren. Anders als in der Armee gab es keine sozialen Schranken zwischen Offizieren und Männern: Die Einheiten lernten, als Teams zu operieren; jeder war, ungeachtet seines Ranges, von seinen Kameraden abhängig – so entwickelte die Waffen-SS einen einzigartigen Kameradschaftsgeist.

Als Folge der Schulung, der Rekrutierungskriterien und der Indoktrination war die Waffen-SS 1939 eine kleine, bestens trainierte und wohlausgerüstete, kampfbereite Formation. Verglichen mit der deutschen Armee war sie unbedeutend, und Hitler hätte seine Feldzüge in Polen, Belgien, Luxemburg, Holland, Frankreich, Jugoslawien und Griechenland auch ohne Himmlers Truppen gewonnen. Trotzdem focht die SS tapfer und mit einem Elan, den man bei Armee-Einheiten selten fand. Solche Leistungen fanden die Bewunderung Hitlers und Himmlers und den widerwilligen Respekt der Armee (obwohl ältere Armeekommandanten die Verwegenheit tadelten, die bei der SS oft zu hohen Verlusten führte).

Viele Kapitel in diesem Buch betreffen den Krieg an der Ostfront. So muß es sein, denn der Krieg in Rußland entschied das Geschick des Dritten Reiches und der Waffen-SS. Es war aber auch an der Ostfront, wo die Waffen-SS ihre Sporen gewann und die Achtung der deutschen Armee und ihres Oberkommandos errang. War die Armee wegen der Unbekümmertheit der Offiziere und Männer der Waffen-SS bei den Angriffen der Jahre 1939–1941 entsetzt, die hohe Opfer forderte, so war sie nun für den Mut und den Fanatismus bei der Verteidigung in Rußland dankbar, die der Operation „Barbarossa" Ende 1941 folgte.

Der Krieg in Rußland war für die Waffen-SS jene Aufgabe, für die sie geschaffen worden war: ein Kampf der Weltanschauungen – Nationalsozialismus gegen Bolschewismus, bei dem die Soldaten, die die SS-Runen trugen, in erster Front standen. Solche ideologischen Auseinandersetzungen sind immer schrankenlos und heftig, und so erntete während des Kriegs an der Ostfront der kämpferische Einsatz der Waffen-SS, eine Mischung aus ideologischer Überzeugung, Tapferkeit, Unbarmherzigkeit, blindem Gehorsam und Nihilismus, das Lob der SS- wie auch der Armeekommandanten. Die Feuerprobe der Ostfront härtete die Eliteeinheiten der Legionen Himmlers und verwandelte sie in die wohl besten Truppen unter Hitlers Armeen. Die Ehrentitel dieser Divisionen – Leibstandarte, Das Reich, Totenkopf, Wiking, Frundsberg und Hohenstaufen – und ihre bedeutendsten Einsätze – Demyansk, Charkow, Kursk und Tscherkassy – haben zu Recht Eingang in die militärische Folklore gefunden.

Die Waffen-SS hielt in Rußland stand, wo sich die Armee-Einheiten vor den Offensiven der Roten Armee zurückzogen oder auflösten. Und obwohl die SS-Divisionen bei dem Versuch, auf Befehl ihres Führers standzuhalten, oft verbluteten, sah Hitler nur seine SS-Legionen scheinbar unabwendbare Niederlagen in Siege verwandeln. Dies war in seinen Augen die Manifestation der Überlegenheit der nationalsozialistischen Weltanschauung: daß die Waffen-SS schließlich triumphieren würde, gleichgültig, wie viele Divisionen die Russen ihnen entgegenwarfen. Die Wahrheit lag natürlich woanders, und am Ende wandte sich Hitler voll Haß gegen die Waffen-SS, als nicht einmal mehr sie seine Wünsche erfüllen konnte. Doch 1942-1943 begann der Führer von ganzen SS-Armeen zu träumen, die ihm nach seiner Ansicht den Endsieg im Osten garantieren würden.

Wenn Hitlers Träume über die militärische Situation an der Ostfront nach 1942 auch fest in seiner Phantasie verwurzelt waren, so war die greifbare Folge seiner geistigen Verwirrung, daß die Waffen-SS die besten Waffen und Ausrüstungen erhielt. Ihre Panzerdivisionen wurden freigebig mit Panther- und Tiger-Tanks ausgestattet, und die Infanterie der Waffen-SS bekam gepanzerte Truppentransporter, die sie in die Schlacht führen sollten. Mitte 1943 waren die Panzerdivisionen der SS die wahrscheinlich besten Militäreinheiten, die das Dritte Reich besaß, und sie hatten während der letzten zwei Kriegsjahre große strategische Wirkung an der West- und an der Ostfront.

Mit der Verstärkung der besten Divisionen der Waffen-SS ging eine Erhöhung der Gesamtzahl der SS-Divisionen einher. Der Krieg in Rußland erlebte ein spektakuläres Anwachsen von Himmlers Armee, doch die Notwendigkeiten des Krieges hatten die rassischen Aufnahmestandards so sehr verwässert, daß sie bedeutungslos geworden waren. Zehntausende nichtdeutsche Männer, selbst Angehörige von Rassen, die die Nazis zuvor als „Untermenschen" betrachtet hatten, wurden im Versuch, die Niederlage abzuwenden, in die SS aufgenommen.

Einen Bildbericht über eine so große und mannigfaltige Organisation wie die Waffen-SS zusammenzustellen, ist nicht leicht, und die Entscheidung, was aufzunehmen und was wegzulassen sei, fällt schwer. Doch das einzigartige Fotoarchiv Christopher Ailsbys hat die Aufgabe etwas erleichtert. Ailsby ist nicht nur ein Autor und Experte, was viele Aspekte des Dritten Reichs betrifft, er ist auch ein Sammler von Denkwürdigkeiten. Ein Teil seiner Kollektion enthält Photographien jener Zeit, und nicht nur solche der Waffen-SS. Über viele Jahre hinweg hat er eine einzigartige Phototthek aufgebaut, die Bilder aller Lebensbereiche Deutschlands in der ersten Hälfte des 20. Jahrhunderts enthält. Unter diesen Bildern befinden sich Photographien aus persönlichen Alben von Personen, die diese traumatische Periode durchlebten. Sie bieten einen einzigartigen Blick auf die großen Ereignisse, die das Leben der einfachen Leute überschatteten. Zusätzlich ist die Mehrzahl der Photographien in diesem Buch bislang unveröffentlicht und gibt daher eine unübertroffene illustrierte Geschichte der Waffen-SS.

Das Buch enthält natürlich Bilder der höheren SS-Führer wie Heinrich Himmler, „Sepp" Dietrich und Theodor Eicke, da ihr Weglassen die Autorität des Werks verringert hätte. Doch sind es die Bilder der gewöhnlichen Soldaten der Waffen-SS, die für dieses Buch kennzeichnend sind. Diese Photos sind nicht nur interessant, sie erinnern auch daran, daß es der gemeine Soldat war, der während der ersten zwei Kriegsjahre an den Blitzkriegen teilnahm, der die Schrecken der Ostfront ertrug und der schließlich bei der Verteidigung des Vaterlands und des Nationalsozialismus den Preis zahlte.

Wie steht es um den Vorwurf, daß Bücher wie dieses die Waffen-SS verherrlichen? Während es richtig ist, daß mit der Waffen-SS eine Art düsterer Glanz verbunden ist, werden die Frage der Indoktrination durch die Ideologie des Nationalsozialismus und die Grausamkeiten, die sich als Folge davon ergaben, auf den folgenden Seiten ausführlich angesprochen. Während es stimmt, daß von Truppen, die die SS-Runen trugen, schreckliche Verbrechen begangen wurden, ist es auch so, daß Tausende von Soldaten der Waffen-SS sich niemals Grausamkeiten gegen gegnerische Soldaten oder unschuldige Zivilisten zuschulden kommen ließen. Und wichtig ist es auch, zwischen der Waffen-SS und der SS als Ganzes zu unterscheiden. Dies nicht, um die Waffen-SS reinzuwaschen, sondern um ein ausgewogenes und genaues Bild der Prätorianergarde Hitlers zu liefern, was Christopher Ailsby sicherlich gelungen ist.

Peter Darman
Hrsg.

KAPITEL 1

Die Leibwache des Führers

Die Anfänge der Waffen-SS

LINKS: Freikorps-Mitglieder im Januar 1919 auf den Straßen Berlins. Hart und rücksichtslos, wie sie waren, stießen viele Ex-Freikorpskämpfer später zu den Reihen der SA und SS.

GEGENÜBER: Adolf Hitler, Führer der Nazi-Partei, dessen Bedürfnis nach einer absolut loyalen Leibwache 1925 zur Gründung der SS führte.

Die SS entstand in der besonderen Situation nach der Niederlage Deutschlands im Ersten Weltkrieg. Die politischen Verhältnisse, die Adolf Hitlers beispiellose Machtstellung ermöglichten, sind nur durch die Nachwirkungen der deutschen Kapitulation verständlich. Die Verschmelzung politischer Randgruppen mit Vereinigungen von Ex-Soldaten - den Freikorps -, die auf der Suche nach Stabilität ziellos überall im Land umherstreiften, schuf in Verbindung mit der instabilen inneren Lage in Deutschland eine Umwelt, in der Extremisten gedeihen konnten.

DEUTSCHLAND – DAS POLITISCHE SCHLACHTFELD

Der Erste Weltkrieg endete am 11. November 1918 nach der Abdankung des Kaisers. Zwei Tage später unterschrieb auch Ludwig der III., König von Bayern, formell seine Abdankung und entband alle bayerischen Soldaten, unter ihnen Hitler, von ihrem Treueeid. Am 28. November ging Wilhelm II. ins Exil. Dies führte zu einem politischen Vakuum, das von der äußeren Rechten oder der äußeren Linken gefüllt wurde und Deutschland unter der labilen Weimarer Republik in Chaos und Aufstand trieb. Die Armee der neuen Republik, die Reichswehr, beschloß, sich gegen jeden Umsturz zu schützen. So wurde etwa die Regierung der bayerischen Sozialisten in München von Truppen der Zentralregierung mit Hilfe von verbündeten Freikorps zerschlagen.

Während dieser Zeit betraten zwei schillernde Figuren, die Hitler später in den Schatten stellen sollte, die politische Bühne. Die erste war der Eisenbahnschlosser Anton Drexler, ein harmlos wirkender Brillenträger, der seit dem Ersten Weltkrieg für die Vaterländische Partei arbeitete und einen gerechten Frieden für Deutschland suchte. Drexler vereinigte im Januar 1919 zwei Splittergruppen von Unzufriedenen zur Deutschen Arbeiterpartei (DAP) - einer Partei mit nichts als einer Zigarrenkiste zum Aufbewahren der Mitgliedsbeiträge.

HITLER UND RÖHM

Der zweite, Ernst Röhm, war ein finsterer Charakter: klein, übergewichtig, Kugelnarben in den Wangen, ein Nonkonformist, Wüstling, Homosexueller und Abenteurer, der die bürgerlichen Normen haßte und das Chaos in Deutschland nach der Niederlage rigoros ausnutzte. Nach dem Krieg war er in der Armee geblieben und hatte in General Ritter von Epps Freikorps gekämpft, das die bayerische sozialistische Regierung zerschlug. Zu dieser Zeit hatte er in einem Geheimauftrag der Armee in der Region München Waffen- und Munitionslager für monarchistische und nationalistische Gruppierungen angelegt und einen politischen Nachrichtendienst für die Reichswehr aufgebaut. Adolf Hitler, damals ein Obergefreiter, der auf seine Entlassung aus dem Dienst wartete, wurde im Februar 1919 dieser neuen Einheit zugeteilt. Hier erhielten Hitlers stark nationalistische Ansichten und antisemitischen Vorurteile während seiner Ausbildung neue Nahrung. Im September erteilten ihm seine Nachrichtenoffiziere den Auftrag, Ermittlungen über die DAP anzustellen.

DER AUFSTIEG HITLERS

Hitler gefielen Drexlers Ideen, da er in den „kapitalistischen Juden" und der „marxistischen Verschwörung" seine Feinde sah. Genau diese Vorstellungen bildeten später den Kern der Nazi-Ideologie. Drexler seinerseits beschrieb Hitler als „einen absurden kleinen Mann". Hitler manipulierte die Mitgliederzahlen der DAP, um ihre Bedeutung hochzuspielen. Bald war Drexlers Stellung innerhalb der Partei durch Hitlers starke Persönlichkeit und seine eindringliche Rhetorik gefährdet. In weniger als einem Jahr war der „absurde kleine Mann" zur beherrschenden Kraft in der Partei geworden. Bald darauf verschmolz Hitler die DAP mit der Nationalsozialistischen Deutschen Arbeiter Partei (NSDAP).

Zu dieser Zeit beschloß Ernst Röhm, Hitler zu unterstützen, und trug so zum Wachstum der eben flügge gewordenen Nazi-Partei bei. Röhm war Stabschef beim Münchener Militärkommandanten und hatte die fixe Idee, eine revolutionäre Armee unter seiner eigenen Führung zu bilden. Dazu hatte er die heimlich bewaffnete Bayerische Heimatwehr auserwählt. Die Berliner Regierung jedoch, die Umsturz witterte, hatte diese und andere militärische Gruppierungen aufgelöst, die sich Anfang 1921 heimlich in verschiedenen Teilen Deutschlands trafen. Röhms Ziele waren also vereitelt. Hitlers embryonale Nazi-Partei bot ihm eine neue Chance. Er glaubte, er könne Hitler nach seinen Wünschen formen und ihn vereinnahmen. Also begann er, seinen Einfluß beim Parteiführer zu steigern, indem er ihn mit Personen wie General Erich Ludendorff und General Ritter von Epp bekanntmachte. Diese Bekanntschaften verliehen Hitler und seiner Partei in der Folge Glaubwürdigkeit, und bald floß finanzielle Unterstützung. Geld ist Macht, und Hitler hatte dies immer anerkannt. Jetzt mußte er das Parteiprogramm verbessern, am besten über das äußere Erscheinungsbild der Partei. Deutsche Mannsleute waren Uniformen und militärischen Prunk gewöhnt. Was lag also näher, als diesem Militarismus den Patriotismus vorzuspannen? Beide hatten im Ersten Weltkrieg einen schweren Dämpfer erhalten. Als Emblem wählte er die weibliche Form der alten Swastika, des Hakenkreuzes, das auf der Nazi-Fahne „wie eine flammende Fackel" aussah.

DIE „WÖLFE" DES FÜHRERS

In den frühen Tagen des Nazismus war Hitler von den rauhen Braunhemden der Sturmabteilung (SA) umgeben, harten, arbeitslosen Ex-Soldaten, die Münchener Bierhallen wie den Torbräukeller nahe dem Isar-Tor besuchten. Röhm hatte sie angeworben, um Nazi-Redner bei öffentlichen Auftritten zu beschützen. Mit wachsender finanzieller Unterstützung und einer sichtbaren politischen Botschaft war Hitler bereit, seine neue Macht zu erproben und zu stärken – am besten in einer ernsthaften Konfrontation mit dem politischen Gegner. Dazu kam es am 4. November 1921, als Sozialdemokraten und Kommunisten seine Partei im Hofbräuhaus zerschlagen wollten. Er beschrieb den Vorfall später poetisch so: „Der Tanz hatte noch nicht begonnen, als meine Sturmtruppen, so wurden sie seither genannt, wie Wölfe angriffen. In Packs von acht oder zehn warfen sie sich wieder und wieder auf ihre Feinde, und bald begannen sie sie tatsächlich aus der Halle zu prügeln. Nach fünf Minuten sah ich kaum einen von ihnen, der nicht blutbedeckt war. Dann fielen zwei Schüsse, und von allen Seiten folgte wüstes Gebrüll. Fast frohlockte einem das Herz bei diesem Anblick, der Kriegserinnerungen wachrief."

LINKS: Sturmführer Horst Wessel führt 1929 seine Männer durch Nürnberg. Wessel wurde am 14. Jänner 1930 von Kommunisten angeschossen und erlag neun Tage später seinen Wunden. Er erhielt das Begräbnis eines Märtyrers, und das von ihm verfaßte Marschlied „Die Fahne hoch!" wurde zur Hymne der Nazi-Partei.

Ende 1921, bei einem Treffen der separatistischen Bayerischen Gesellschaft, befahl Hitler seinen Sturmtruppen, die Bühne zu stürmen. Der folgende Kampf beendete die Versammlung. Hitler wurde daraufhin verhaftet und im Frühling 1922 zu drei Monaten Gefängnis verurteilt (von denen er nur einen absaß). Während dieser Zeit begriffen er und seine Förderer, daß etwas Spektakuläreres als Bierhallen-Raufereien nötig war, um ihren politischen Rang zu steigern.

Hitlers Leibwache

Die Zahl der Braunhemden stieg, doch handelten sie eher auf Röhms Befehl als auf Hitlers. Dieser sah die Notwendigkeit einer ergebeneren persönlichen Elite-Wache. Die Einheit sollte aus erprobten Männern von „nordischem" Blut und gutem Charakter bestehen und Hitler bedingungslos ergeben sein. Ihre Rolle sollte sowohl die einer Leibwache als auch einer Speerspitze sein. Sie sollte Hitler und wichtige Parteimitglieder beschützen.

Zu dieser Zeit suchten Hitler und seine „Parteigenossen" unermüdlich die Mitgliederzahl der NSDAP zu vergrößern. Sie begannen außerhalb Bayerns zu werben, wo eher lokale Loyalität als die mit Hitler zählte. Im März 1923 bestand seine Leibwache aus nur zwei Mann, Josef Berchthold und Julius Schreck, die sich Stabswache nannten. Zwei Monate später wurde eine neue Einheit, der *Stoßtrupp Adolf Hitler*, gebildet, kommandiert von Josef Berchthold. Im August 1923 trat ein gewisser Heinrich Himmler der NSDAP bei. Vier Monate später, während des Münchener Putsches vom 9. November, trug er die Reichskriegsflagge, als Hitler die Macht über Bayern zu ergreifen suchte. Der Putsch endete als Fiasko: Einige Nazi-Parteimitglieder wurden getötet, der Rest ergab sich, wurde von der Polizei identifiziert und ging nach Hause, während die Anführer verhaftet wurden. Hitler wurde eingesperrt und die NSDAP verboten. Himmler ging zurück nach Landshut, wo er Werbeflächen für den *Völkischen Beobachter*, eine rechte Münchener Zeitung, verkaufte. Er arbeitete als Sekretär Gregor Strassers, der im Februar 1925 seine Nationale Freiheitsbewegung auflöste und in die reformierte NSDAP überführte. Strasser wurde im September 1926 zum Reichspropagandaführer der NSDAP ernannt, und Himmler folgte ihm als sein Sekretär in die Parteizentrale.

Hitler beschrieb die Frühzeit der SS im Rückblick auf die Zeit unmittelbar nach seiner Entlassung aus Landsberg im Dezember 1924 so: „Als ich aus Landsberg kam, war alles im Aufbruch und in manchmal rivalisierende Gruppen zersplittert. Da sagte ich mir, daß ich eine Leibwache brauchte, selbst eine bescheidene, doch aus Männern, die sich bedingungslos in Dienst nehmen lassen, sogar gegen ihre eigenen Brüder marschieren würden, nur 20 Mann pro Stadt (sofern man absolut auf sie zählen konnte), besser als eine zweifelhafte Masse. Es waren Maurice, Schreck und Heiden, die in München die erste Gruppe von ‚Harten' bildeten und so die Ursprünge der SS waren; doch erst mit Himmler wurde die SS ein außerordentlicher Trupp von Männern, geweiht einem Ideal, loyal bis zum Tod."

OBEN: Mitglieder des *Stoßtrupps Adolf Hitler*, den Hitler als „die erste Gruppe der Harten" beschrieb. Der Mann in der Mitte mit dem Schnurrbart ist Julius Schreck, der den Stoßtrupp aufbaute. Ihre Uniform ist der der SA sehr ähnlich, der Hauptunterschied liegt in den schwarzen Ski-Kappen.

Frühe SS-Aufnahmekriterien

Im April 1925 befahl Hitler seinem Chauffeur und Leibwächter Julius Schreck, einen neuen Stoßtrupp aufzustellen.Bald dar-auf wurde dieser Schutzstaffel (SS) genannt. Die SS sollte auf nationaler Grundlage organisiert sein, und im September 1925 sandte Julius Schreck einen Rundbrief an alle Ortsgruppen der NSDAP, in dem er sie aufforderte, eine SS zu bilden. Ihre Stärke wurde durch die SA mit einem Offizier und zehn Mann festgelegt – die sogenannten Zehnerstaffeln. Die Mitgliedschaft war exklusiv: Bewerber brauchten zwei Bürgen, mußten 25 bis 35 Jahre alt, seit fünf Jahren polizeilich gemeldet, kräftig und gesund sein. Ausgeschlossen waren Schwätzer, Gewohnheitstrinker und andere „Kriminelle". Schreck wurde durch Berchtold ersetzt, den seinerseits im März 1927 sein Stellvertreter Eduard Heiden ablöste.

Die SA kontrollierte die Größe der SS, und die lokalen SA-Kommandanten verwendeten die SS oft für niedrigste Aufgaben. Wo die SA ihre volle Stärke hatte, durfte die SS weder Einheiten bilden noch mehr als zehn Prozent der Stärke der SA rekrutieren. 1928 hatte die SS erst 280 Mitglieder. Himmlers Organisationstalent war jedoch nicht unbemerkt geblieben, und er wurde im Januar 1929 zum stellvertretenden SS-Führer und danach zum Nationalen Führer mit dem Rang eines SS-Oberführers ernannt. Er befehligte etwa 1000 Mann. Für die SA repräsentierte dieser farblose Bürokrat keine Gefahr; er war einfach der Mann, der die SS zu befehligen und ihre dauernde Unterordnung unter die SA sicherzustellen hatte. Doch der Bürokrat hatte andere Pläne.

LINKS: Versammelte Fahnen der SA bei einer Nazi-Parteiversammlung in den 20er Jahren. Die Braunhemd-Sturmabteilung (SA) hatte Ernst Röhm ursprünglich gebildet, um Nazi-Redner bei öffentlichen Versammlungen zu schützen. Die Uniformen und die Aussicht auf Gewalt sprachen viele Ex-Freikorpskämpfer an, und entsprechend wuchs die SA an: 2000 Mitglieder 1926, 60.000 1930 und fast drei Millionen, als Hitler 1933 an die Macht kam. Doch schon bald wurde deutlich, daß die SA viele disparate Elemente enthielt.

UNTEN: Hitler inspiziert eine SA-Wache. In Uniform trug der Führer der Nazi-Partei nur wenige Auszeichnungen, darunter sein Eisernes Kreuz und sein Verwundeten-Abzeichen aus dem Ersten Weltkrieg. Die einzigen nationalsozialistischen Abzeichen, die er trug, waren das Goldene Parteiabzeichen und der Blutorden. So, hoffte er, würden sich die Massen mit ihm und seiner Partei identifizieren. Gemeinsam mit seiner unbestrittenen rhetorischen Begabung half dies in den 20er Jahren, den Reiz der Nazis zu steigern.

UNTEN: SA- und Nazi-Parteimitglieder bei der Rast bei einem der vielen NSDAP-Märsche in den späten 20er Jahren. Zunächst stand die SS unter der Kontrolle der SA, und diese stellte sicher, daß von der SS keine Gefahr drohte. Die SS war in jedem Gebiet auf nur 10 Prozent der Stärke der SA beschränkt und durfte nur dort Einheiten aufstellen, wo die SA in voller Stärke stand. Die SA betrachtete die SS als elitär, während die SS ihr die schlechte Behandlung übelnahm.
Diese Situation konnte nicht unbegrenzt andauern, doch in den späten 20er Jahren paßte es in Hitlers Konzept, die beiden Fraktionen gegeneinander auszuspielen, um sich auf seinen Machtzuwachs konzentrieren zu können.

RECHTS: Obwohl die SA für die Aufrechterhaltung der Ordnung bei den Nazi-Parteitreffen verantwortlich war, merkte Hitler bald, daß sie nicht rückhaltlos loyal war. Daher beschloß er, eine neue Macht zu schaffen. Wie er selbst schrieb: „Ich sagte mir, daß ich eine Leibwache brauchte, selbst eine bescheidene, doch aus Männern, die sich bedingungslos in Dienst nehmen lassen und sogar gegen ihre eigenen Brüder marschieren würden." So entstand 1925, nach Hitlers Entlassung aus Landsberg im Dezember 1924, die SS. Der Ausdruck Schutzstaffel soll auf Hermann Göring zurückgehen. Er hatte während seines Dienstes im Ersten Weltkrieg im berühmten Richthofen-Geschwader in dessen Schutzstaffel Begleitflüge durchgeführt.

LINKS: SS-Brigadeführer Julius Schreck. Schon früh SA-Mitglied, bildete er den *Stoßtrupp Adolf Hitler* und 1925 das Schutzkommando, das für die Sicherheit Hitlers sorgen sollte. Er war ein enger Freund des Führers. 1936 erkrankte er an Gehirnhautentzündung und starb. Hitler veranstaltete für seinen früheren Chaffeur ein Staatsbegräbnis.

UNTEN: Heinrich Himmler, erst Hühnerfarmer, dann Reichsführer SS. Er trat 1923 der NSDAP bei und wurde 1929 zum Führer der SS ernannt. Er widmete der SS soviel Zeit, daß sein Geschäft scheiterte und seine Ehe zerbrach, doch seinen Bemühungen verdankte die SS in Nazi-Deutschland sehr viel Ansehen.

LINKS: SS-Obergruppenführer Walter Buch, geboren 1883, Sohn eines bekannten Richters. Er stieg im Ersten Weltkrieg in den Rang eines Majors auf und war nach dem Krieg Mitglied verschiedener Freikorps. Darauf trat er in die SA ein und nahm am mißlungenen Münchener Bierhallen-Putsch teil. Später wurde er Mitglied der SS. Er war typisch für die Männer, mit denen sich Hitler in den 20er Jahren umgab: hart, nationalistisch und unbarmherzig. Daneben war er ein glühender Antisemit; in einem Artikel schrieb er: „Der Jude ist kein menschliches Wesen. Er ist eine Erscheinungsform der Fäulnis.“ Nach dem Krieg beging er in Gefangenschaft Selbstmord.

LINKS: Das Coburg-Abzeichen, eine Auszeichnung, die am 14. Oktober 1932 anläßlich des 10. Jahrestages des Nazi-Sieges über die Kommunisten in Coburg eingeführt wurde. Die Frage „Warst du in Coburg?" zu bejahen, bedeutete, ein glühender Nazi zu sein.
Das Abzeichen wurde in einem Erlaß vom 6. November 1936 von Hitler zur offiziellen Partei- und nationalen Auszeichnung erklärt. Seit seiner Einführung 1932 war es die höchste Belohnung der Partei gewesen und wurde höher als selbst der Blutorden eingestuft. Es handelte sich um eine seltene Auszeichnung. Im offiziellen Parteiverzeichnis schienen nur 436 Namen als berechtigte Träger auf.

RECHTS: Die Person links trägt eine frühe Uniform der Allgemeinen SS. Ihre Kappe ist mit dem Erstentwurf des SS-Adlers geschmückt, der einen kinnlosen Schädel trug. Das Totenkopfabzeichen sollte später zum Emblem der Waffen-SS werden.

LINKS: Ernst Röhm (links), der Führer der SA, neben einem Offizier der Allgemeinen SS in einer frühen Uniform. Röhm war ein bulliger Typ und Abenteurer, der davon träumte, daß seine SA als wahre nationale Verteidigungsmacht die Reichswehr ersetzen würde. Diese und andere Ideen, die von Hitlers Ideen stark abwichen, führten zu seiner Exekution, als die Nazis an die Macht kamen. Rechts ist Willy Liebel zu sehen, der in Nürnberg die Interessen der Nazis so gut vertrat, daß er am 15. März 1933 bei ihrem Machtantritt zum Major ernannt wurde.

OBEN: Eine berittene Wache der SS-Totenkopfverbände beim Konzentrationslager Dachau (am Schenkel des Pferdes das Brandzeichen der Deutschen Vereinigung zur Zucht und Prüfung von Vollblütern). Dachau ist ein Dorf in der Nähe von München. Einst galt es als Sitz einer bayerischen Künstlerkolonie, doch während der Nazizeit bekam der Name eine düstere Bedeutung. Der deutschen Öffentlichkeit der Nazizeit wurde Dachau als Schule in gutem Staatsbürgertum verkauft, und bei den Wahlen im November 1933 erhielten die Nazis 2154 von den 2242 Stimmen der Insassen (welch eine Überraschung!). Später sollten Tausende im Lager ermordet werden.

LINKS: Ein Bild, das die Macht von Himmlers Offizierskorps der Allgemeinen SS vermittelt. Von links nach rechts: Theodor Eicke, Karl Wolff und Josef „Sepp" Dietrich (der den Säbel mit dem Löwenkopf der Reichswehr trägt). Wolff war Himmlers persönlicher Adjutant und später Verbindungsoffizier zwischen Himmler und Hitler. Er teilte Himmlers Ansichten darüber, wie sich die SS entwickeln sollte, und war auch ein Anhänger des Teutonischen Mystizismus. 1943 fiel er in Ungnade, weil er sich gegen Himmlers Wunsch von seiner Frau scheiden lassen wollte (Himmler konnte den Mord an Millionen gutheißen, doch bei seinen Untergebenen hielt er auf strenge Moral).

RECHTS: Ein Mitglied der SS-Totenkopfverbände während seiner Ausbildung im Konzentrationslager Dachau (beachten Sie seine leeren Kragenspiegel). Die Männer, die während der 30er Jahre Lagerwachen wurden, legten den Grundstein für die Schaffung der Division *Totenkopf.* Ihr Befehlshaber, Theodor Eicke, führte zwei Lagerregeln ein, die ungeheure Folgen für die Geschichte des Dritten Reichs haben sollten. Die erste betraf die Gebarung der SS-Wachen, denen befohlen wurde, die Gefangenen mit fanatischem Haß zu behandeln, da sie Staatsfeinde seien. Die zweite legte die Behandlung der Lagerhäftlinge fest. Sie hatten bis zum Fall des Dritten Reichs Gültigkeit und kodifizierten den Massenmord.

UNTEN: Die 120 Mann starke Stabswache 1930 in München auf den Stufen der Feldherrnhalle, dem Hauptquartier der Nazi-Partei. „Sepp" Dietrich ist der zweite von links in der ersten Reihe. Als die Nazis an die Macht kamen, übersiedelte die Stabswache in die früheren kaiserlichen Kadettenkasernen am Stadtrand Berlins. Im September 1933 wurde sie offiziell in *Leibstandarte SS Adolf Hitler* umbenannt. Während des Krieges war Hitlers Leibwache eine der erstrangigen Kampfformationen des Dritten Reichs, sie bildete eine Elite-Panzerdivision. Dietrich wurde von Hitler einmal als „verschlagen und brutal" beschrieben.

OBEN: Männer der SS-Totenkopfverbände 1933 nahe bei München am Ende eines anstrengenden Trainingstages. Eicke produzierte zweifellos brutale Wachen und später Soldaten der Waffen-SS, deren Kameradschaftsgeist und Härte unübertroffen waren.

LINKS: Dieses Bild, aufgenommen in Dachau, zeigt Männer der SS-Totenkopfverbände in ihrem Arbeitsdrillich mit leeren Kragenspiegeln. Die Drillichkleidung wurde getragen, um die schwarze Uniform zu schonen; sie wurde in verschiedenen Mustern und Farben hergestellt, die von hellgrau bis weiß reichen konnten.

UNTEN: Mitglieder der SS-Totenkopfverbände am Ende des Tagestrainings. Ende der 20er Jahre hatte Himmler begonnen, die SS von der SA zu trennen. Bei der Rekrutierung wurden rassische Kriterien eingeführt, um die große Zahl von Bewerbern aus den Ex-Freikorps und von arbeitslosen bürgerlichen Freiwilligen auszusieben. Um die SS von der SA zu unterscheiden, begannen die SS-Männer schwarze Kappen, Krawatten und Ränder an ihren Hakenkreuz-Armbinden zu tragen. Die Armee, die in Röhm und seiner SA Rivalen sah, stand der SS freundlich gegenüber. Dies und Himmlers organisatorisches Geschick führten zum allmählichen Anwachsen der SS und verschaffte ihm eine persönliche Machtgrundlage.

LINKS: Ein Mitglied der SS-Totenkopfverbände bei der Arbeit als Ordonnanz. Das Brett hinter ihm ist ein Dienstplan, der Details der Diensteinteilung für die SS-Lagerwache enthält, und einen gewissen Pohl als Wachkommandanten anführt. Der Dienst im Konzentrationslager war ein integraler Bestandteil der Ausbildung der SS-Totenkopfverbände. Die Mitglieder hatten jeden Monat drei Wochen Training, gefolgt von einer Woche Wachdienst in einem Konzentrationslager. Das Trainingsprogramm bestand vor allem aus politischer Schulung in drei Bereichen: Geschichte der Nazi-Partei, Geschichte und rassische Überzeugungen der SS, und Feinde des Nationalsozialismus (Juden, Freimaurer, Bolschewismus und die Kirchen).

Kapitel 2

Himmlers Truppen

Ausdehnung und Entwicklung der SS

Links: Ein jugendlicher SS-Rottenführer mit Edelweiß am Kragenspiegel. Die SS-Fußstandarte 87 benützte das Edelweißabzeichen anstelle des Nummernsystems am rechten Kragenspiegel. Beachten Sie das Nazi-Parteiabzeichen auf seiner Krawatte.

Gegenüber: Mitglieder der SS-Totenkopfverbände.

Im Jahr 1930 stand Deutschland am Rand eines Bürgerkrieges. Sozialisten und Kommunisten schickten bewaffnete Bürgerwehren ins Feld, worauf die SA und die SS mit Gewalt antworteten. Etwa zehn SS- Männer wurden bei Straßenschlachten mit dem Rotfront-Kämpferbund getötet und Hunderte verwundet. Diese Unruhen paßten der NSDAP kurz vor der Wahl von 1933 gut ins Konzept, und sie erzeugte die Illusion, sie allein besitze den Schlüssel zur Lösung der Probleme Deutschlands.

Der Plan ging auf: Drei Jahre später, am 30. Januar 1933, wurde Hitler Kanzler. Bis dahin hatte die SS, die 1930 2727 Mann umfaßte, heimlich weitere 52.000 Mitglieder rekrutiert. Am 1. April 1933 wurde Himmler Kommandant der Bayerischen Politischen Polizei und Polizeipräsident von München. Dies verschaffte ihm die Kontrolle über das Polizeinetzwerk, außer in Preußen, wo Hermann Göring Innenminister war.

Auf dem Weg zum totalitären Staat

Mit Göring verbunden war SS-Oberführer Rudolf Diehls. Er war 1930 ins preußische Innenministerium eingetreten und wurde hochrangiger Polizei-Offizier. Seit 1932 war er Mitglied der NSDAP, später heiratete er Görings Cousine. Er überzeugte Göring, daß eine geheime Polizeimacht nötig sei, um die Aktivitäten der Kommunisten zu überwachen, eine Ansicht, die durch den Brand des Reichstages am 27. Februar 1933 bestärkt wurde. Dieses Werk eines wahnsinnigen Pyromanen führte zum Erlaß für den Schutz von Volk und Staat. Damit erhielten SA und SS Polizeibefugnisse: 25.000 SA- und 15.000 SS-Männer wurden bewaffnet und als Hilfspolizisten eingesetzt. Daneben wurden die Polizeipräsidenten ermächtigt, jeden, der als politischer Gegner im weitesten Sinn betrachtet wurde, in Schutzhaft zu nehmen. Der Brand lieferte Hitler auch einen Vorwand, die Mitglieder des linken Flügels der Nazi-Partei ins Gefängnis und in behelfsmäßige inoffizielle Lager zu schicken, die wegen des Fehlens jeder Kontrolle und der erschreckenden Gerüchte über die Brutalität, die dort herrschen sollte, „wilde“ Lager genannt wurden.

Die tückischen Fangarme der Macht

Ein Erlaß vom 26. April 1933 etablierte die Geheime Staatspolizei (Gestapo) mit Diehls an der Spitze. Die Gestapo wurde das Ziel Himmlers, was ihn in Konflikt mit Diehls brachte. Letzterer zog den kürzeren und floh im Herbst 1933 außer Landes, woraufhin Himmler sich der Organisation bemächtigen konnte.

Die SS war damals in zwei Gruppen geteilt: die Allgemeine SS, die nebenberuflich arbeitete und Polizeiaufgaben wahrnahm, und die neu geschaffene Bewaffnete SS, die

LINKS: Der Reichstag, der am 28. Februar 1933 ausbrannte. Das Werk eines einzelnen Brandstifters lieferte Hitler den Vorwand, den er brauchte, um diktatorische Macht zu erlangen. Alle bürgerlichen Freiheiten fielen den „Notverordnungen zur Verteidigung von Volk und Staat", die im März in Kraft traten, zum Opfer.

hauptberuflich tätig war und ein militärisches Erscheinungsbild besaß. Himmler selbst war von rücksichtslosem Ehrgeiz erfüllt und scharte um sich Personen von gleichem Geist.

DIE SS-TOTENKOPFVERBÄNDE

Himmlers Mann fürs Grobe war Theodor Eicke. Bei der Liquidierung des Stabschefs der SA, Ernst Röhm, und seiner Anhänger in der sog. Nacht der langen Messer Ende Juni 1934 spielte er eine Schlüsselrolle. Ein Erlaß vom 26. Juli 1934 würdigte den Anteil der SS bei der Aktion und erhob sie zu einer unabhängigen Organisation innerhalb der Partei. In diesem Sommer wurden die meisten „wilden" Lager geschlossen. Die verbleibenden SA-Lager wurden aus der zivilen Rechtsprechung herausgenommen und der SS unterstellt. Die erste SS-Vollzeit-Einheit für Konzentrationslager wurde aus der Allgemeinen SS rekrutiert und unter den Oberbefehl des SS-Bereichs Süd gestellt, der sein unliebsames Personal in den Lagerdienst abschob. Die Verhältnisse innerhalb der Lager waren elend, bis im Juni 1934 Eicke das Kommando übernahm. Er verbesserte die Bedingungen, hob die Moral und Disziplin und formulierte Dienstvorschriften für Wachen wie Gefangene, die bis Kriegsende praktisch unverändert blieben. In Anerkennung dessen ernannte Himmler ihn 1934 zum Inspektor der Konzentrationslager und zum Leiter der SS-Totenkopfverbände, der Wachen der Konzentrationslager. Das Aufsichtsamt wurde in Oranienburg, nahe Berlin, eingerichtet, und die SS-Totenkopfverbände wurden vergrößert und in fünf numerierten Sturmbannen oder Bataillonen reorganisiert: I Oberbayern, II Elbe, III Sachsen, IV Ostfriesland und V Thüringen.

Für die SS begann nun eine Phase der Konsolidierung, in der sie Befehlsstruktur, bewaffnete Einheiten, Konzentrationslager und Sicherheitsdienst ausbaute. Himmler begann seine Theorien einer rassischen und ideologischen Elite umzusetzen und durch die von der SS beherrschten Lebensborn-Mutterheime eine zukünftige deutsche „Herrenrasse" zu schaffen. Die SS trat nun in die zweite Phase ihrer rapiden Erweiterung ein.

Binnen drei Stunden nach Hindenburgs Tod am 2. August 1934 verkündete Goebbels, der Nazi-Propagandaminister, die Vereinigung der Ämter von Kanzler und Präsident. Das letzte Hindernis zwischen Hitler und der uneingeschränkten Macht war gefallen: Nun konnte er diktieren und belohnen. Als Dank für ihre Dienste in der Nacht der langen Messer wurde der SS erlaubt, militärische Formationen zu bilden. Die Chefs der drei Zweige der Wehrmacht wurden am 24. September 1934 offiziell von der Bildung dieser militarisierten Einheiten, der sog. SS-Verfügungstruppe, in Kenntnis gesetzt.

DIE GEBURT DER LEIBSTANDARTE

Hitler entschied, daß er noch eine Prätorianergarde brauchte, da er dem Schutz, den Reichswehr und Polizeieinheiten boten, nicht vollständig vertrauen konnte. Also bestimmte er ohne Verzug, daß eine neue, allzeit bewaffnete SS-Einheit gebildet werden sollte, deren Hauptaufgabe darin bestand, ihn zu eskortieren, wo immer in Deutschland er sich auch befand. Josef „Sepp" Dietrich, einer von Hitlers engsten Vertrauten, wurde mit der Bildung der Einheit beauftragt.

Dietrich ging die Aufgabe voll Eifer an, und am 17. März 1933 wurde als Keimzelle der neuen Hauptquartier-Wache die SS-Stabswache *Berlin* gegründet. Sie umfaßte 120 handverlesene Freiwillige, unter ihren ehemalige Mitglieder des *Stoßtrupps Adolf Hitler*. Zwei Monate später wurde die Einheit in das SS-Sonderkommando *Zossen* umgebildet und um drei Schulungskompanien erweitert. Die Einsatzbedingungen für die Einheit wurden erweitert; sie konnte ebenso für bewaffnete Polizei- und Antiterror-Aktivitäten wie für Schutzaufgaben eingesetzt werden. Es gab während der nächsten Monate noch eine Umwandlung, als drei weitere Kompanien als SS-Sonderkommando *Jüterborg* gebildet wurden.

Am 31. August 1933 wurde die Machtübernahme durch die Nazis demonstriert. Dieser „Parteitag des Siegers" war für Hitler die passende Gelegenheit, die SS-Standarte *Adolf Hitler* formell anzuerkennen. Es kam zur Vereidigung der SS-Standarten (SS-Regimenter). Sie wurden aus dem SS-Sonderkommando *Zossen* und dem SS-Sonderkommando *Jüterborg* gebildet. SS-Gruppenführer „Sepp" Dietrich empfing das Banner mit dem Namen „Adolf Hitler" auf dem Holz darüber. Die zwei Sonderkommandos erhielten die Ehre und das Recht, auf einer Armbinde am linken Arm den Namen „Adolf Hitler" zu tragen. Die vereinigte Formation wurde in *Leibstandarte SS Adolf Hitler* umbenannt.

LOHNUNG FÜR TREUE DIENSTE

Die *Leibstandarte* wurde während des Röhm-Putsches zur Verhaftung von Verdächtigen und Durchführung von Hinrichtungen eingesetzt. Deren genaue Zahl ist nicht bekannt, doch es heißt, daß etwa 40 Mann den Exekutionskommandos angehörten. Die „erste Bluttaufe" der *Leibstandarte* war vorbei, als die Schießereien am 2. Juli 1934 endeten. Zum Dank für ihre Loyalität und ihren Einsatz versprach Hitler, sie zu einem voll ausgerüsteten Regiment zu machen. Anfang Oktober 1934 wurde als weitere Ehre für die *Leibstandarte* entschieden, sie voll zu motorisieren. Die Reichswehr war zu dieser Zeit noch hauptsächlich mit Pferden ausgestattet, und der Beschluß sorgte beim Militär für unterdrückten Unmut. Bis 14. Dezember 1934 umfaßte die *Leibstandarte* einen Stab, drei motorisierte Infanteriebataillone, eine Motorradkompanie, einen Fernmeldezug, einen Zug von Panzerwagen und eine Regimentskapelle.

Am 16. März 1935 verkündete Hitler dem Parlament, daß er im Widerspruch zum Vertrag von Versailles die Wehrpflicht wiedereingeführt und die SS-Verfügungstruppe eingerichtet habe. Die Vollzeit-SS hatte nun drei Zweige, jeder mit seiner eigenen Befehlsstruktur: SS-Verfügungstruppe, SS-Totenkopfverbände und SS-Sicherheitsdienst. Die Allgemeine SS hatte bei Ausbruch des Zweiten Weltkrieges etwa 240.000 Teilzeit-Mitglieder. Diese wurden von einem kleinen regulären Stab für den Fall eines internen Streits in Bereitschaft gehalten. Tatsächlich aber wurden Mitglieder der Allgemeinen SS in solchem Ausmaß für den Dienst bei den Streit-kräften und in der Waffen-SS eingesetzt, daß manche SS-Einheiten bloß dem Namen nach selbständig weiterbestanden.

DIE ROLLE DER SS-VERFÜGUNGSTRUPPE

Am 17. August 1938 erklärte Hitler die SS-Verfügungstruppe zu einer bewaffneten Streitmacht, die zu seiner persönlichen Verfügung stand, ohne Teil der Wehrmacht oder der Polizeikräfte zu sein. Er konnte sie daher in der Nazi-Rassenideologie schulen und mit Männer besetzen, die den Reichsarbeitsdienst abgeleistet hatten. Der Führer verfügte auch, daß in Kriegszeiten Teile der SS-Totenkopfverbände die SS-Verfügungstruppe verstärken würden. Mobilisierte SS-Einheiten würden der Armee unterstellt, doch der Nazi-Partei ihre Treue schulden. Im Falle einer Notsituation in Deutschland stünde die SS-Verfügungstruppe unter Hitlers Befehl. Die Reichswehr betrachtete die Schaffung von bewaffneten SS-Einheiten als Verrat an ihrer Rolle als einziger Waffenträger des Staates, konnte aber nur wenig tun, um den Aufstieg von Himmlers Elite zu stoppen.

LINKS: Waffen-SS am 4. April 1938 beim sogenannten ‚Anschluß', bei dem Hitler Österreich besetzte, auf den Straßen Innsbrucks. Die *Leibstandarte* und die Regimenter *Deutschland* und *Germania* nahmen an der Invasion teil. Bald nach der Annexion wurde in Wien das SS-Regiment *Der Führer* gebildet.

LINKS: Das Goldene Parteiabzeichen. Hitler verfügte, daß alle Mitglieder der NSDAP mit einer Mitgliedsnummer unter 100.000 und einer ununterbrochenen Mitgliedschaft eine eigene Version des Parteiabzeichens erhalten sollten. Die Belohnung wurde verschiedentlich auch als Goldene Parteiauszeichnung oder NSDAP-Auszeichnung bezeichnet. Steht das Abzeichen für frühe Zugehörigkeit, so ist in die Rückseite die Mitgliedsnummer eingraviert, handelt es sich um eine Auszeichnung, dann „A.H." für Adolf Hitler und das Datum der Ehrung. Viele Mitglieder der SS wurden mit dem begehrten Abzeichen ausgezeichnet.

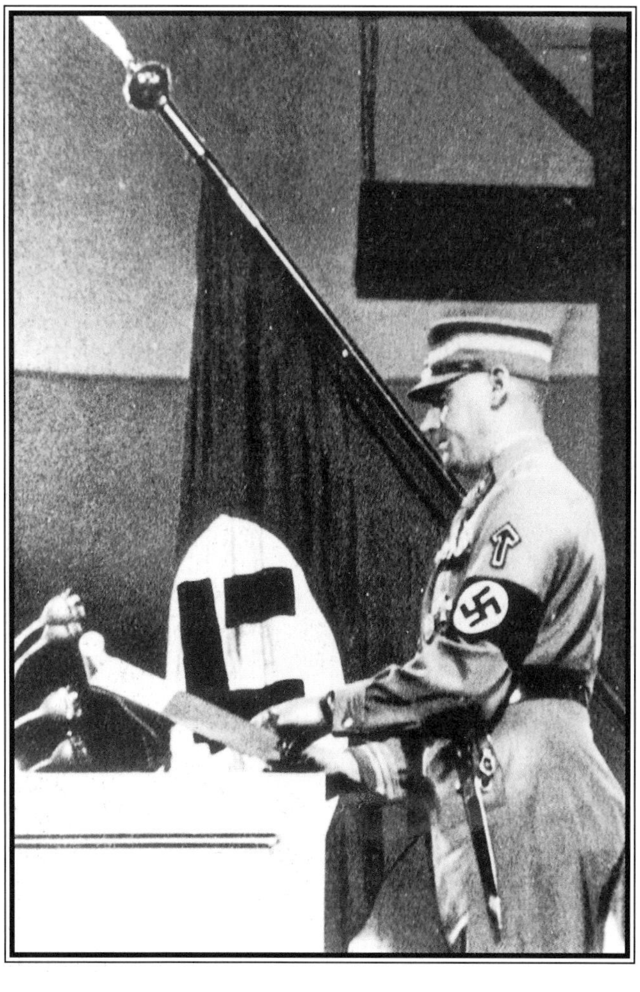

LINKS: Viktor Lutze, nach Röhms Exekution Kommandant der SA, hält auf der Nazi-Parteiversammlung 1935 eine Rede. Im Hintergrund das Blutbanner, das während des Münchener Bierhallen-Putsches getragen worden war und das Hitler benutzte, um neue Fahnen einzuweihen. Lutze wurde 1943 getötet.

OBEN: Der Blutorden. Ursprünglich wurden damit jene ausgezeichnet, die am Münchener Bierhallen-Putsch teilnahmen, ab Mai 1938 auch jene Parteimitglieder, die außerordentliche Dienste geleistet hatten. 436 posthume Auszeichnungen wurden verliehen, die letzte am 4. Juni 1942 an Reinhard Heydrich.

UNTEN: Gesammelte Reihen der SA stehen während einer Gedächtnisparade für den Bierhallenputsch vor der Feldherrnhalle schweigend Salut. Solche Paraden wurden als „einzigartig heiliges Ereignis, bei dem der verehrte Kader der Überlebenden des Münchener Putsches schweigend seinen Marsch durch die von Massen gesäumten Straßen der bayerischen Hauptstadt in einer Travestie des Passionszuges wiederbelebte", beschrieben. Das Finale bildete die Vereidigung der Mitglieder der SS-Verfügungstruppe vor der Feldherrnhalle und 16 rauchenden Obelisken, von denen jeder den Namen eines der ersten gefallenen Getreuen trug, bei Fackelschein. Diese Eide gehörten wesentlich zum Nazi-Mystizismus.

LINKS: Die Feldherrnhalle in München, bewacht von den SS-Totenkopfverbänden. Der Adler und das Hakenkreuz überragen ein großes Bronzemonument mit den Namen der 16 Nationalsozialisten, die beim Bierhallenputsch am 9. November 1923 vor dem steinernen Gebäude getötet wurden. Das Bronzedenkmal wurde an der Seite der Feldherrnhalle errichtet und von SA- und SS-Truppen bewacht. Wer vorbeiging, mußte es grüßen. Dieser bronzene Salut an jene, die beim Putsch getötet worden waren, wurde nach dem Krieg gemäß der Anweisung vom 13. Mai 1946 des Alliierten Kontrollrates für Deutschland zerstört. Die Feldherrnhalle selbst blieb unberührt.

LINKS: Der erste Nazi-Parteitag fand im Jänner 1923 statt und war, ebenso wie die beiden folgenden im Juli 1926 in Weimar und im August 1927 in Nürnberg, eine belanglose Angelegenheit. Doch der vierte am 1. und 2. August 1929 war mit 60.000 Teilnehmern wesentlich größer. Es war der letzte Parteitag vor der Machtergreifung der Nazis 1933. Jeder Parteitag hatte sein Gedenkabzeichen, das nur während der Dauer der Versammlung getragen wurde. Nur das von Nürnberg 1929 wurde auch weiterhin als Ehrenabzeichen getragen.

RECHTS: Am 17. und 18. Oktober 1931 nahmen 104.000 Mitglieder von SA, SS, NSKK (Nationalsozialistisches Kraftfahrer-Korps) und Hitler-Jungen an einem Aufmarsch in Braunschweig teil, wo die Nazis an der Macht waren und Uniformen tragen durften. Bei den folgenden Unruhen wurden zwei Personen getötet und 60 verletzt. Das Abzeichen der Versammlung wurde weiterhin als Ehrenzeichen getragen, ehe es 1936 eine der offiziellen Parteiauszeichnungen wurde.

OBEN: Mitglieder von Eickes SS-Totenkopfverbänden posieren in ihren typischen schwarzen Uniformen für ein Gruppenphoto. Eicke legte besonderen Wert auf die Entwicklung von Kameraderie und Gruppengeist unter seinen Männern. Besonders ein guter Gruppengeist war für ihn der unangreifbare Trumpf, der eine Einheit absolut unbesiegbar machte.

RECHTS: SA-Männer marschieren bei einem Fackelzug. Fackeln und Flutlichter wurden zu einem festen Bestandteil der Nazi-Versammlungen. Bei einer davon strahlten 100 Scheinwerfer in großen Lichtsäulen in die Höhe. Der britische Botschafter beschrieb diese Szene als „Kathedrale aus Eis".

LINKS: Mitglieder der SS-Sicherheitswache, die für Hitlers persönliche Sicherheit verantwortlich war, stehen unter dem Fenster seiner neuen Kanzlei, während er erscheint, um die Freudenrufe der Menge bei seiner Rückkehr nach Berlin im Juli 1934 entgegenzunehmen. Die Stimmung der SS-Wachen wirkt entspannt.

OBEN: Das Abzeichen des Nürnberger Parteitages von 1933. Der „Parteitag des Siegers" wurde am 3. September 1933 abgehalten. SS-Gruppenführer „Sepp" Dietrich, ein enger Freund Hitlers, übernahm das Kommando über das Regiment *Adolf Hitler*, den Vorläufer der späteren *Leibstandarte.*

DIE *LEIBSTANDARTE*

Hitlers Leibwache war eine Elite innerhalb der Elite. Jedes Mitglied legte einen persönlichen Treueeid auf Hitler ab. Selbst Himmler beklagte, daß sie „Gesetz für sich selbst" sei.

UNTEN: Die *Leibstandarte* bei der Parade. In der Vorkriegszeit blieb die Einheit in bezug auf militärisches Training hinter dem Rest der SS-Verfügungstruppe zurück. Tatsächlich bemerkte Felix Steiner selbst: „Es ist rührend. Wenn der Führer bemerkte, was seine blonden Götter alles nicht können, würde er die meisten von ihnen entlassen." Der Rest der SS-Verfügungstruppe fing an, die *Leibstandarte* wegen ihres Hangs, auf dem Paradeplatz zu marschieren, verächtlich „Asphaltsoldaten" zu nennen.

RECHTS: Mitglieder der *Leibstandarte* im Februar 1938. Diese Einheit hatte innerhalb der bewaffneten SS eine Sonderstellung, wie der Historiker Hans Buchheim bemerkt: „Der Reichskanzler hatte eine bewaffnete Truppe gebildet, die im Staat oder den Parteiorganisationen keinen Platz hatte, sondern zur alleinigen Verfügung des Führers stand und ihm persönlich verpflichtet war. Hitler war niemandem für die Art der Verwendung dieser Männer Rechenschaft schuldig." So gesehen, war es eine echte Prätorianergarde.

UNTEN: Offiziere der *Leibstandarte* im August 1933 auf dem Flugplatz Tempelhof. Von links nach rechts: Johansen, „Sepp" Dietrich, Walter Stein und Max Hense. Dietrich und seine Offizierskollegen merkten, daß die *Leibstandarte* vom Rest der bewaffneten SS nicht ernstgenommen wurde, und sie gingen daran, dies zu ändern.

UNTEN: Albert Stenwedel in Berlin 1933 vor der 11. Kompanie des SS-Sonderkommandos *Zossen*. Die Männer tragen den ersten Entwurf einer Feldkappe, die mit der der Kaiserlichen Armee identisch war.

RECHTS: Die Leibstandarte 1935 beim Drill. Zweiter von links in der ersten Reihe ist Fritz Klingenberg, der im April 1941 das Ritterkreuz errang, als er und eine Handvoll Männer Belgrad einnahmen.

OBEN: Hitler auf dem Podium beim Nürnberger Parteitag 1933, bei dem die Machtergreifung durch die Nazis im Januar desselben Jahres gefeiert wurde. Jeder Parteitag in Nürnberg war größer als der vorherige und dazu bestimmt, die Gefühle der wahnwitzigen Anhänger Hitlers und der Nazi-Partei aufzupeitschen. Ab 1934 begann Albert Speer mit dem Entwurf einer riesigen Halle, in der die zukünftigen Parteitage abgehalten werden sollten. Die Arbeit an diesem Projekt dauerte den ganzen Zweiten Weltkrieg hindurch.

LINKS: Deutsche Truppen 1935 bei einer Parade, die ein Salut für die Gefallenen des Ersten Weltkrieges sein sollte. Hitlers Drittes Reich war ein militaristischer Staat, der militärische und politische Bereiche vereinte, wie es bei der bewaffneten SS der Fall war. Wie ein SS-Autor später schrieb: „In der Vergangenheit sind Politik und Streitkräfte oft verschiedene Wege gegangen. Die Waffen-SS ist das erste Beispiel für die unauflösliche Einheit beider; Begriff und Schwert werden zusammengeschweißt, und die politische Bestimmung macht das Schwert des Soldaten unbesiegbar."

RECHTS: Hitler weiht 1934 auf der Nürnberger Versammlung neue Fahnen, indem er das Blutbanner (die Fahne, die während des Münchener Putsches 1923 getragen wurde) in der einen Hand hält und die neue Standarte in der anderen. So sollte die „heroische Essenz" des Blutbanners durch den Führer hindurch in die neue Fahne fließen. Beachten Sie, wie Hitler das Banner berührt, während er dem SA-Mann die Hand schüttelt. Jakob Grimminger trägt das Blutbanner.

UNTEN: Geballte Reihen auf dem Reichsparteitag 1934. In diesem Jahr bemerkte Hitler zu Himmler: „In unserem Reich der Zukunft werden die SS und die Polizei gegenüber anderen Bürgern nur dann die nötige Autorität haben, wenn sie einen soldatischen Charakter haben … Daher wird es notwendig sein, daß sich unsere SS und Polizei an der Front beweist." Die Waffen-SS wurde ein Jahr später etabliert.

LINKS: Reichsführer SS und Chef der deutschen Polizei Heinrich Himmler, photographiert mit den Führern der SS. Zunächst betrachtete Himmler die Waffen-SS als nichts anderes als eine Formation, die in Kriegszeiten in Deutschland die innere Ordnung aufrechterhalten und so der Armee den Rücken zur Bekämpfung der äußeren Feinde freihalten sollte. Hitler und Himmler glaubten, daß die SS-Verfügungstruppe mit Blut getauft werden müsse, um ihr Glaubwürdigkeit bei ihren künftigen „harten Aufgaben" zu verleihen.

UNTEN: Offiziere der Allgemeinen SS halten auf dem Reichsparteitag im September 1935 eine begeisterte Menge zurück. Zu dieser Zeit waren die Reihen der SA und der SS beträchtlich angewachsen. Nachdem die Nazis 1933 die Macht erlangt hatten, wuchs die SS auf 50.000, während die SA, Anfang 1933 500.000 Mann stark, gegen Ende des Jahres bereits 3 Millionen Mann zählte. Die Neuankömmlinge wurden von denen, die schon seit den frühen 20er Jahren in der Partei gewesen waren, geringschätzig „Märzveilchen" genannt. Trotzdem war Himmler darauf bedacht, so viele „rassisch qualifizierte" Rekruten wie möglich für seine SS zu gewinnen.

OBEN: Reichsführer SS Heinrich Himmler überreicht im Namen Hitlers offiziell der *Leibstandarte* in Metz eine neue Fahne. Dies war die zweite Version des Banners; sie basierte auf dem Entwurf für die Führerstandarte von Carl Diebitsch, der auch für diese Fahne verantwortlich war. Die Standarte wurde von der Firma Fahnen-Hoffmann in Berlin erzeugt. Obwohl technisch unter Himmlers Befehl, war die *Leibstandarte* doch Gesetz für sich selbst, und ihr Kommandant Dietrich nahm von Himmlers Befehlen keine Notiz. Die Tore ihrer Kasernen in Lichterfelde waren selbst für den Reichsführer SS verschlossen.

LINKS: SS-Gruppenführer Dietrich präsentiert dem SA-Obergruppenführer Wilhelm Bruckner, Hitlers persönlichem Hauptadjutanten, einen Bericht. Bruckner befehligte während des Münchener Putsches das Münchener SA-Regiment und verteidigte Hitler im folgenden Prozeß. Im Mai 1925 verließ er wegen Unstimmigkeiten mit Hitler die NSDAP, trat aber fünf Jahre später wieder ein. Am 20. Februar 1934 wurde er persönlicher Hauptadjutant Hitlers. Durch Bruckner führte Dietrich die Leibstandarte weitgehend nach seinen eigenen Vorstellungen.

OBEN: Die Österreichische Legion 1933 bei Lechfeld. Sie bestand aus österreichischen Nazis unter dem Befehl Himmlers (die österreichische SS fiel niemals unter die Jurisdiktion der österreichischen Nazi-Partei oder der österreichischen SA). Am 25. Juli 1934 ermordeten österreichische SS-Männer den Kanzler Engelbert Dollfuß – ein Versuch, die Vereinigung mit Nazi-Deutschland herbeizuführen. Doch er schlug fehl, und Hitler, der die Aktion provoziert hatte (er gewährte österreichischen Nazis im SS-Lager bei Lechfeld, direkt hinter der Grenze, Zuflucht), war gezwungen, eine öffentliche Verurteilung auszusprechen, besonders weil Mussolini vier Divisionen an den Brenner schickte, um zu zeigen, daß er eine österreichisch-deutsche Vereinigung nicht zulassen würde.

UNTEN: Armbinden der Regimenter *Der Führer* und *Deutschland.* Letzteres wurde ursprünglich 2. SS-Regiment genannt, übernahm jedoch die Bezeichnung 1. SS-Regiment, als die *Leibstandarte* 1934 aus der Numerierung herausgenommen wurde. Das Regiment *Der Führer* hieß ursprünglich 3. SS-Regiment. Nach der Annexion Österreichs 1938 befahl Hitler dem SS-Oberführer Georg Keppler, mit der Organisation der Einheit zu beginnen. Anders als bei der *Leibstandarte* bestand der Kader des *Germania-* und *Deutschland-*Regiments aus Männern, die von Mitgliedern anderer Einheiten der SS-Verfügungstruppe und nicht von der Allgemeinen SS versetzt worden waren. Später wurden sie Teil der Division *Das Reich* und kämpften im Zweiten Weltkrieg ganz hervorragend.

OBEN: SS-Sturmbannführer Karl-Heinz Frühauf, einer von vielen, die der SS-Verfügungstruppe in den frühen 1930ern beitraten und später halfen, das militärische Ansehen der Waffen-SS zu formen. Zwischen April 1934 und März 1935 war er Ausbilder an der SS-Sportschule in Sternberg/Mecklenburg. Am 9. November 1937 wurde er zum Obersturmbannführer befördert. Von November 1937 bis Juni 1938 hatte er verschiedene Stellen in der 1. und 3. Kompanie des Germania-Regiments inne. Im März 1944 kämpfte er mit der Waffen-SS in Nordrußland in der Schlacht von Narva. Er führte einen Gegenangriff, der eine russische Attacke im Kampf Mann gegen Mann zurückschlug. Dafür wurde er mit dem Ritterkreuz ausgezeichnet.

UNTEN: Mitglieder der SS-Totenkopfverbände, in Paradeuniform und mit dem Stahlhelm-Modell von 1916, stehen in Dachau Wache. Die Machtergreifung der Nazis hatte eine Neuorganisation der Wachen der Konzentrationslager nötig gemacht. Sowohl wegen Theodor Eickes Wunsch, die Aufsicht zu verschärfen, als auch wegen der großen Zahl von Gefangenen mußten die Lager angepaßt werden. Bis April 1938 wurde deshalb die Organisation der SS-Totenkopfverbände in vier Regimenter festgelegt, jedes aus drei Bataillonen, die wiederum aus drei Kompanien bestanden.

OBEN: Eine Gruppe von Soldaten der SS-Verfügungstruppe macht während eines Trainings Pause. Die beiden Männer rechts tragen jeder zwei Armbinden: der rauchende trägt das Band des Germania-Regiments, der andere das der *Leibstandarte.* Die oberen Bänder sind nicht identifizierbar. Die Deutsche Armee bangte um ihre Stellung als einziger Waffenträger des Staates und sah die Schaffung bewaffneter Einheiten innerhalb der SS als Bedrohung. In ihren Augen war es nur ein kleiner Schritt bis zur Gründung einer eigenen SS-Armee außerhalb ihrer Kontrolle. Tatsächlich jedoch standen die SS-Einheiten während des Kriegs zumeist unter dem Befehl der Armee.

LINKS: Ein jugendlicher Karl-Heinz Frühauf in SS-Uniform. Starke nationalsozialistische Indoktrination verbunden mit militärischer Ausbildung, wie sie von Felix Steiner und Paul Hausser festgelegt wurde, hatten in den 30er Jahren in Deutschland einen neuen Soldatentyp hervorgebracht: hart, rücksichtslos, verwegen und von totaler Hingabe. Männer wie Frühauf meinte Himmler, als er während des Krieges sagte: „Ihr Leben ist für sie nur von Wert, solange sie damit dem Führer dienen können. Sie werfen es weg, als ob sie Handgranaten wären, sobald die Notwendigkeit oder auch nur die Gelegenheit dazu auftaucht."

OBEN: Philipp Bouhler (links), der bis zum SS-Obergruppenführer aufstieg, unterhält sich mit dem damals ältesten SA-Mann (Träger des Blutordens), in der Mitte, und dem SA-Kommandanten Viktor Lutze (rechts). Bouhler war ein besonders widerlicher Charakter. Im Ersten Weltkrieg schwer verwundet, begann er nach dem Ende der Feindseligkeiten eine publizistische Karriere und wurde ein frühes Mitglied der Nazi-Partei. 1939 war er gemeinsam mit Dr. Karl Brandt mit dem Euthanasieprogramm beauftragt, das sich mit der Ermordung von Geisteskranken beschäftigte. Doch die öffentliche Empörung war so stark, daß Hitler gezwungen war, es einzustellen. Am Ende des Kriegs begingen Bouhler und seine Frau lieber Selbstmord, als den Alliierten in die Hände zu fallen.

RECHTS: Karl-Heinz Frühauf steht kurz vor Kriegsausbruch neben einem Fahrzeug der SS-Verfügungstruppe. Zu dieser Zeit waren die Beziehungen zwischen der SS und der Armee auf dem Tiefpunkt. Häufig gab es Kämpfe zwischen Mitgliedern des Heeres und der Waffen-SS. Ein SS-Bericht aus dieser Zeit spricht über den „sozialen Vorbehalt der Armee-Offiziere und die offene Aggression ihrer Männer, die all unsere Bemühungen bitter ins Gegenteil verkehrt“. Diese Feindschaft setzte sich während des Krieges fort, wenn auch in geringerem Ausmaß.

Kapitel 3

Elitebildung

SS-Indoktrination und Ausbildung

Links: Mitglieder des deutschen Jungvolks verfolgen fasziniert eine Nazi-Parteiversammlung.

Gegenüber: SS-Freiwillige schwören über einem SS-Ehren-Schwert die Treue, ein fast mystisches Ereignis, das den einzelnen lebenslang an Adolf Hitler band.

Eicke, Steiner und Hausser wollten der SS-Verfügungstruppe stets den höchstmöglichen Ausbildungsstandard angedeihen lassen. Es wurde daher ein spezielles Inspektorat gegründet, das die Verwaltung und das militärische Training überwachen und die verstreuten und großteils schlecht trainierten Einheiten der SS-Verfügungstruppe zu einer effizienten Streitmacht vereinen sollte. Doch weshalb meldeten sich so viele junge Deutsche freiwillig, und welche Richtlinien waren für ihre Mitgliedschaft in der SS im allgemeinen, den SS-Totenkopfverbänden und der SS-Verfügungstruppe im speziellen festgelegt?

Die Rekrutierung der SS-Verfügungstruppe

Mitglieder der Deutschen Jugend wurden nach ihrem Studium ermuntert, der SS beizutreten. Diese jungen Männer, vor allem Anwälte und Volkswirte, zog es zum Sicherheitsdienst Heydrichs. Die noch jungen Offizierskader der SS-Verfügungstruppe zogen ebenfalls einige dieser Freiwilligen an, die meisten aber waren Soldaten mittleren Ranges, die aus dem kleinen stehenden Heer überwechselten. Um Mitglieder der Offiziersränge anzuziehen, wurden diskrete politische Annäherungen an bestimmte hochangesehene Mitglieder der alten deutschen Aristokratie eingeleitet. Überraschenderweise reagierten etliche von ihnen positiv, darunter der Großherzog von Mecklenburg und die Prinzen von Waldeck und Hess. Zusätzlich wurden Säuberungen mit dem Ergebnis durchgeführt, daß zwischen 1933 und 1935 etwa 60.000 Mann aus der SS ausgeschlossen wurden. Die Entlassenen waren „jüdischen Blutes“, Verbrecher, Homosexuelle, Alkoholiker und „professionell Arbeitslose“. Strenge Aufnahmebedingungen wurden eingeführt: rassische Reinheit, körperliche Fitneß, Körpergröße und ein sauberes Vorstrafenregister. Das Ergebnis dieser Politik war, daß 1938 12 Prozent der SS-Mitglieder vom Rang eines SS-Standartenführers oder höher aus der Aristokratie kamen.

Das Konzept von Blut und Boden

Am anderen Ende der Skala befanden sich Bauernsöhne, eine Gruppe, deren Rekrutierung in die SS Himmler in seinem wunderlichen ländlichen Idealismus aktiv ermutigte. Diese Ideale stammten aus einem Buch des SS-Obergruppenführers Walter Darré, der meinte, die Deutschen seien Bauern und Krieger zugleich. Es gebe keine klare Trennung zwischen Landvolk und Adel, da jeder freie Mann adelig sei, weil er Waffen tragen könne. Er glaubte, daß das Nordische in Deutschland wegen des Verfalls der Bauernschaft im Schwinden begriffen sei. Es sei deshalb wichtig, einen neuen Adel zu schaffen, der nicht aus Individuen, sondern aus Familien bestünde. Die Begriffe von Blut und Boden wurden so eng verknüpft. Das Christentum aber wurde als übler Einfluß angesehen, der die wahre Idee des Deutschtums zerstöre.

Himmler nahm diese Gedanken in die SS-Ideologie auf, obwohl seine antichristliche Politik viele geeignete Männer abschreckte, die sich ansonsten freiwillig gemeldet hätten. Doch unter diesen Bedingungen und den nun angewendeten strengen Standards nahmen die Rekrutierungen dramatisch ab. Vor dem Krieg jedoch war dies kein Grund zur Sorge und steigerte nur die Exklusivität der SS.

LINKS: Eine SS-Propagandapostkarte, ein einfaches, aber wirkungsvolles Mittel, um den Eindruck zu verstärken, daß die SS eine besondere Organisation war. Ihr Thema ist stark nordisch, wie es die Nazis schätzten: Der Kämpfer links steht in Kontrast zu Mutter und Kind, die der Großvater rechts beaufsichtigt.

Mit 18 wurde ein Hitlerjunge ein SS-Bewerber. Auf dem Reichsparteitag im selben Jahr wurde er als SS-Anwärter angenommen und erhielt einen SS-Ausweis. Nach einer kurzen Probezeit schwor er den Treueid auf Adolf Hitler. Mit 19 oder 19¹/2, je nachdem, wann seine Gruppe einberufen wurde, ging er zum Arbeitsdienst und dann zum Militärdienst.

MITGLIEDSCHAFT BEI DER SS

Er kehrte, immer noch als Kandidat, zur SS zurück, wenn er es nicht vorzog, nach seinen zwei Jahren Dienst als Berufsoffizierskandidat oder Unteroffizierskandidat bei der Armee zu bleiben. Der SS-Kandidat erhielt eine besondere philosophische Schulung, in der die Prinzipien der SS genau erklärt wurden, besonders die Heiratsordnung und der Ehrenkodex. Erfüllte er alle gewünschten Anforderungen, wurde der Kandidat schließlich als SS-Mann aufgenommen. Am 9. November nach seiner Rückkehr vom Militärdienst schwor er in einer speziellen Zeremonie, daß er und seine Verwandten für immer die grundlegenden Gesetze der SS befolgen würden. Der neu eingeweihte SS-Mann erhielt das Recht, den SS-Dolch zu tragen, und von diesem Tag an war es sein Recht und seine Pflicht, seine Ehre nach dem Kodex des Schwarzen Ordens zu verteidigen. Er blieb in der Aktivenliste der Allgemeinen SS, bis er 35 war, dann wurde er, auf Antrag, auf die SS-Reserveliste gesetzt.

Wie stand es mit den SS-Totenkopfverbänden? Um in die *Leibstandarte* oder die SS-Verfügungstruppe einzutreten, mußte der Rekrut mindestens 1,80 Meter (später 1,85 Meter) groß und zwischen 17 und 22 Jahren alt sein. Für die SS-Totenkopfverbände betrug die Mindestgröße 1,70 Meter (später wurde sie auf 1,65 Meter reduziert) und das Höchstalter 26 Jahre. Keine der Organisationen bestand auf einer schulischen Qualifikation, und vor 1938 hatten 40 Prozent der SS-Rekruten nur eine Grundschulausbildung. Der Ariernachweis, gute körperliche und geistige Verfassung und ein sauberes Strafregister schienen wichtiger zu sein.

DIE POLITIK DES THEODOR EICKE

Theodor Eicke prägte die SS-Totenkopfverbände durch seine eigenen rigiden Anschauungen. Er hielt sie für eine Elite innerhalb der Elite. Diese Auffassung basierte darauf, daß die gefährlichsten politischen Feinde des Staates in den Konzentrationslagern gefangen waren und Hitler die alleinige Verantwortung für die Bewachung und Führung der Lager den SS-Totenkopfverbänden übertragen hatte. Eicke setzte seine Prinzipien schonungslos durch. Die gesamte Schulung der SS-Totenkopfverbände war auf dem Prinzip der Elite aufgebaut, zielte auf Härte und Kameradschaft ab, gepaart mit einem Regime der unbarmherzigen Disziplin. Der geringste Regelverstoß führte zu harter, oft brutaler Bestrafung.

Jeder Monat war geteilt in drei Wochen der Schulung und eine Woche Wachdienst im Konzentrationslager. Die politische wie die militärische Ausbildung zielten auf einen bestimmten Geisteszustand ab, sollten die Aufmerksamkeit schärfen und dem Image des SS-Totenkopfverband-Mannes den rechten Anstrich geben. Die Teilnahme an der Lagerwache konfrontierte ihn mit den Gefangenen und den Lagerbedingungen, eine Erfahrung, die nach Eickes Meinung das in der Ausbildung Gelernte unterstreichen würde, indem es den Eindruck verstärkte, daß die Gefangenen minderwertige und zugleich unversöhnliche Feinde des deutschen Staates seien. Das Verhalten der SS-Totenkopfverbände den Gefangenen gegenüber erzeugte eine Atmosphäre des politischen Fanatismus und ebnete den Weg für die später während des Krieges begangenen Exzesse der SS-Division *Totenkopf*.

Worin bestand die militärische Ausbildung der SS? Felix Steiners revolutionäre Ideen standen im Gegensatz zur traditionellen Ausbildung, deren Schwerpunkt auf Drill lag. Er glaubte an die Idee von hochmobilen Elitegruppen, deren Schulung eher auf individuelle Verantwortung und militärisches Teamwork als auf geistloses Gehorchen ausgerichtet war. Seine Vorstellungen waren im Ersten Weltkrieg entstanden und verfeinert worden, als er als Befehlshaber einer Maschinengewehr-Kompanie die Bildung von Sturm-truppen erlebt hatte, gebildet aus ausgewählten Männern, die aus den Schützengräben abgezogen und ausgebildet wurden.

STEINERS TRAININGSMETHODEN

Als ihr Wert erkannt wurde, sickerten die Reformen Steiners langsam in die SS-Verfügungstruppe ein. Mit seiner „Kampfgruppen"-Ideologie ging ein strenges körperliches und hygienisches Trainingsprogramm einher. Jeder dritte Rekrut fiel beim ersten Mal durch. Doch auf die erfolgreichen Kandidaten wartete die Parade, bei der der SS-Eid abgenommen wurde. Diese fand bei den Jahrestagsfeiern am 9. November um 22 Uhr statt. Sie wurde beschrieben als „einzigartig heiliges Ereignis, bei dem der verehrte Kader der Überlebenden des Münchener Putsches schweigend seinen Marsch durch die von Massen gesäumten Straßen der bayerischen Hauptstadt in einer Travestie des Passionszuges wiederbelebte". Am Ende stand die Zeremonie im Fackellicht, in der die Kandidaten der SS-Verfügungstruppe den Eid leisteten. Diese fand in Hitlers Anwesenheit vor der Feldherrnhalle und den 16 Obelisken statt, von denen jeder den Namen eines der ersten gefallenen Parteigetreuen trug. Der Eid war wesentlicher Bestandteil der SS-Mystik und band jeden erfolgreichen Kandidaten in unerschütterlicher Treue persönlich an Adolf Hitler.

Der Kandidat mußte sodann ein Jahr in einer der SS-Infanterie- oder Kavallerie-Schulen verbringen, ehe er in München einen weiteren Eid schwor, der ihn an die Heiratsvorschriften Himmlers band. Sie ersetzten christliche Riten der Heirat, der Taufe und des Sterbens. Eheschließungen fanden nicht mehr in Kirchen, sondern im Freien unter einer Linde oder in einem SS-Gebäude, das mit Lebensrunen, Tannenzweigen und Sonnenblumen geschmückt war, statt. Der Ariernachweis sollte die rassische und körperliche Reinheit schützen. Der Rekrut wurde zum vollen SS-Mann, und Offiziere ab dem Rang eines SS-Untersturmführers erhielten den SS-Dolch.

Um für den Dienst in der SS-Verfügungstruppe tauglich zu sein, mußte ein Fähnrich mindestens zwei Jahre in den Rängen gedient haben, ursprünglich in der Reichswehr. Offiziere verpflichteten sich für 25, Unteroffiziere für 12 und einfache Soldaten für vier Jahre; die Grundausbildung war für alle die gleiche. Offiziere machten eine intensive Kampfausbildung durch, zu der Mutproben, wie etwa vor einem herannahenden Panzer ein Deckungsloch zu graben, gehörten. Wichtiger waren Übungen mit Maschinengewehren, Mörsern und Artillerie (mit scharfer Munition), die den Männern reale Schlachtbedingungen nahebringen sollten.

DIE SS-SOLDATEN – EIN NEUER SCHLAG VON KRIEGERN

Eine Neuerung, eingeführt von Eicke und verbreitet von Steiner, sollte die Trennungen der Ränge, die in der Armee bestanden, aufbrechen. Offiziere und Unteroffiziere sollten mit ihren Männern plaudern und sich unter sie mischen, um sie kennenzulernen. Auf sportlichem Gebiet kämpften sie als Teams gegeneinander. Außer Dienst sprachen sie einander häufiger als „Kamerad" als mit dem Dienstgrad an.

Als Folge der SS-Schulung wurden die Truppen entmenschlicht. Ihr eigenes Leben zählte kaum, und noch weniger das ihrer Feinde. Von da war der Schritt zur Erschießung Gefangener und zu Grausamkeiten gegen Zivilpersonen nur klein. Der Same für äußerste Verwegenheit und für Verbrechen entsetzlichster Art war somit gelegt.

LINKS: Ein Nazi-Festzug 1938 in München anläßlich der Eröffnung eines Kulturzentrums, das deutsche Kultur und Kunst zeigen sollte. Die SS war bei Feiern unerläßlich, ihre Mitglieder waren als teutonische Ritter gekleidet, die für die Nazi-Partei als Helden galten.

RECHTS: Junge deutsche Mädchen, Mitglieder des Bundes deutscher Mädel (BDM). Die Organisation wurde 1930 als weibliches Gegenstück zur Hitlerjugend gegründet. Nach Hitlers Machtergreifung wurde der Dienst im BDM für alle Mädchen zwischen 14 und 21 Pflicht. Von Frauen wurde erwartet, daß sie für das Dritte Reich eine Menge Kinder gebaren, um eine „reine arische Rasse" von Deutschen zu schaffen, die die eroberten Gebiete in Osteuropa besiedeln sollte. Der dringende Bedarf an neuem Blut ließ Himmler erwägen, Paare, die nach vier Jahren Ehe noch kinderlos waren, zur Scheidung zu zwingen.

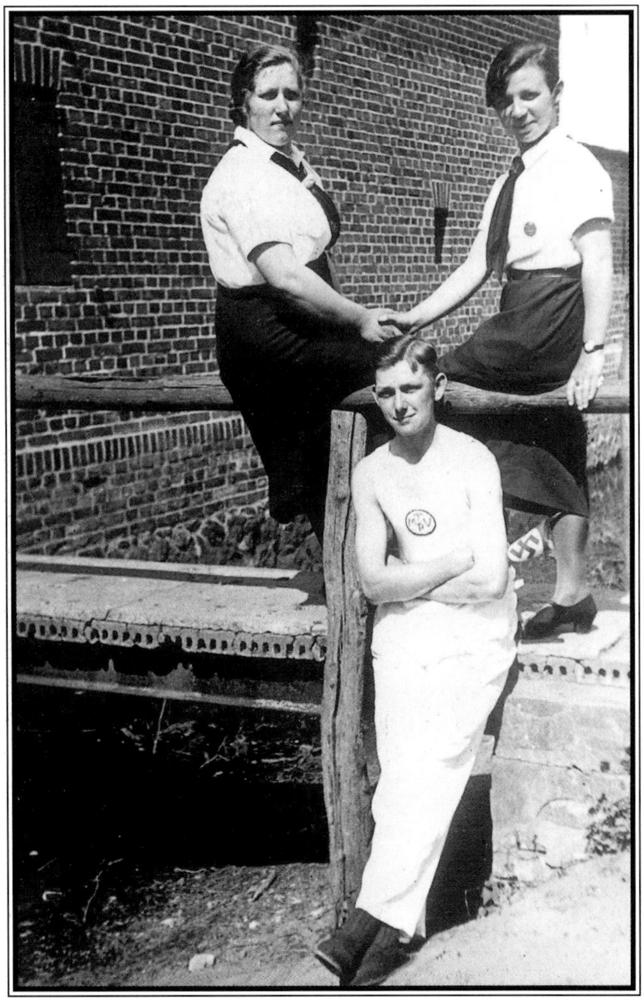

LINKS: Zwei junge Mädchen des BDM mit einem Jungen während einer Nazi-Schulung (beachten Sie die Hakenkreuzfahne in seiner Hand). Das Bild wurde in Allrode im Harz aufgenommen. Höchstwahrscheinlich diente dieser Junge, so wie Tausende andere, im Krieg in der Waffen-SS.

UNTEN: Eine Gruppe von BDM-Mädchen. Himmler wollte eine Frauenakademie für Frauen, die wegen ihrer Klugheit, Anmut, politischen Zuverlässigkeit und deutschen Erscheinung ausgewählt würden, einrichten. Vor allem aber sollten sie mit seinen SS-Männern rassereine Nachkommen in die Welt setzen.

LINKS: Flämische Mitglieder der Hitlerjugend 1942 bei Antwerpen. Die HJ blühte außerhalb Deutschlands in jenen Ländern, die Hitler eroberte. Die HJ stellte viele Rekruten für die Waffen-SS, denn 1936 hatte Hitler verkündet, daß die „deutsche Jugend ... körperlich, geistig und moralisch durch die Hitlerjugend im Geiste des Nationalsozialismus erzogen werden soll". Uniformen, Drill und militärisches Training, all dies sollte den leicht zu beeindruckenden Geist der Jugend begeistern und ansprechen – mit Erfolg.

UNTEN: Hitler mit Mitgliedern der Hitlerjugend. Viele junge Deutsche, die Hitler vor dem Krieg begegneten, waren von ihm regelrecht hypnotisiert. Ein BDM-Mitglied erzählte dem Autor: „Seine Augen, ich glaube, sie waren blau, waren magisch, und seine Persönlichkeit nahm einen gefangen. Als er mich ansprach, brachte ich kein Wort heraus." In die Waffen-SS aufgenommen zu werden und zur Leibwache des Führers zu gehören, war ein Traumziel, wie Eduard Janke, der der *Nordland*-Division beitrat, erzählt: „Warum meldete ich mich zur Waffen-SS und nicht zur Wehrmacht? Ganz einfach – ich wollte in einer Elite-Formation dienen."

EMSLAND

Das Lager bei Emsland war eines der ersten Arbeitslager, die die Nazis errichteten, um die Arbeitslosigkeit zu bekämpfen. Es wurde später von der SS übernommen.

UNTEN: Ein Offizier des Reichsarbeitsdienstes in Emsland. Das erste Arbeitslager wurde im Jänner 1932 bei Hammerstein in der Grenzmark errichtet; doch in Anhalt wurde der Arbeitsdienst besonders rasch zwangsweise eingeführt.

RECHTS: Ein Emsland-Offizier des Reichsarbeitsdienstes (RAD) an seinem Hochzeitstag. Seine Armbinde trägt die Aufschrift „Anhalt". Dies war die erste Region Deutschlands, wo der Arbeitsdienst flächendeckend eingeführt wurde.

LINKS: Ein RAD-Rekrut beim Lager Emsland. Er trägt einen Mantel, zweifellos wegen der Kälte im Lager. Diese Lager waren extrem notdürftig ausgestattet. Sie waren als Teil des „Abhärtungsprozesses" für die deutschen Männer gedacht. Per Gesetz vom 26. Juni 1935 wurde der sechsmonatige Arbeitsdienst für alle Männer zwischen 19 und 25 Pflicht. Die unmittelbare Folge war ein Rückgang der Arbeitslosenzahlen, der die Popularität der Nazi-Partei bei den Wählen erhöhte.

RECHTS: Das Lager Emsland im Winter, ein kalter, unwirtlicher Platz. Es beherbergte später die Feinde des Nationalsozialismus, obwohl sich das Äußere der Gebäude fraglos kaum veränderte. Eickes Konzentrationslagerwachen lebten oft unter nicht viel besseren Bedingungen als die Insassen. Mit der Zeit verbesserten sich aber die Verhältnisse für die Wachen, während sich die für die Gefangenen drastisch verschlechterten.

RECHTS: Die Urkunde, die dem Arbeitsmann Gerhard Frühauf das Recht verlieh, die Emsland-Armbinde zu erwerben, jedoch nicht zu tragen. Solche Bänder drückten die Mitgliedschaft in einer bestimmten Gruppe aus und wurden von ihren Besitzern geschätzt. Sie waren nur ein Teil der Strategie, den Männern das Gefühl zu vermitteln, etwas Besonderes zu sein, und an ihren Stolz appellierte. So konnten einzelne zu glühenden Anhängern des Regimes geformt werden, bereit, nötigenfalls ihr Leben für den Führer zu geben. Dies war auch das Schicksal des Gerhard Frühauf, des jüngeren Bruders von Karl-Heinz, der 1942 im Kampf an der Ostfront getötet wurde.

Emsland

REICHSARBEITSDIENST
ARBEITSGAU XXXI (EMSLAND) „jetzt Gau XIX"
R.A.D. Abt. 5/316
Ludwig von Spieß
(Angabe der Dienfteinheit)

Haselünne, den 24.10.1938
(Ort und Datum)

URKUNDE
ÜBER DIE VERLEIHUNG DES EMSLANDBANDES

Im Auftrage des Reichsarbeitsführers verleihe ich dem

Arbeitsmann Gerhard Frühauf

bisherigem Angehörigen des Arbeitsgaues XXXI (Emsland), anläßlich seines Ausscheidens aus dem Arbeitsgau XXXI (Emsland) „jetzt Gau XIX" das Recht zum Erwerb des Emslandbandes.
Dieses Band soll Erinnerung sein an gemeinsame Pionierarbeit für Deutschland. Es soll Ansporn sein zu weiterer Bewährung im Geist des Reichsarbeitsdienstes.

Reichsarbeitsdienst Arbeitsdienstabteilung 5/315
(Stempel)

Ofm. u. Abtgf.
(Unterschrift und Dienstgrad des verleihenden Reichsarbeitsdienstführers)

Zur Beachtung: Das Band gilt als Andenken, darf also nicht getragen werden – es sei denn, daß dem Besitzer der Urkunde das Recht zum Tragen der Einheitstracht mit roten Vorstößen verliehen worden wäre. In diesem Falle gilt das Band als Teil der Tracht.

LINKS: Die Tore des Lagers Emsland mit einem RAD-Mann als Ehrenwache. Anstelle eines Gewehres trägt er einen Spaten, eine Anspielung auf die Art der Tätigkeit im Arbeitsdienst. Die einberufenen Männer arbeiteten meist in der Landwirtschaft oder an öffentlichen Bauten, während Frauen, die später auch eingezogen wurden, häusliche Arbeiten oder sogenannte „traditionell weibliche" Tätigkeiten in der Landwirtschaft verrichteten.

RECHTS: Die SS-Führersportschule in Mihla an der Werra, eine der Organisationen zur Förderung sportlicher Aktivitäten innerhalb der SS. Sport spielte im Denken der Nazis eine wichtige Rolle, da er den einzelnen auf die Härten des aktiven Kriegsdienstes vorbereitete. Für deutsche Jugendliche begann das Sporttraining mit 14 und ging mit militärartigem Drill, Übungen und politischer und rassistischer Indoktrination einher. In der Waffen-SS wurde großer Wert auf Sport und körperliche Fitneß gelegt.

LINKS: Mitglieder der SS-Totenkopfverbände lesen die Sportseite einer Lokalzeitung. Beachten Sie die großen SS-Runen auf den Sportanzügen. Intensive körperliche Aktivität war in der Waffen-SS ein wesentlicher Teil des Lebens – die Essensrationen spiegeln das wider. Eickes Männer lebten wie Kampfhähne: Ein typisches Tagesmenü bestand aus Kaffee, Marmelade, Brot und Wurst zum Frühstück, Fleisch, Kartoffeln und Gemüse zum Mittagessen, und Kaffee, Eintopf, Milch und Kartoffelsalat am Abend; alles wurde mit viel Tee, Bier und, bei besonderen Anlässen, Wein hinuntergespült. Zu essen gab es für Eickes Männer immer genug.

RECHTS: Mitglieder der SS-Totenkopfverbände nach den sportlichen Aktivitäten eines Tages. Sport war bei der Waffen-SS ein wesentlicher Teil der Schulung. Hans-Gerhard Starck von der *Leibstandarte* erzählt: „Die Trainingstage waren lang und hart. Alles wurde wiederholt, bis es automatisch lief. Wir waren alle gut im Sport, doch die Ausbilder trieben uns bis an die Grenzen unserer Ausdauer und stellten uns Aufgaben, die unsere Standhaftigkeit prüfen sollten."

RECHTS: Mitglieder der SS-Totenkopfverbände werden im Lager Dachau auf Herz und Nieren geprüft. Felix Steiner und Paul Hausser, die für das Training der SS-Verfügungstruppe Verantwortlichen, verbanden traditionelles militärisches Training mit Sport, körperlicher Fitneß und Geschicklichkeitstraining. Der Sport sollte sowohl Kameradschaftsgeist innerhalb einer Einheit erzeugen, wie auch taugliche, körperlich voll leistungfähige Soldaten hervorbringen.

UNTEN: Drei Mitglieder der SS-Totenkopfverbände entspannen sich am Ende eines langen Tages. Die Musik stammt aus einer Harmonika, während die Blumen auf dem Tisch den Ruf der SS-Soldaten als harte Männer Lügen zu strafen scheinen. Doch der Schein dürfte trügerisch sein: Beachten Sie die nüchterne Ausstattung des Quartiers. Ihr Kommandant Theodor Eicke hatte keinen Zweifel darüber, was einen guten SS-Soldaten ausmachte. An jeder Unterkunft hatte er ein Schild angebracht, auf dem stand: „Gelobt sei, was hart macht.“ Für ihn waren körperliche und geistige Härte ein und dasselbe.

OBEN: Männer des RAD reinigen im Lager Emsland ihre Montur. Sauberkeit war wesentlicher Bestandteil der Ausbildung der SS-Verfügungstruppe. Jan Munk, ein Soldat der Waffen-SS, erinnert sich an jene Tage: „Sachen zu reinigen war etwas Besonderes. Wenn es hieß, dein Zimmer, dein Gewehr oder deine Uniform sollte sauber sein, dann meinten sie *sauber*. Am Samstagmorgen war gewöhnlich Haupttraining in Sauberkeit. Dann schrubbten alle auf Händen und Knien die langen Steinkorridore und Treppen."

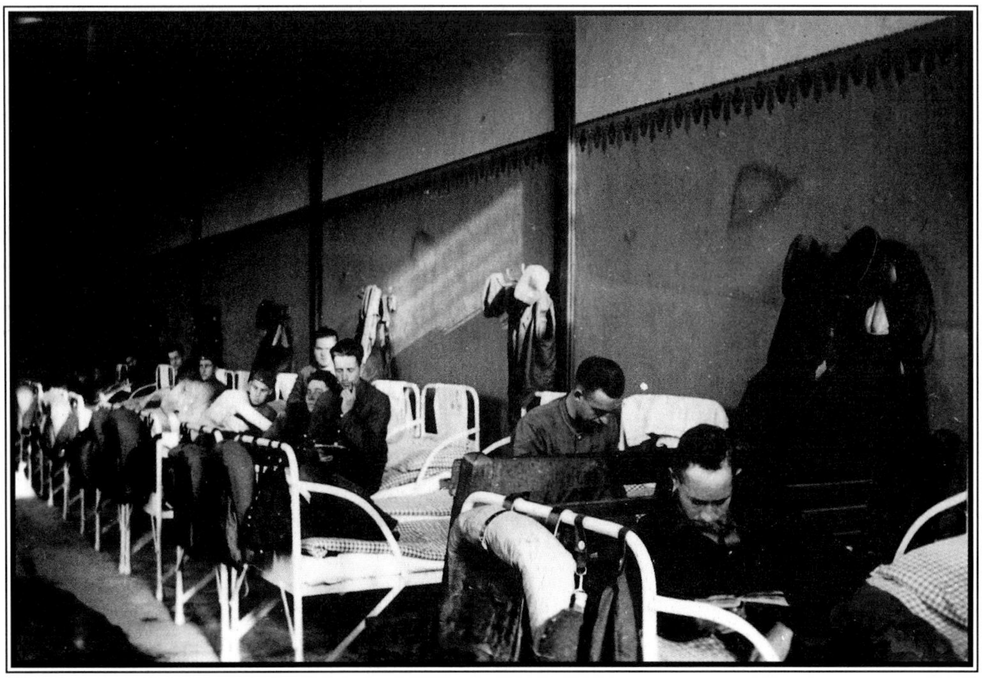

LINKS: In den Baracken von Dachau. Die Disziplin bei den SS-Totenkopfverbänden konnte hart sein. Einer von Eickes Männern etwa wollte aus den SS-Totenkopfverbänden ausscheiden. Eicke ließ ihn die Kluft der Lagerhäftlinge anziehen, vor der gesamten Divison antreten und sandte ihn dann ins Konzentrationslager Buchenwald. Die Angst, zum Insassen eines Konzentrationslagers zu werden, hatte mächtige Auswirkungen auf Eickes Männer, da sie aus erster Hand wußten, wie die Gefangenen behandelt wurden.

OBEN: Erschöpfte SS-Männer während eines sportlichen Wettkampfs. Die militärische Schulung der SS umfaßte ein strenges körperliches Programm: jeden Tag vor dem Frühstück eine Stunde strenge Gymnastik, danach intensives Waffentraining, Zielübungen und unbewaffneten Nahkampf; nach dem Mittagessen folgte intensives Exerzieren, dann das Reinigen der Montur und ein Lauf oder zwei Stunden auf dem Sportplatz. Die SS-Soldaten verbrachten also mehr Zeit auf dem Sportplatz und mit Querfeldeinläufen als auf dem Paradeplatz. Als Ergebnis entwickelten sie so hohe körperliche Fitneß und Ausdauer, daß sie etwa 3 km mit voller Montur beladen innerhalb von 20 Minuten hüpfend zurücklegen konnten.

LINKS: Überqueren einer künstlichen Mauer bei einem Querfeldein-Hindernislauf. Das Trainingsprogramm Felix Steiners und Paul Haussers zeitigte schon bald Erfolge: Die Soldaten der Waffen-SS waren fitter als ihre Kollegen von der Armee, und auch die *Leibstandarte* hinkte hinterher (obwohl Dietrich, der den Unterschied bemerkte, sie schon bald auf eine Linie mit dem Rest der SS-Verfügungstruppe brachte). Doch es war nicht nur das körperliche Training, das die SS auszeichnete. Auch die Qualitäten ihrer Mitglieder zählten: hohe Moral, Kampfbereitschaft und die Überzeugung, eine politische und militärische Elite zu bilden. Auch der Kameradschaftsgeist innerhalb der Waffen-SS war auffällig hoch.

FÜREINANDER SORGEN

Zum Credo der Waffen-SS gehörte, daß sie für ihre Leute sorgte. Dies verstärkte ihr Bild als geschlossener Orden mit seinen eigenen Regeln und Gesetzen.

LINKS: Der Soldat rechts ist Jan Munk, ein ausländischer Freiwilliger bei der Waffen-SS. Nachdem er in Rußland im Kampf verwundet worden war, wurde er zur Erholung nach Pörtschach am Wörthersee, westlich von Klagenfurt, geschickt. Der Platz war als Erholungsheim bekannt. Ursprünglich ein hochklassiger Kurort, eignete ihn sich im Krieg die Wehrmacht an. Er versorgte alle Teile der Streitkräfte, einschließlich der Waffen-SS. Der andere SS-Soldat ist wie Munk ein holländischer Freiwilliger in deutschem Dienst, während es sich bei den beiden in der Mitte um österreichische Gebirgsjäger handelt.

RECHTS: Munk (ganz links) in Pörtschach. Unerschütterlicher Gehorsam, Ehrlichkeit und Hingabe an die Pflicht wurden von allen Männern der Waffen-SS erwartet. Vom ersten Tag der Ausbildung an wurde ihnen eingetrichtert, daß sie Teil einer Elite waren. Absolutes Vertrauen zu den Kameraden war Teil der SS-Ideologie. So blieben die Spinde in den Zimmern unversperrt. Teil dieses Credo war, daß man Verwundete niemals in die Hände des Feindes fallen ließ, und Leute wie Munk wußten, daß im Fall einer Verwundung ihre Kameraden alles in ihrer Macht Stehende tun würden, um sie zu retten, auch wenn sie sich dabei selbst opfern mußten.

RECHTS: SS-Baracken nahe Klagenfurt. Das Bild wurde von der Rückseite der Stabsquartiere aus aufgenommen. Die Gruppe der niedrigen Gebäude diente als Garagen, Waffen- und Vorratslager. Die SS-Baracken unterschieden sich von denen der Armee, wie Heinz Köhne von der Leibstandarte bemerkt, in einem wichtigen Punkt: „Bei der Wehrmacht mußte man die Spinde versperren. Bei der Waffen-SS mußte man sie offenlassen. In der Waffen-SS gab es keine Diebe.“ Das Motto der Waffen-SS war: „Meine Ehre heißt Treue.“

LINKS UND UNTEN: Zwei weitere Ansichten der Baracken bei Klagenfurt. Die linke zeigt den Haupteingang, während der Paradeplatz mit den Stabsquartieren unten zu sehen ist. Alle Rekruten mußten an Indoktrinationskursen teilnehmen. Da aber die meisten Mitglieder bei der Hitlerjugend gewesen und ohnehin Anhänger des Nationalsozialismus waren, scheinen solche Klassen eher überflüssig gewesen zu sein. Bei Eickes SS-Totenkopfverbänden war die Indoktrination wie auch die Disziplin wesentlich strenger, obwohl alle SS-Soldaten, besonders zu Kriegsbeginn, sich selbst für die Verkörperung der Nazi-Werte hielten.

OBEN: Rekruten der SS-Totenkopfverbände in ihren Baracken in Dachau. Im Oktober 1939 wurden die Insassen des Lagers verlegt, um im Zuge der Schaffung der SS-Division *Totenkopf*, einer voll motorisierten Formation, Platz für den starken Zuzug von SS-Männern zu schaffen. Sie sollte einen Divisionsstab, drei motori-sierte Infanterieregimenter, ein Artillerieregiment, ein Fernmeldebataillon, ein Pionierbataillon, ein Sturmgeschützbataillon, ein Aufklärungsbataillon und Reserveeinheiten umfassen.

LINKS: Kartoffelschälen, der Fluch der Soldaten in jeder Armee. Hier RAD-Jungen in ihren Baracken im Lager Emsland beim Küchendienst. Zwei rauchen Pfeife, um erwachsener zu wirken. Den SS-Rekruten wurde bedingungsloser Gehorsam eingetrichtert, was auf dem Schlachtfeld zwei Folgen hatte. Einerseits führten die Einheiten der Waffen-SS ihre Befehle buchstabengetreu aus, unbekümmert um die Folgen, andererseits gab es bei den Einheiten, die diese Befehle auszuführen versuchten, besonders hohe Verluste.

LINKS: Eine Gruppe von SS-Soldaten reinigt ihre Waffen. Sie tragen einfarbige Drillichuniformen, die aus einer formlosen Jacke mit fünf Knöpfen und Stehkragen und gleichfalls formlosen Hosen bestanden. Während des Kriegs verwendete die Waffen-SS als erste gescheckte Tarnanzüge, die später von allen modernen Armeen in Europa und Amerika übernommen wurden.

UNTEN: Mitglieder der SS-Totenkopfverbände bei der Übung mit Granaten. Übungen mit scharfer Munition waren von Beginn an Teil des Trainings der Waffen-SS, um die Männer an den Schlachtlärm zu gewöhnen. Solche Übungen führten unweigerlich zu Unglücksfällen, retteten aber zweifellos Leben, als die SS-Einheiten im Kampf auf dem Schlachtfeld eingesetzt wurden.

LINKS: Männer der SS-Totenkopfverbände beim Erkennungstraining in Dachau. Der Kern der Division *Totenkopf* wurde aus den ursprünglich drei Regimentern der Konzentrationslager-Wachen gebildet: *Oberbayern, Brandenburg* und *Thüringen.* Die Schulung war intensiv, obwohl sich die Beschaffung von Waffen und Ausrüstung als Problem erwies. Übungen im Freien umfaßten die ganze Division, um ihr Personal mit den Grundregeln der mobilen Kriegsführung vertraut zu machen.

UNTEN: SS-Sturmbannführer der Reserve Karl-Heinz Frühauf (rechts), der am 9. November 1937 zum SS-Oberscharführer befördert wurde. Zwischen November 1937 und Juni 1938 erfüllte er verschiedene Aufgaben, etwa als Grundausbilder der Scharfschützen. In dieser Eigenschaft ist er hier zu sehen. Ein Veteran der Waffen-SS erzählte: „Die Manöver waren sehr realistisch, bei bestimmten Übungen wurde scharfe Munition verwendet, doch nicht, ehe jeder Mann seine Waffe kannte und aufpassen konnte." Jeder mußte seine eigene Waffe ebenso wie die verwendeten Maschinengewehre zerlegen und wieder zusammenbauen können.

UNTEN: Mitglieder der Leibstandarte schwören den Treueid auf den Führer: „Ich gelobe dir, Adolf Hitler, als Führer und Reichskanzler, Treue und Tapferkeit, ich gelobe dir und denen, die du als Autorität über mich ernannt hast, Gehorsam bis in den Tod." So wurde der Pakt besiegelt.

UNTEN: Ein Blick in das Braune Haus, das Münchener Nazi-Hauptquartier. Hier wurden Parteidokumente und Auszeichnungen vorbereitet und registriert. Das Gebäude, das Barlow-Palais, wurde 1828 errichtet. Doch war es baufällig und mußte grundlegend restauriert werden, ehe es von der NSDAP bezogen werden konnte. Die Nazis nahmen es 1931 in Besitz. Das Braune Haus war großartig ausgestattet, und Hitler hatte im zweiten Stock ein großes, überladenes Büro, das von einem Porträt Friedrichs des Großen beherrscht wurde.

KAPITEL 4

Die Feuertaufe

Der Polenfeldzug 1939

LINKS: SS-Artillerie beim Polenfeldzug in Aktion. Das Geschütz ist ein 3,7 cm Pak 35/36.

GEGENÜBER: Kriegsbeute. Wehrmachtoffiziere zeigen Hitler eine erbeutete Fahne des polnischen 8. berittenen Schützenregiments. Zweiter von rechts ist Reichsführer SS Heinrich Himmler.

Die SS nahm an einem Betrug teil, der Hitler den nötigen Vorwand für den Angriff auf Polen und den mörderischsten Krieg lieferte, den die Menschheit je sah. Als Antwort auf deutsche Feindseligkeiten wurde am 30. August 1930 die polnische Mobilmachung verkündet. Hitler konnte nicht länger warten und befahl am nächsten Tag, um 4.45 Uhr in Polen einzumarschieren. Die Zeit für jenen Betrug war gekommen, den Hitler benötigte, um die Invasion zu rechtfertigen. SS-Obersturmbannführer Alfred Naujocks wurde von SS-Obergruppenführer Heydrich ausgewählt, den Scheinangriff auf die Gleiwitzer Funkstation durchzuführen. Naujocks war einer der verwegensten Kommandanten im SS-Sicherheitsdienst (SD).

TÄUSCHUNG BEI GLEIWITZ

Am 31. August um 16 Uhr begann Naujocks Einsatz in Gleiwitz (der deutsche Einsatzstab der Station war jedoch in seinen Plan nicht eingeweiht). Leichen aus dem Konzentrationslager Dachau wurden auf Lastwagen geholt und die toten „polnischen Soldaten" überzeugend rund um die Station verteilt. Der Täuschungstrupp traf ein und machte viel Lärm, um den Eindruck zu erwecken, die Station werde von einer großen Gruppe aufständischer Polen angegriffen. Schüsse trafen die Decke des Senderaumes, vergrößerten das Chaos und ließen das Personal der Funkstation erstarren. Während der nächsten fünf Minuten brüllten ein paar SS-Männer, die Polnisch konnten, antideutsche Parolen, während im Hintergrund andere SS-Männer Schüsse abfeuerten. Als sie glaubten, die Zuhörer seien überzeugt, die Funkstation werde von bewaffneten Polen angegriffen, zogen sich SS-Sturmbannführer Naujocks und seine Männer zurück. Ein ebenso erfolgreicher Scheinangriff traf die deutsche Zollstation in Hochlinden. Hitler hatte seine Rechtfertigung für den Einmarsch in Polen (Hitlers Soldaten und Panzer waren schon unterwegs, ehe die SS-Männer wieder in ihren Quartieren waren). Am selben Tag erklärte Hitler den deutschen Streitkräften: „Um diese verrückten Taten zu beenden, sehe ich keinen anderen Weg, als von jetzt an Gewalt mit Gewalt zu vergelten."

DIE SS-SCHLACHTORDNUNG FÜR POLEN

Himmler hatte gehofft, daß die SS während des Polen-Feldzugs als eigene Formation verwendet werden würde, doch wurde sie auf verschiedene Armee-Einheiten aufgeteilt. Die Panzerdivision *Kempf* enthielt das *Deutschland*-Regiment, die SS-Aufklärungsabteilung und den SS-Nachrichtensturmbann. Diese Division unter dem Befehl Generalmajor Kempfs wurde im 1. Korps in General Fedor von Bocks Heeresgruppe Nord eingesetzt. Die 10. Armee unter General Walter von Reichenau enthielt die *Leibstandarte* und den SS-Pioniersturmbann, während das *Germania*-Regiment als Teil der 14. Armee in Ostpreußen in Reserve gehalten wurde. Die dritte SS-Verfügungstruppe, die Standarte *Der Führer*, war noch nicht voll ausgebildet und nahm nicht am Feldzug teil.

SS-Standartenführer Felix Steiner, der das *Deutschland*-Regiment führte, stieß unter sengender Sonne nach Süden Richtung Mława vor und marschierte durch staubiges Gebiet. Trotz der schwierigen Bedingungen kam er anfangs gut voran. Wegen Treibstoffmangels konnten seine motorisierten

LINKS: SS-Offiziere vor der Krypta des polnischen Nationalhelden und Siegers der Schlacht von Warschau 1920, Marschall Pilsudski. Doch 1939 gab es für die Polen keine Rettung. Himmler hatte beschlossen, daß die SS in Polen mit Blut getauft werden solle: „Die Verfügungstruppe ist dazu geschaffen, ins Feld zu ziehen."

Kräfte jedoch nicht voll genützt werden. Auch waren die polnischen Stellungen an den Zugängen nach Mława gut befestigt und mit entschlossenen Truppen besetzt. Der polnische Widerstand begann sich beträchtlich zu verhärten, und dies führte zu *Deutschlands* erstem wichtigen Kampfeinsatz. Nach zermürbendem Sperrfeuer der deutschen Artillerie, das weniger wirkungsvoll war als erhofft, war das polnische Bunkersystem noch immer intakt. Ein zweiflügeliger Vorstoß gegen die polnischen Verteidigungen auf den Hügeln wurde befohlen, unterstützt von Panzern des 7. Deutschen Panzerregiments. Der Panzerangriff stockte fast sofort, als die Fahrzeuge in vorbereitete Panzersperren fuhren. Die deutschen Panzer, vor allem leichte Panzer I und II, waren nicht ausreichend bewaffnet, um die Verteidigungsstellungen zu brechen. Die polnische Artillerie schaltete etliche Panzer aus, und die verbliebenen Fahrzeuge zogen sich zurück. Um die Sache zu verschlimmern, blieben die versprochenen Sturzkampfbomber (Stukas) der Luftwaffe aus.

HARTER KAMPF AN DER NAREW

Unbeeindruckt bildeten die SS-Standartenführer Felix Steiner und Matthias Kleinheisterkamp SS-Kampfgruppen, unterstützt durch eine Kampfgruppe des 7. Panzerregiments. Dieser neue Vorstoß drängte die Polen rasch bis zur Narew zurück. Hier formierten sie bei Rożan rings um vier alte russische Befestigungen ihre Verteidigung neu. Sie hielten diese Stellungen hartnäckig und unter hohen Verlusten; auch die deutschen Verluste waren beträchtlich. Der Widerstand war jedoch so stark, daß er die Polen an ihre Stellungen fesselte.

Um nicht eingekreist zu werden, mußten die Polen Rożan aufgeben, als weiter südlich deutsche Kräfte die Narew überschritten. So blieb der polnische Erfolg kurzlebig. Beim Versuch, die polnischen Einheiten an der Verstärkung der Verteidigungsstellungen rings um Warschau zu hindern, indem sie sich in die Hauptstadt zurückzogen, hatten die Deutschen den Bug überschritten. Am 16. September, als Kleinheisterkamp und seine Kampfgruppe die Weichsel erreichten, war der Ring um die Stadt geschlossen.

Nun sollten die polnischen Festungen Modlin und Zakroczym ausgeschaltet werden. Modlin war ein ernstzunehmendes Bollwerk – es faßte 35.000 Mann. Für den Angriff wurde *Deutschland* nordwestlich von Warschau verlegt. Am 29. September stürmten SS-Truppen Modlin, und um 14.50 Uhr kapitulierte die Festung unter General Zehak. Hierauf wurde nach einem konzentrierten Artillerie-Sperrfeuer Zakroczym innerhalb von 90 Minuten eingenommen; etliche tausend Polen gerieten in Gefangenschaft.

GERMANIAS KRIEG

In der Nacht auf den 17. August wurde das *Germania*-Regiment unter SS-Standartenführer Carl-Maria Demelhuber versammelt, um am polnischen Feldzug teilzunehmen, und dem Kommando der 14. Armee unterstellt. Sein Zug von gepanzerten Wagen sollte unter der 8. Aufklärungseinheit der 8. Gepanzerten Division dienen. Obwohl das Regiment *Germania* die meiste Zeit des vierwöchigen Krieges in Reserve blieb, erhielt es die Aufgabe, die Flanke des XXII. Armeekorps bei seinem Zug nach Chełm als Teil der 10. Armee, die von Schlesien aus angriff, zu sichern. Jedoch war es für die Fläche, die es decken sollte, nicht zahlreich genug.

Die Aufgabe, die Przemyśl-Lemberg-Straße zu blockieren, fiel an die 15. Kompanie. Hier überraschte die SS-Infanterie eine polnische Kolonne und machte trotz starker zahlenmäßiger Unterlegenheit über 500 Gefangene. Offiziere und Kadetten der polnischen Kriegsakademie in Krakau, die eine mächtige Einheit bildeten, versuchten sich am Abend desselben Tages nach Lemberg durchzuschlagen und trafen auf die kleine SS-Einheit. Die Deutschen erlitten schwere Verluste und mußten sich nach Norden zurückziehen, wo die 1. Kompanie war. Den SS-Truppen wurde trotz der gefährlichen Lage befohlen, ihre Stellungen zu halten. Przemyśl wurde von der 7. Infanterie-Division angegriffen, und die SS-Soldaten hinderten alle polnischen Truppen erfolgreich an der Flucht.

Das 2. Bataillon des Regiments, im VIII. Armeekorps an die 8. Infanterie-Division angeschlossen, rückte zur Brzóza-Stadnicka-Linie vor. Bei Krzeszów gab es eine lebenswichtige Brücke über die San, die eingenommen werden mußte. Die SS-Männer machten in zwei Tagen einen Gewaltmarsch von 80 km, wobei sie unterwegs auf Teile der 5. Panzer-Division stießen. Beide Einheiten rückten vor und kamen am Nachmittag des 12. September an das westliche Ufer gegenüber Krzeszów. Doch als sie die Brücke überqueren wollten, wurde sie gesprengt. Ein Zug der 3. und 5. Kompanie überquerte in derselben Nacht den Fluß, doch im Schutz der Dunkelheit hatten sich die Polen zurückgezogen. Eine dritte Kompanie, die 6., verfolgte den Feind und kam ihm dabei so nahe, daß die Stukas, die den Rückzug störten, Gefahr liefen, die SS-Truppen zu treffen. Das Ostufer der San war gesichert, als die 8. Infanterie-Division ankam.

DIE *LEIBSTANDARTE* GEHT IN DIE OFFENSIVE

Die *Leibstandarte* unter Befehl SS-Gruppenführers „Sepp“ Dietrich wurde gemeinsam mit Teilen des SS-Pioniersturmbanns im mittleren Sektor eingesetzt und hatte die Aufgabe, die exponierten Flanken der vorwärtsstürmenden Wehrmachtseinheiten zu schützen.

Die 4. Panzer-Division rückte nach Łódź vor, und die *Leibstandarte* erhielt den Befehl, sie zu unterstützen. Anfangs fegte sie jeden Gegner aus dem Weg, doch je weiter sie ins Herz Polens vorrückte, desto härter wurde der Widerstand. In den großen Städten brachten oft tückische Straßenkämpfe das Regiment zum Stocken, und in Pobianize wurde die *Leibstandarte* umzingelt und erst durch das Eingreifen von Heerestruppen befreit.

Die 4. und die 10. Armee führten eine Zangenbewegung aus, und westlich von Warschau wurde eine große Zahl polnischer Truppen abgeschnitten, als die Deutschen die Hauptstadt einschlossen. Die Deutschen dachten, diese Einheiten würden nach Osten ziehen, doch stießen sie nach Süden vor. Die *Leibstandarte* war nun der 8. Armee angeschlossen, und am 10. September krachten diese polnischen Einheiten in ihre entblößte Flanke. Die Polen griffen die Flanke der 8. Armee zwei Tage lang an, bis ihre Attacken den Schwung verloren. Schließlich mußten sie, wollten sie Warschau erreichen, nach Osten abdrehen. Die *Leibstandarte* bewegte sich westwärts, wo sie an der Einkreisung an der Bura teilnahm.

DER GERECHTFERTIGTE BLITZKRIEG

Am 26. und 27. September wurde Warschau beschossen und zur Aufgabe gezwungen. Die Kämpfe an der Küste endeten am 1. Oktober mit der Kapitulation; und am 6. Oktober stellten die letzten polnischen Truppen den Kampf ein.

Der 36-Tage-Krieg gegen Polen bedeutete für die deutsche Kriegsmaschine keine ernsthafte Herausforderung. Sie erschien Polen gegenüber in jeder Hinsicht deutlich überlegen. Die Kooperation der Russen gab Polen den Rest, und selbst das Wetter spielte mit. Die deutschen Streitkräfte konnten den Feldzug in Blitzesschnelle durchführen. Die bisher gültige Norm für militärische Operationen von 24 km in 24 Stunden wurde dabei um ein Vielfaches übertroffen. Der Beitrag der SS-Verfügungstruppe war bescheiden, aber nicht unwesentlich. Die SS-Totenkopfverbände leisteten zwar keinen taktischen Beitrag zum deutschen Sieg, spielten aber eine Hauptrolle in den sozialen Plänen des Führers für Polen.

Die deutschen Verluste betrugen nach einer Schätzung vom Oktober 1939 8.082 Tote, 27.279 Verwundete und 5.029 Vermißte; die endgültigen Zahlen lagen noch etwas höher. 217 deutsche Panzer wurden zerstört, zahlreiche beschädigt, während die Luftwaffe 285 Flugzeuge verlor. Die polnischen Opferzahlen waren viel höher und umfaßten auch Zivilisten.

RECHTS: Das deutsche Schlachtschiff *Schleswig-Holstein* bombardiert Anfang September polnische Stellungen auf der Westerplatte. Das Schiff kam am 25. August 1939 scheinbar auf einen freundschaftlichen Besuch, transportierte aber tatsächlich deutsche Stoßtruppen, die sich unter den Decks verbargen.

RECHTS: 1. September 1939, 14 Uhr. Der deutsche Feldzug gegen Polen, Codename „Fall Weiß", auf dem Weg. Hier bekämpfen deutsche Soldaten der 7. Infanterie-Division polnische Kräfte, die sich bei Wegierska Górka verschanzt haben. Zum Zeitpunkt dieser Aufnahme war der Krieg fast 12 Stunden alt, und zwei deutsche Heeresgruppen, die anderthalb Millionen Mann umfaßten, stürmten über Polens Grenzen Richtung Warschau.

LINKS: Truppen der SS-Heimwehr *Danzig*, die in der (gemäß dem Vertrag von Versailles) entmilitarisierten freien Stadt Danzig stationiert war. Die Einheit war an die SS-Totenkopfverbände angeschlossen. Während des Polenfeldzuges half sie, den Hafen und seine Umgebung für die Deutschen zu sichern. Die SS-Männer sind unterwegs, um eine polnische Barrikade zu beseitigen und werden dabei von einem in Österreich gebauten Panzerwagen unterstützt, von denen die Deutschen damals etliche Dutzend in Gebrauch hatten.

RECHTS: Soldaten der SS-Heimwehr *Danzig* bereiten sich zum Angriff auf die Hauptpost in Danzig vor, das polnische Truppen besetzt hatten. Trotz des heroischen Widerstands der Verteidiger mußten die Polen schließlich aufgeben. Die meisten von ihnen wurden danach von SS-Truppen erschossen. Dies war nicht deren einzige Greueltat: Am 8. September erschossen sie im Dorf Krzaizki in der Provinz Pommern 33 polnische Zivilisten. Die Männer der SS-Heimwehr *Danzig* wurden schließlich in die Division *Totenkopf* aufgenommen, und ihre Aktionen in Polen wurden in den ersten Kriegstagen von Theodor Eicke gewürdigt, der zu seinen Offizieren gesagt hatte: „In diesem Krieg hat die SS die Hauptaufgabe, den Staat Adolf Hitlers zu beschützen, vor allem vor jeder inneren Gefahr." Er glaubte, daß nur die SS die „Härte" habe, Deutschland vor seinen Gegnern, sowohl inneren als auch äußeren, zu bewahren.

RECHTS: Die ersten polnischen Gefangenen auf dem Weg nach Westen in die Gefangenschaft. Die *Leibstandarte*, Teil der Heeresgruppe Süd, machte ihre ersten Gefangenen am 1. September nach heftigen Kämpfen gegen die polnische 30. Infanterie-Division, das 21. Infanterie-Regiment und die Panzerwagen der Wolwyska-Kavalleriebrigade bei Bolesławiecz. Nach einem Handgemenge wurde die Stadt eingenommen, und bald machte sich eine lange Reihe von polnischen Gefangenen entlang der Strecke, die die *Leibstandarte* beim Angriff genommen hatte, auf den Weg.

UNTEN: Der Vormarsch geht weiter. Die motorisierten SS-Einheiten waren im Polenfeldzug sehr gefragt, da sie schneller von einem Punkt an den anderen gelangten als die Heeresinfanterie, die den größten Teil der Wege zu Fuß zurücklegen mußte. Doch das polnische Straßennetz war armselig. War das Wetter gut, wurden die Kolben der Motoren von Staub und Sand ruiniert und die Waffen verstopft. Regnete es, so verwandelten sich die Straßen schnell in Morast, in dem Lastwagen und Panzerwagen bis zu den Achsen versanken. Und während des Feldzugs begannen die Deutschen unter Benzinknappheit zu leiden.

UNTEN: Die SS-Mannschaft eines leichten Mörsers in der Frühphase des Polenfeldzuges in Aktion. Beachten Sie, wie trocken der Boden ist. Obwohl Hitze und Trockenheit an den körperlichen und geistigen Kräften zehrten, hatten sie auch Vorteile. Zum Beispiel konnte die deutsche 8. Armee am 2. September mit Männern und Fahrzeugen problemlos die Prosna überqueren, da das ungewöhnlich trockene Wetter den Pegel des Flusses gesenkt hatte. Am 3. September zeitigte der deutsche Blitzkrieg Erfolge: Die 10. Armee begann durch den Norden von Częstochowa durchzubrechen, und zwei Panzerdivisionen stürmten in Richtung Warschau. Die Flügel der deutschen Zange begannen sich um die polnischen Armeen westlich der Hauptstadt zu schließen.

OBEN: Soldaten der *Leibstandarte* Anfang September 1939 nahe der kleinen Marktstadt Pabianice. Die Stadt war ein Straßen- und Eisenbahnknotenpunkt am Fluß Ner und eine starke polnische Festung. Sie hielt eine Garnison, die von Artillerie, darunter Panzerabwehrkanonen, unterstützt wurde. Ein zusätzliches Problem für die SS-Soldaten war die große Zahl von Scharfschützen in der und um die Stadt. Eine beliebte Taktik dieser war es, auf einzelne Motorradfahrer oder Stabsautos zu schießen. Als Antwort zersiebte die SS die Bäume und Büsche mit Gewehrgranaten. Daneben mußten sich die SS-Soldaten, da Polen mit großen Sonnenblumen- und Maisfeldern bedeckt war, an die polnische Infanterie unter den hohen Pflanzen in kleinen Gruppen heranpirschen.

OBEN: Eine letzte Überprüfung der Waffen durch diesen *Leibstandarte*-Soldaten vor dem Angriff auf Pabianice. Am 7. September zogen die 1. und 2. Kompanie, unterstützt von Mörser- und Artilleriefeuer, in den Kampf. Trotz heftigen Maschinengewehr- und Artilleriefeuers gelang es den SS-Soldaten, die erste polnische Verteidigungslinie zu durchbrechen.

RECHTS: Polnische Gefallene außerhalb von Pabianice. Die Polen kämpften während des Feldzugs mit großer Tapferkeit und schlugen in Pabianice die Leibstandarte am 7. September durch die Stadt zurück. Die SS-Truppen festigten ihre Stellungen und eroberten, nachdem sie am späten Nachmittag einen fanatischen Angriff abgewehrt hatten, die Stadt.

UNTEN: Soldaten der SS-Heimwehr *Danzig* zwischen Bäumen, die in den Kämpfen um Westerplatte von Artillerie und Handfeuerwaffen zerschossen wurden. Sie wurden durch deutsche Polizei- und SA-Einheiten verstärkt und von Marineinfanterie, die die *Schleswig-Holstein* abgesetzt hatte.

RECHTS: Mitglieder des *Deutschland*-Regiments am 19. September bei Modlin. Die Festung Modlin nordwestlich von Warschau mußte fallen, sollte die polnische Hauptstadt eingenommen werden. Die Belagerung der Stadt dauert vom 19. bis 28. September, und Steiner konnte erst am 22. Patrouillen gegen den Feind aussenden.

UNTEN: *Deutschlands* leichte Artillerie beschießt am 29. September mit Infanterie- und Flammenwerfer-Abteilungen die Festung Zakroczym. Nach heftigen Kämpfen wurde die Verteidigung überwunden und die Festung eingenommen. Das erste Fort war erobert, und für das *Deutschland*-Regiment endete damit der Krieg in Polen.

UNTEN RECHTS: Soldaten der *Leibstandarte* Mitte September in Sochaczew. Der Kampf um diese Stadt war besonders hart. Er war Teil des größeren deutschen Versuchs, einen großen Kessel voll feindlicher Truppen zu vernichten. In Sochaczew war der letzte Kommandant ein einfacher Soldat, nachdem alle Offiziere und Unteroffiziere getötet worden waren.

LINKS: SS-Soldaten evakuieren einen verwundeten Kameraden. Das Vorkriegstraining der SS trug in Polen Früchte, und Himmlers Truppen hatten fast alle Erwartungen übertroffen. Doch auch die Realität des Krieges beeindruckte die Elite des Dritten Reichs. Ein Soldat der *Leibstandarte* schrieb über das Gebiet zwischen Modlin und Warschau: „Die Gegend war eine Szene aus Tod und Zerstörung. Die Leichen der Männer und Tiere, die unter der heißen Sonne schwarz wurden, zertrümmerte Karren, ausgebrannte Fahrzeuge und all die wohl tragischsten Opfer des Kriegs, die verwundeten Pferde, die auf den Gnadenschuß warteten."

LINKS: Ein Soldat der Leibstandarte rückt während der letzten Phase der Kämpfe in Polen bei Sladow langsam vorwärts. Zu dieser Zeit löste sich die polnische Armee unter den schonungslosen Luftwaffe- und Artillerieangriffen auf. Sie war entlang dem Fluß Bzura geschlagen worden. Was noch zu tun blieb, als das Ende des Septembers nahte, war die Einnahme von Warschau selbst.

RECHTS: Wachsam auf Feinde. Doch für diese SS-Soldaten im späten September 1939 ist der Kampf vorbei. Polen ist klar besiegt, seine Armeen beklagen mindestens 60.000 Gefallene und 200.000 Verwundete, weitere 694.000 sind in Gefangenschaft.

OBEN: Am 25. September 1939 besuchte Hitler in Begleitung Himmlers Abteilungen der *Leibstandarte* und inspizierte die 13. Kompanie, die nahe Guzow lagerte. Als der Feldzug endete, wurde seine Leibwache nach Prag geschickt, wo ihr ein stürmischer Empfang bereitet wurde und die Männer Urlaub bekamen. Die *Leibstandarte* hatte in Polen gut gekämpft und hatte Hitlers Lob verdient. Die Entscheidung, die Waffen-SS am Krieg teilnehmen zu lassen, hatte sich als berechtigt erwiesen.

LINKS: Hitler während derselben Inspektion mit „Sepp" Dietrich. Die Waffen-SS hatte nach dem Polenfeldzug proportional viel höhere Verluste als die Armee, was das Oberkommando des Heeres veranlaßte, die SS-Verfügungstruppe zu kritisieren. Sie sei für den Krieg nicht in geeigneter Weise geschult worden, und besonders ihr Offizierskorps wurde als mangelhaft empfunden. Die SS-Kommandanten ihrerseits beklagten, daß ihre Einheiten zersplittert und für besonders schwierige Aufgaben eingesetzt worden seien. Wahrscheinlich liegt in beiden Ansichten ein Körnchen Wahrheit.

RECHTS: Ein SS-Soldat wird während des Polenfeldzugs im Feld ausgezeichnet. Trotz der Meinung des deutschen Oberkommandos über die Waffen-SS hatten einzelne deutsche Armeekommandanten oft nur Lob für Himmlers Truppen. Generalmajor Kempf beschrieb das *Deutschland*-Regiment so: „Es ist in jeder Hinsicht ein äußerst fähiges Infanterie-Regiment, geführt [von SS-Standartenführer Felix Steiner] mit großer Umsicht." Besonders lobte Kempf die Fernmeldeeinheiten des Regiments, deren Leistungen „bespielhaftes Niveau hatten, wie ich es nie zuvor erlebte". Später im Krieg sollten viele Armeekommandanten solche oder ähnliche Bemerkungen über die SS-Einheiten machen.

UNTEN: Die deutsche Siegesparade in Warschau. Für Himmler war die Beteiligung der SS-Verfügungstruppe am Krieg entscheidend, um ihr Glaubwürdigkeit zu verschaffen. Knapp vor dem Krieg sagte er selbst zu seinen Untergebenen: „Wenn ich die totale Aufgabe der SS … im Gewährleisten der inneren Sicherheit Deutschlands sehe, dann kann sie diese Aufgabe nur erfüllen, wenn ein Teil der SS an der Front steht und blutet. Brächten wir kein Blutopfer und kämpften wir nicht an der Front, wir würden die moralische Verpflichtung verlieren, Leute, die sich nach Hause schleichen und feige sind, niederzuschießen. Aus diesem Grund wird der SS-Verfügungstruppe, die die vornehmste Aufgabe hat, erlaubt, ins Feld zu ziehen."

Kapitel 5

Truppenparade

Das feierliche Antlitz der Waffen-SS

Links: Eine Panzerkolonne fährt 1935 durch die von Massen gesäumten Straßen Nürnbergs. Militärparaden sollten dem Volk das Bild eines starken Deutschland vermitteln.

Gegenüber: Riesige Hakenkreuze auf dem Parteitag 1935 als Hintergrund für Hitler und Himmler. Wie immer sind die schwarzen SS-Wachen präsent.

Der Erste Weltkrieg führte in Deutschland zu radikalen sozialen Veränderungen. Hunderttausende Männer, die ihr Dorf oder ihre Stadt nie zuvor verlassen hatten, waren aus der Hölle der Front zurückgekehrt. Für ihr Opfer wünschten sie sich Verbesserungen für sich und ihre Familien. Doch Deutschland hatte den Krieg verloren, seine Armeen waren aufgelöst, und seine Soldaten durften ihre Uniformen und alten Auszeichnungen nicht tragen. Dies führte zu Verbitterung, und die wirtschaftliche Not, eine Folge der Reparationen des Vertrags von Versailles und der weltweiten Wirtschaftskrise, schufen ein Heer von Unzufriedenen, deren Vertrauen in die Regierung der Weimarer Republik gering war. Die Nazi-Partei war nur eine der Randgruppen, die diesen Pool von Menschen anzapften, doch war sie eine der erfolgreichsten. Besonders ihre paramilitärischen Organisationen, die SA und die SS, boten ihren Mitgliedern, von denen die meisten im Krieg in der Armee gedient hatten, ein Leben, wie sie es erträumten. Die Nazi-Parteiführer sahen in der Wiedereinführung von Zeremonien, Pomp, Auszeichnungen und Massenversammlungen das Mittel zur Wiederherstellung des deutschen Staates nach ihren Vorstellungen.

Die Waffen-SS auf Parade

Das feierliche Antlitz der Waffen-SS hatte seinen Ursprung in der Geburt einer neuen Hauptquartiers-Garde namens SS-Stabswache *Berlin* am 17. März 1933. Die Einheit bestand anfangs aus 120 handverlesenen Freiwilligen, darunter einige frühere Mitglieder des *Stoßtrupps Adolf Hitler*, der zwei Monate später zum SS-Sonderkommando *Zossen* wurde. Sie konnte sowohl für Wachdienste als auch für antiterroristische und bewaffnete Polizeiaktivitäten eingesetzt werden. Auf dem Parteitag des Siegers am 31. August 1933, der die Machtergreifung der Nazis feierte, erkannte Hitler formell die SS-Standarte *Adolf Hitler* an, und Ende 1933 war die *Leibstandarte* in Berlin-Lichterfelde kaserniert. Ihre zeremoniellen Pflichten umfaßten die Bildung der Garde des Reichskanzlers. Bei anderen Staats- und Parteiaufgaben hatte sie den Ehrenplatz am Schluß der Parade inne. Ihre Aufgaben umfaßten bald alle Aspekte in Hitlers Leben. Ihre Mitglieder dienten als Adjutanten, Kellner, allgemeine Diener und Fahrer. Mitglieder der *Leibstandarte* bewachten den Eingang der neuen Reichskanzlei, Hitlers palastartiges Berliner Hauptquartier, das im Januar 1939 fertiggestellt wurde. In Einklang mit dem Bild des neuen Deutschland trugen die SS-Wachen schwarze Paradeuniformen, komplett mit weißem Gürtel, gekreuztem Gurt, Patronenbeutel, Säbeltasche und Handschuhen.

Neue Uniformen und Auszeichnungen

Die besten Designer, Juweliere und Künstler wurden von den Nationalsozialisten hofiert und entwarfen die neuen Uniformen, die in Massen entstanden, als Deutschland militarisiert wurde. Es war eine Wiederkehr des verlorenen Glanzes und der Tradition des alten Deutschland, eine Wiederkehr der alten Werte unter den Farben des neuen Regimes. Hitler verstand sich auf den Stolz und die Bedeutung, die dadurch entstand, daß ein Mann uniformiert und seine Brust voller Medaillen war, die seine Tapferkeit im Kampf oder seine Dienste für die Partei bestätigten. Daher begann glitzernder

Schmuck an den Brüsten der neuen Staatsmänner des Reiches zu funkeln. Dabei trug Hitler selbst nur wenige Auszeichnungen, nur sein Eisernes Kreuz und sein Verwundetenabzeichen aus dem Ersten Weltkrieg, sowie sein Goldenes Parteiabzeichen und den Blutorden der NSDAP. Sein Bild bei Staats- und Parteiversammlungen stand in scharfem Kontrast zu seinen dekorierten Genossen Göring oder Ribbentrop. Dies war wohl überlegt: Der leere Anblick seiner Uniform und das auffällige Fehlen von Auszeichnungen erleichterte dem gemeinen Mann die Identifikation. Doch Hitlers Trick, sich selbst nicht mit Abzeichen zu schmücken, hinderte ihn nicht daran, ständig neue Ehrenzeichen zu prüfen, zu billigen und bei formellen Gelegenheiten auch zu verleihen. Himmler erhielt den Auftrag, einen Heiligen Schwarzen Orden zu schaffen, der den Mythen seiner verschrobenen Phantasie entsprechen sollte. Dieser Orden sollte eine Bruderschaft verkörpern, die von den Helden des heidnischen, mittelalterlichen Deutschland befruchtet war.

Der Kalender wurde um die Feste des neuen Ordens erweitert: Der 30. Januar wurde zum Tag der Machtergreifung; der 20. April, Hitlers Geburtstag, wurde zum Feiertag; der 1. Mai wurde in „Tag der nationalen Arbeit" umbenannt und Sonnwendfeiern wiederbelebt. Der Höhepunkt des nationalsozialistischen Kalenders war jedoch der Nürnberger Parteitag jährlich im September. Am 9. November, dem Jahrestag des Münchener Putsches, wiederholten die Überlebenden schweigend ihren Marsch durch die Straßen der bayerischen Hauptstadt, geführt von ihrem verehrten Kader.

Die SS versuchte, individuelle Familien-Jahrestage sowie die christlichen Riten bei Heirat, Taufe und Tod durch neuheidnische zu ersetzen; Weihnachten wurde am 21. Dezember, der Wintersonnenwende, gefeiert und Julfest genannt. Dies war nach Himmlers Plan der Höhepunkt des Jahres, der die Mitglieder der SS an kerzenbeleuchteten Bankettischen und um wilde Freudenfeuer herum versammelte, die an germanische Stammesriten erinnerten. Auf jedem Tisch stand Wein, ein Laib Brot und manchmal ein Julkerzenhalter.

Pomp und Uniform, verbunden mit Medaillen und Auszeichnungen, paßten gut zur Nazi-Ideologie und dem fast theatralischen Glanz der Kleidung bei Staatsangelegenheiten. Hitler und Goebbels inszenierten bei jeder Gelegenheit gewaltige Versammlungen mit oft über 100.000 Menschen. Der 6. Parteitag 1934 wurde „Triumph des Willens" genannt und war der bis dahin größte. Seine Kreuzung aus mittelalterlichem Prunk und Pfadfindertreffen beeindruckte nicht nur die deutschen Teilnehmer enorm, sondern auch die vielen geladenen ausländischen Gäste. Höhepunkt dieser Versammlungen war die Weihung neuer Fahnen und Standarten. Hitler hielt sie feierlich in der einen Hand, während er mit der anderen das Blutbanner ergriff, die von Kugeln zersiebte Flagge, die angeblich vom Blut der beim Münchener Putsch gefallenen Nazimärtyrer getränkt war. Dabei sollte sich die magische Essenz der alten, heiligen Reliquie durch Hitler hindurch in die neuen Standarten übertragen.

DER NAZI-STAAT PRÄSENTIERT SICH

Zusätzlich zu den jährlichen Parteitagen, die bis 1939 in Nürnberg stattfanden, boten die Ehrungen der Armee, der SA und SS günstige Gelegenheiten, die wirkliche wie auch die eingebildete militärische Kraft Deutschlands vorzuführen. Bei solchen Anlässen konnte man dem Ausland den Rückhalt der Nazi-Partei beim Volk zeigen und zugleich deutsche Regimegegner einschüchtern. Für die Wochenschauen gefilmt und im Radio übertragen, wurden sie in ganz Deutschland und danach überall in Europa und Amerika gesendet. Sie erschreckten die Feinde Deutschlands und ermutigten seine Anhänger. Diese Versammlungen und Festakte wurden zunehmend von der Allgemeinen SS arrangiert und überwacht, was deren steigende Bedeutung unter Himmlers Leitung zeigte.

LINKS: Jede große Versammlung bot Gelegenheit, das Blutbanner, die heiligste Nazi-Standarte, zur Schau zu stellen. Sie wurde rituell vor den versammelten Reihen der paramilitärischen Nazi-Einheiten vorbeigetragen, wie hier in Nürnberg 1935, ehe sie aufs Führerpodium gebracht wurde, um neben Hitler zu stehen.

Der Reichsführer SS ging daran, seine Idee einer rassischen und ideologischen Elite umzusetzen. So führte die SS im Dezember 1931 die Ehegesetze ein. SS-Männer und ihre Zukünftige mußten ihre arische Abstammung bis ins Jahr 1800 (Führer bis 1750) nachweisen. Geheiratet wurde unter einer Linde oder in einem SS-Gebäude, das mit Tannenzweigen, Sonnenblumen und Lebensrunen geschmückt war. Vor einer ewigen Flamme in einer Urne tauschte das Paar die Ringe und empfing das offizielle SS-Geschenk von Brot und Salz, Symbole der Freigebigkeit und Reinheit der Erde.

Bei der Taufe wurde das Kind in ein Tuch aus ungefärbter Wolle gehüllt, das mit Eichenblättern, Runen und Hakenkreuzen bestickt war. Die Eltern legten ihre Hände auf den Kopf des Kindes und sprachen seinen Namen. Das offizielle SS-Geschenk für das erste Kind war ein blauer Seidenschal und ein silberner Becher und Löffel. Für jedes vierte Kind erhielt die Mutter einen silbernen Kerzenleuchter mit der Inschrift: „In der Sippe ewiger Kette bist Du nur ein Glied."

Die Tafelrunde auf der Wewelsburg

Die Wewelsburg wurde als germanisches Heiligtum für viel Geld instandgesetzt. Hier wurde der heilige Schwarze Orden der SS gegründet und hielt ab 1934 jedes Jahr etliche Zeremonien ab. Karl Wolff, Himmlers Adjutant, geleitete jeden SS-Führer in eine klösterliche Zelle, wo er sich in germanische Mystik vertiefte. Unter nachgemachten Rüstungen wurden den 12 leitenden hohen SS-Offizieren ihre Plätze an einer Tafelrunde im Stil König Artus' zugewiesen. Starb ein Mitglied, sollte sein Emblem in der Halle des Ober-sten Führers verbrannt und die Asche in einer Urne auf einem der ringsum stehenden zwölf Sockel aufbewahrt werden. Himmler richtete in Dachau eine Keramikwerkstätte ein, die sowohl feines Porzellan als auch Steingut erzeugte. Auch eine Damaszener-Schmiede wurde eingerichtet, die offizielle SS-Geschenke und zeremonielle Gegenstände produzierte. SS-Musiker belebten das Blasen alter nordgermanischer Luren wieder und traten bei skandinavischen Musikfestivals und anderen besonderen Gelegenheiten auf.

Unter den Insignien des Schwarzen Ordens war ein mächtiges Symbol: der Totenkopf. Er war die ganze Zeit über Bestandteil der SS-Uniform. Er sollte nicht einfach bei den Gegnern Furcht erwecken, sondern eine gefühlsmäßige Brükke zur Vergangenheit schlagen, besonders zu militärischen Eliteeinheiten des Kaiserreichs. Weitere zeremonielle SS-Symbole waren der 1933 entworfene Dolch, den alle Mitglieder tragen durften, und der Dolch mit Kette von 1936, den nur Offiziere, Unteroffiziere der alten Garde und andere Ränge, die schon vor dem 30. Jänner 1930 beigetreten waren, erhielten. In Anerkennung besonderer Verdienste verlieh Himmler einen besonderen Ehrendolch. An ausgewählte Kommandanten der Allgemeinen SS und Absolventen der Offiziersschulen der Waffen-SS in Bad Tölz und Braunschweig verlieh der

OBEN: SS-Standartenführer Jakob Grimminger, der Mann, der das verehrte Blutbanner trug. Er nahm am Münchener Putsch teil und wurde zum Träger des Banners ernannt. Die geistige Ikone der Nazi-Partei, die einer religiösen nicht unähnlich war, zu tragen, war tatsächlich eine Ehre.

Reichsführer SS den Ehrendegen. Noch großartiger waren Geburtstags-Degen, die SS-Generäle und andere Würdenträger als Geburtstagsgeschenk überreicht bekamen.

Degen und Dolch waren in solchem Ausmaß wesentlicher Teil der Nazi- und SS-Kultur, daß Ernst Röhm in einem Versuch, die alten Mitglieder an sich zu binden, am 3. Februar 1934 alle SA- und SS-Führer und ihre Untergebenen, die seit vor dem 31. Dezember 1931 Mitglieder waren, ermächtigte, einen besonders beschrifteten Ehrendolch zu empfangen und zu tragen. Röhms Widmung befand sich auf der Rückseite der Klinge. Die Inschrift „In herzlicher Kameradschaft, Ernst Röhm" war mit Hilfe einer Schablone in Röhms eigener Handschrift mit Säure in die Klinge geätzt. Nach Röhms Ermordung verlieh Himmler 2000 Ehrendolche an die Teilnehmer der Säuberungsaktion. Mit Massenversammlungen, Auszeichnungen und speziellen Degen und Dolchen schufen Hitler und Himmler eine Mystik rund um den Nationalsozialismus, die ein ganzes Volk vergiftete.

Von der Wiege bis zum Grabe

Die SS erfaßte jeden Lebensbereich ihres Mitglieds, vom Moment seiner Geburt bis zu seinem Begräbnis. Und Himmler versuchte sogar, seine eigene Religion zu schaffen.

RECHTS: Ein Unteroffizier der Allgemeinen SS heiratet, aufgenommen in Allrode im Harz. Es sind keine christlichen Symbole sichtbar. Dies war Absicht, denn Himmler hatte beschlossen, einen kulturellen Rahmen zu schaffen, der das Christentum ersetzen sollte. Er glaubte, daß dies das „Zeitalter des Endkampfes mit dem Christentum" sei, den er entschlossen war zu gewinnen.

RECHTS: Fahnen der Hitlerjugend werden hinter Nazi-Offizieren und politischen Würdenträgern einhergetragen. Die Mitgliedschaft in der Hitlerjugend war für ideologisch motivierte Jugendliche ein erster Schritt zur Mitgliedschaft in der SS und darüber vielleicht in die Waffen-SS. Das Ergebnis hiervon war die Schaffung der 12. SS-Panzerdivision *Hitlerjugend* im Zweiten Weltkrieg, die 1944 in der Normandie mit großer Kühnheit focht und Verluste von fast 80 Prozent erlitt.

LINKS: Ein SS-Offizier des 33. SS-Regiments *Darmstadt* legt bei einer SS-Taufzeremonie – eigentlich müßte sie als Namensgebungsritus bezeichnet werden – seine Hände auf ein Neugeborenes. Dies wurde vor einem Altar vollzogen, der mit einem Bild Adolf Hitlers geschmückt war. Seltsamerweise wollte Himmler solche Zeremonien in den privaten Rahmen verbannt wissen. Damit wollte er sicher auch verhindern, daß die neuen Riten von jenen, die keine Mitglieder der SS waren und sie nicht verstehen konnten, lächerlich gemacht würden.

RECHTS: Der geschmückte Sarg eines gefallenen SS-Soldaten wird von Mitgliedern seiner Einheit bewacht. Auch die Begräbnisse wurden der Nazi-Ideologie unterworfen, besonders durch Himmlers Ideen der arisch-nordischen Rasse. Dies, weil – in seinen eigenen Worten – „wir an allen Feiern im menschlichen Leben, in unserem Leben, deren christliche Formen wir innerlich nicht akzeptieren, nicht länger teilnehmen können". Die Antwort lag, wie er dachte, in der germanischen Mystik.

LINKS: Zwei Soldaten der *Flandern*-Legion stehen am Grab von SS-Onderstormleider August Schollen Wache, während seine Witwe es besucht. Das Begräbnis fand am 8. Dezember 1942 in Brüssel statt. Schollen wurde am 11. November 1915 geboren und befehligte im Zweiten Weltkrieg das erste Regiment der SS in Flandern. Er wurde am 4. Dezember 1942 in Brüssel von Widerstandskämpfern getötet. Die flämische SS-Propagandamaschine lief auf Hochtouren, um einen Märtyrer wie Horst Wessel aus ihm zu machen.

RECHTS: SS-Runen über der Nationalen Kriegsflagge der Nazis im Zweiten Weltkrieg auf diesem SS-Friedhof in Rußland. Die eigenen Vorfahren und die Geschichte waren wichtige Teile des Rituals der SS und Waffen-SS. Himmler meinte: „Ein Volk, das seine Vorfahren ehrt, wird immer Nachkommen haben; nur jene Völker die keine Vorfahren kennen, bleiben kinderlos."

OBEN: Josef Tiso, Präsident einer theoretisch unabhängigen Slowakei, wird bei seiner Ankunft in Berlin von einer SS-Ehrenwache begrüßt. In Wirklichkeit war die Slowakei ein deutscher Vasallenstaat und hatte keine unabhängige Außenpolitik. Die schwarz uniformierten Mitglieder der *Leibstandarte* waren für ausländische Diplomaten, die Hitler und Deutschland vor und während des Kriegs besuchten, ein vertrauter Anblick.

LINKS: Der Ehrendolch des Postschutzes. Bisher wurde nur ein Exemplar dieser Art Dolch gefunden. Der Griff und die Scheidenbeschläge sind reich verziert und versilbert. Die Klinge ist aus kunstvollem Damaszenerstahl und trägt eine Inschrift, die besagt, daß der Dolch vom Postschutz des Bezirks Erfurt verliehen wurde. Im März 1942 stimmte Hitler der Eingliederung des Postschutzes in die Allgemeine SS zu.

RECHTS: Die Wewelsburg, die zwischen 1603 und 1609 im Stil der Weserrenaissance errichtet worden war. Ihre Lage auf einem Kalksteinfelsen südlich des Teutoburger Waldes mit Blick über das Almetal und ihr Aussehen und ihre Geschichte weckten das Interesse Heinrich Himmlers. 1933 mietete die SS die Burg für eine Reichsmark pro Jahr, und Himmler verwirklichte seinen Plan einer Verbindung der SS-Ideologie mit einem pseudowissenschaftlichen Gründungszentrum. Er schuf auf der Wewelsburg ein germanisches Camelot, wo sich seine höheren Chargen in Mystik ergehen konnten. Himmlers Pläne für die Burg waren grandios, und ein Konzentrationslager wurde eigens errichtet, um Sklaven für die Umbauarbeiten der Wewelsburg zur Verfügung zu haben. Von den 3900 Insassen starben während der Arbeiten 1285.

LINKS: Der Augenblick, auf den alle SS-Männer warteten: die Verleihung des SS-Dolches. Tausende dieser Dolche wurden im Dritten Reich hergestellt. Die Verleihung scharfer Waffen (Degen und Dolche) diente Hitler und Himmler als Zeichen der Dankbarkeit oder Anerkennung. Derart viele Klingen irgendwelcher Art wurden für die Partei und das Militär benötigt, daß es der deutschen Metallwarenindustrie aus der Rezession half. Degen und Dolche wurden so zu Symbolen des Nazismus und der SS.

RECHTS: Offiziere der *Leibstandarte.* Beachten Sie die an ihren Gürteln hängenden Degen. Die Offiziere der *Leibstandarte* bestellten als Geschenk für „Sepp" Dietrich, ihren Kommandanten, einen besonderen Degen, dessen Damaszenerklinge all ihre Namen trug. Damaszenerklingen waren das Produkt eines hochkomplizierten Herstellungsverfahrens, und Himmler errichtete ab 1939 im Konzentrationslager Dachau eine Werkstätte für die Produktion solcher Klingen. Sie waren innerhalb der SS als Geschenke hoch geschätzt.

OBEN: Hitler und Himmler vor den Reihen der „Deutschland-Erwache"-Standarten des Nürnberger Parteitags 1935. Auf diesen Parteitagen trugen die paramilitärischen SS-Einheiten, besonders die *Leibstandarte,* die charakteristische schwarze Uniform, die zu Himmlers Vorstellung von der SS als einem Ritterorden paßte. Sie war sowohl attraktiv als auch düster und trug Auszeichnungen und Merkmale, die den Träger von den anderen unterschieden. Die Totenkopfabzeichen waren symbolisch für den SS-Geist der Treue bis zum Tod, während die von den Waffen-SS-Soldaten am rechten Kragen getragenen SS-Runen sowohl die Blitze des Sieges als auch die Organisation bezeichneten, der sie angehörten. Die schwarze Uniform war natürlich im Alltag unpraktisch zu tragen, daher wurde sie ab 1937 durch eine feldgraue Uniform ähnlich der von der Armee getragenen ersetzt.

RECHTS: Hitler läßt sich in Nürnberg auf der Führertribüne huldigen, während SS-Einheiten und ihre Standarten das Podium besteigen, um den Hintergrund der Versammlung zu bilden. Obwohl Hitler große Versammlungen zu nutzen wußte, goß er seinen Hohn über Himmlers Versuche, die SS zu mythologisieren: „Welch ein Unsinn! Wir leben in einer Zeit, die alle Mystik abgelegt hat, und jetzt will er von vorne beginnen. Da hätten wir genausogut in der Kirche bleiben können. Kaum auszudenken, daß ich eines Tages zum SS-Heiligen werde!"

LINKS: Hitler begutachtet einen Fackelzug der SA bei einer nächtlichen Parade. Massenaufmärsche in den Abendstunden wurden von den Nazis erfolgreich eingesetzt, um eine Aura der Macht zu schaffen.

RECHTS: Hitler weiht eine neue „Deutschland-Erwache"-Standarte. Vor dem Krieg hatte er geprahlt: „In meiner *Leibstandarte* wird niemand sein, der nicht zum Besten zählt, was Deutschland bieten kann." Tatsächlich „akzeptierten wir bis 1936 in der Leibstandarte nicht einmal jemanden, der einen gefüllten Zahn hatte. Wir konnten die großartigste Mannschaft in dieser frühen Waffen-SS versammeln". Und diese Mannschaft wurde auf jeder Parteiversammlung zur Schau gestellt und vermittelte ein Bild der Überlegenheit und von Elitesoldaten. Dies war beabsichtigt und half dabei, beständig Rekruten anzuziehen.

LINKS: Hitler und seine Generäle nehmen im März 1938 in Wien nach dem Anschluß Österreichs die Ehrenformation entgegen. An der Invasion nahmen die *Leibstandarte* und die Regimenter *Deutschland* und *Germania* teil. Bald danach wurde in Wien eine neue SS-Verfügungstruppe, das Regiment *Der Führer*, aufgestellt. Die Invasion, obwohl für Hitler ein leichter Sieg, brachte der SS-Verfügungstruppe wertvolle Erfahrung für die geeignete Art der Mobilisation in Kriegszeiten.

OBEN: Musik spielte beim SS-Pomp und beim Training eine sehr wichtige Rolle. Das Prestige, das sie in der SS besaß, war tatsächlich so groß, daß einige ihrer Mitglieder es zu hoher Kunstfertigkeit brachten. Die Kapelle der *Leibstandarte* etwa spielte bei vielen Gelegenheiten wie zum Beispiel an Hitlers Geburtstag vor dem Kanzleramt. Unter ihrem charismatischen Musikdirektor, Hermann Müller-John, wurde die Kapelle zu einer der besten in ganz Deutschland.

LINKS: Die *Leibstandarte* auf Parade, voran ihre berühmte Kapelle, angeführt vom Schellenbaum. Dieses besondere Requisit unterschied sich bei den verschiedenen Einheiten beträchtlich. Es konnte sich um ein modifiziertes kaiserliches Stück handeln oder um ein neu gestaltetes, das Adler, Stern, Halbmond und Pferdeschweife verband. Die Vorschriften besagten, daß er wegen seiner Schwere und Größe von einem athletischen Unteroffizier zu tragen sei, damit er bei Paraden und Versammlungen nicht schwanke.

RECHTS: Eine berittene Kapelle der deutschen Armee mit Pauken in kaiserlichen Umhüllungen bei einer Großveranstaltung in Deutschland vor dem Krieg. Von solchen Veranstaltungen übernahm die SS, vor allem die *Leibstandarte,* die ihre eigene hochangesehene Militärkapelle hatte, die Ideen beim Entwurf von Musikinstrumenten. Himmler war sich der Bedeutung von Marschgesängen und den ans Herz gehenden Gefühlen militärischer Lieder bewußt. Deshalb sorgte er dafür, daß die SS ihre eigenen Kapellen erhielt.

UNTEN: Trotz des Kontrastes zur Kapelle der *Leibstandarte* zeugt auch diese bunte Mischung von Musikern in Dachau von der Bedeutung, die die Nazis der Musik beimaßen. Himmler tat alles, um das zu erreichen, was Hans Juttner als „festgefügte Aristokratie der Männerwelt, deren besonderer Dienst für den Führer sich mit den höchsten Idealen der SS und des Militärs zu einer perfekten politischen Kampfmaschine verbindet", bezeichnete. So absurd es auch scheinen mag, aber die Militärmusik und die Musik der Werke Richard Wagners trugen dazu bei, die Mystik der SS zu schaffen.

DIE SS-BRUDERSCHAFT

Die strengen Aufnahmebedingungen, die harte Ausbildung und der strenge Verhaltenskodex schufen eine geschlossene und exklusive Bruderschaft von Kriegern.

RECHTS: Freiwillige der Waffen-SS schwören über einem SS-Ehrenschwert den Treueid auf ihren Führer Adolf Hitler. Dieses feierliche Ereignis voll mystischer Riten hatte den Charakter einer religiösen Zeremonie.

LINKS: Drei Ansichten des Totenkopfringes, mit dem Willi Raum an Hitlers Geburtstag 1937 ausgezeichnet wurde. Wie man sieht, trägt er Symbole wie den Totenkopf und das Hakenkreuz, das alte Zeichen der Ewigkeit. Dieses symbolisierte auch die Gibor-Rune, welche „Gib“ (geben) und „Or“ (Nachkomme) bedeutete und als Segen für das Glück und Überleben der germanischen Rasse verwendet wurde. Der Kreis, der die SS-Runen und einen Pfeil umschloß, symbolisierte Tyr, den Gott des Krieges, und Ol, den Geist.

LINKS: Männer der *Leibstandarte* leisten über einer Infanteriestandarte in Prag den Treueschwur. Obwohl er die katholische Kirche verachtete, hatte Himmler seine SS-Organisation auf den Grundsätzen des Jesuitenordens und der Vorschriften des Ignatius von Loyola aufgebaut: Bedingungsloser Gehorsam war oberstes Gebot, jeder Befehl mußte ohne Rückfrage befolgt werden. Dieser Geist wurde im SS-Leitsatz „Meine Ehre heißt Treue" beschworen und sollte die Grundlage der Aktionen der Waffen-SS im Zweiten Weltkrieg bilden.

UNTEN: Die *Leibstandarte* und höhere Offiziere in Prag. Am Vorabend des Zweiten Weltkriegs war die Waffen-SS durch Schulung und Indoktrination zur einer hochmotivierten Formation geworden. Ihr Ethos drückte „Sepp" Dietrich so aus: „Wir verlangen und leisten dem Führer und denjenigen, die er über uns gesetzt hat, völlige Treue. Euch Rekruten sage ich, daß selbst der geringste Wunsch, den einer eurer Unteroffiziere äußert, wie ein Befehl des Führers gelten muß. Deshalb ist jeder SS-Mann bereit, ohne Zögern jede Anordnung des Führers oder eines Vorgesetzten auszuführen, egal welche Opfer dies kosten mag."

ANDRE MAGINOT

KAPITEL 6

Blitzkrieg im Westen

Der Krieg in den Niederlanden und Frankreich

LINKS: Hitler im Juni 1940 auf einer Fahrt in Nordfrankreich nach der französischen Kapitulation. Vor dem Westfeldzug hatte er seinen Generälen versichert: „Nie wieder ein Grabenkrieg."

GEGENÜBER: Nach der Niederlage Frankreichs steht ein deutscher Soldat vor dem Denkmal André Maginots, dessen Verteidigungssystem die Deutschen einfach umgangen hatten.

Es gibt keinen Beleg dafür, daß Hitler, trotz der Schwierigkeiten mit seinen Generälen, was den Westfeldzug betraf, nach dem Polenfeldzug eine Ausweitung der Waffen-SS zuungunsten der Wehrmacht erwog. Im Winter 1930–1940 lag sein Hauptaugenmerk auf dem bevorstehenden Feldzug. Für eine Operation mit mehr als 100 Divisionen hatte die Handvoll der verfügbaren SS-Truppen geringere Bedeutung. Zusätzlich wurde Hitlers Haltung gegenüber der bewaffneten SS (die jetzt offiziell Waffen-SS genannt wurde) noch immer von seinen Plänen für ihre Rolle in Friedenszeiten bestimmt.

Nach dem Krieg sollten die Truppen der Waffen-SS ihre Funktion als „Staatspolizei" wiederaufnehmen. Im Krieg waren sie für ihn die Garde, die Armee jedoch die „Truppe an der Front". Er hieß es „gut, daß die SS in bezug auf die anderen eine absolut abgeschlossene Welt bildete", und die Waffen-SS hatte die höchste Pflicht, „ein Beispiel zu setzen". Doch um „ihren sehr hohen Standard aufrechtzuerhalten, sollte die SS ihre Rekrutierung nicht zu sehr ausweiten".

PLÄNE FÜR DEN „FALL GELB"

Das deutsche Oberkommando arbeitete den Winter und das Frühjahr 1939–40 hindurch eifrig daran, die Wehrmacht für den „Fall Gelb", die geplante Offensive in Westeuropa, vorzubereiten. Die deutsche Armee besaß nun insgesamt zehn Panzerdivisionen mit einer Formation von vier neuen gepanzerten Divisionen, die als entscheidend wichtige mobile Speerspitze des Blitzkrieges aufgestellt wurden.

Die Wehrmacht war als Unterstützung der gepanzerten Kräfte unterbesetzt, da sie nur über die vier motorisierten Infanteriedivisionen verfügte, die sie schon im vergangenen Herbst besessen hatte, als der Krieg begann. So sollten die SS-Verfügungstruppe, die Division *Totenkopf* und das verstärkte Regiment *Leibstandarte SS Adolf Hitler* das Manko ausgleichen. Die Waffen-SS umfaßte einschließlich des SS-Totenkopf-Regiments jetzt 125.000 Mann in Uniform, die nichtmotorisierte Polizei-Division und Nachschub in Ausbildung.

DIE WAFFEN-SS MARSCHIERT AUF

Die SS-Feldformationen waren entlang der deutschen Westgrenze auf verschiedene Armeekorps aufgeteilt. Himmler hatte nichts dagegen, als der Polizei-Division 1940 eine passive Verteidigungsaufgabe gegenüber der Maginot-Linie zugeteilt wurde. Er stellte an sie keine besonderen Ansprüche, da sie nicht aus SS-Männern bestand, obwohl die Ordnungspolizei seit 1936 offiziell Teil der SS war. Ganz anders war es mit den vielgeschmähten Konzentrationslagerwachen. Himmler sah die Gelegenheit, zu zeigen, daß die gefürchtete Division *Totenkopf* nicht nur zur brutalen Behandlung hilfloser Gefangener taugte, sondern ebensogut für das Geschäft des Soldaten. Dies war für ihn Ehrensache, weshalb er für den Einsatz der Division *Totenkopf* mit der ersten Angriffswelle eintrat.

Unter Heeresbefehl mußten SS-Männer zum ersten Mal „nach militärischen und nicht nach den früheren SS- oder Polizeirängen salutieren" und wurden den militärischen Vorschriften unterworfen. Ein Meilenstein in der Entwicklung der Waffen-SS war erreicht, als Himmlers Truppen das erste Mal in Divisionsformationen unter dem Befehl ihrer eigenen Offiziere fochten. Die Kampfverbände der SS standen Ende April 1940 in voller Stärke und waren, ungeachtet einiger Mängel bei Artillerie und Transport, bereit zum Kampf.

BLITZSCHLÄGE

Der deutsche Plan sah drei Hauptattacken mit 75 Divisionen vor, und 45 Divisionen in Reserve. Das Ziel der nördlichsten Attacke war, die niederländischen Verteidigungsstellungen zu zerschlagen und Holland zu besetzen. Die niederländischen Flughäfen wären dann der britischen Royal Air Force (R. A. F.) verschlossen. Dies sollte durch eine Sektion der Heeresgruppe B ausgeführt werden, während der andere und weit mächtigere Teil der Heeresgruppe ins Herz von Belgien vorstoßen sollte. Man hoffte, daß die beiden Attacken die Alliierten nach Norden locken würden. Die Heeresgruppe A sollte den deutschen Hauptschlag ausführen und einen gepanzerten Keil durch das südliche Belgien und Luxemburg ins nördliche Frankreich treiben. Sobald die niederländischen und belgischen Armeen beiseitegefegt wären, könnte die Einkreisung und Zerstörung der Britischen Expeditionsstreitmacht und eines Teils der französischen Armee erfolgen. Danach träte „Fall Rot“ in Kraft: eine Bewegung aller deutschen Kräfte nach Süden, hinein nach Frankreich, um den Rest der französischen Armee zu zerschmettern.

Als die letzten Vorbereitungen abgeschlossen waren, standen die *Leibstandarte* und das Regiment *Der Führer*,

UNTEN: Ein am Boden zerstörtes französisches Flugzeug auf dem Flugfeld von Le Bourget. Wesentlich für den Blitzkrieg war die Erlangung der Lufthoheit durch die Luftwaffe, wonach die Landeeinheiten des Feindes von der Luft aus angegriffen werden konnten

losgelöst von der SS-Verfügungstruppe, in der ersten Welle der 18. Armee in der Heeresgruppe B an der holländischen Grenze. Der Rest der SS-Verfügungstruppe stand nahe Münster, bereit, nach dem Fall der Grenzverteidigungen nach Holland einzumarschieren. Der *Totenkopf* wurde bei Kassel in Reserve gehalten, und die Polizei-Division stand bei Tübingen hinter der Oberrhein-Front der Heeresgruppe C in Reserve. Die Waffen-SS sollte Eisenbahn- und Straßenbrücken über die holländische Grenze erobern. Eine zweite Welle, zu der der Rest der SS-Verfügungstruppe gehörte, sollte weiter südlich Übergänge über die niederländische Grenze erzwingen.

Am 10. Mai 1940 überwältigte die *Leibstandarte* die holländischen Grenzwachen und stürmte über die Grenze. Bis zu Mittag hatte sie 100 km zurückgelegt und Zwolle eingenommen, wo sie feststellte, daß die holländische Armee die Brücke zerstört hatte. Unbeeindruckt zimmerten die SS-Truppen improvisierte Flöße, um die Yssel zu überqueren; dann rückten sie an diesem Tag weitere 80 km vor. Zwei größere Brücken waren von den Holländern gesprengt worden, doch auch dieses Hindernis war schnell überwunden. Auf dem Zug nach Rotterdam wandte sich die *Leibstandarte* nach Süden, um sich mit Teilen der SS-Verfügungsdivision zu verbinden.

DER TOTENKOPF HOLT SICH EINE BLUTIGE NASE

Das Ausmaß des deutschen Durchbruchs und die hohe Geschwindigkeit des Vormarsches am 15. und 16. Mai verblüfften selbst ältere deutsche Befehlshaber und zwang zum Einsatz der Reserven, um die Lücken zu füllen und die Flanken der rasch wachsenden Front zu schützen. Also wurde die Division *Totenkopf* aus der Reserve und zur Aktion befohlen.

Am 16. Mai wurde die Division *Totenkopf* dem XV. Panzerkorps General Hoths zugewiesen, das als Teil der Heeresgruppe A den Nordrand der deutschen Speerspitze bildete. Im Morgengrauen des 18. Mai führte Eicke, der Divisionskommandant, den *Totenkopf* in den Krieg. Als die Division auf ihrem Vormarsch durch Holland und nach Belgien gen Westen fuhr, trafen Eickes Kolonnen auf keinen feindlichen Widerstand, da bis dahin Bocks Heeresgruppe die Briten und Franzosen schon viel weiter nach Westen gedrängt hatte.

Doch am 21. Mai rammte eine Streitmacht aus 74 britischen Panzern und zwei Infanteriebataillonen, unterstützt von weiteren 60 Panzern der französischen 3. leichten Panzergrenadierdivision, die Flanken der 7. Panzer- und *Totenkopf*-Division. Eicke konnte den Panzerangriff abwürgen, indem er auf offenem Feld mit 8,8-cm-Panzerabwehrkanonen auf die Briten feuerte. Dies waren zu jener Zeit die einzigen Geschütze, die einen Matilda zerstören konnten. Die Division *Totenkopf* erlitt hohe Verluste, was den Korpskommandanten General Erich Höpner bewog, die Lage aus der Nähe zu begutachten. Höpner war ein Gegner der Division *Totenkopf* und zweifelte an ihrer Zuverlässigkeit. Eicke meinte zu Höpner, daß Verluste nicht zählten, wenn man eine Stellung

OBEN: Ein gut getarntes deutsches 8,8-cm-Geschütz feuert im Mai 1940 während des Vormarsches zum Ärmelkanal auf zurückweichende britische Einheiten. Der verwegene Sturm der Deutschen durch Holland, Belgien und die Ardennen führte die Alliierten in die Irre und nagelte ihre nördlichen Einheiten am Meer fest.

hielte, und daß die SS sich nicht vor dem Feind zurückziehen werde. Als Antwort maßregelte Höpner, sichtlich verärgert, Eicke vor seinem eigenen Stab, indem er ihn beschuldigte, sich um das Leben seiner Männer nicht zu scheren, und titulierte ihn angeblich offen als „Schlächter".

Am 24. Mai stand die *Leibstandarte*, angeschlossen an die 1. Panzerdivision, nahe dem Aá-Kanal und war bereit zum Vorstoß nach Dünkirchen, als Hitler „Halt" befahl. Der Befehl wurde am 26./27. Mai aufgehoben. Die Division *Totenkopf* überquerte bei Bethune den Kanal und stieß Richtung Merville vor. Sie traf auf heftige britische Gegenwehr und hatte hohe Verluste.

Doch bis Anfang Juni 1940 waren die britischen und französischen Streitkräfte nach Dünkirchen zurückgedrängt worden und wurden evakuiert. Jetzt wandten sich alle drei deutschen Heeresgruppen südwärts. Die Heeresgruppe B rückte auf einer Linie von der Aisne bis zur Küste vor, die Heeresgruppe A von der deutsch-französischen Grenze zur Aisne, und die Heeresgruppe C griff über die Maginot-Linie an. Nur 65 französische Verbände standen 140 deutschen Divisionen entgegen. Am 5. Juni begann die Heeresgruppe B mit der Panzergruppe *Kleist*, mit der *Leibstandarte* und der SS-Verfügungsdivision ihren Marsch auf Paris.

Die Schlacht um Frankreich

Als die SS-Verfügungsdivision am 6. Juni die Somme überquerte, begegnete ihr nur leichter Widerstand. Am 10. Juni verließ die französische Regierung Paris, das zwei Tage später zur offenen Stadt erklärt wurde. Am 12. Juni überquerte die *Leibstandarte* bei Château-Thierry die Meuse; die Division *Totenkopf* wurde aus der Reserve geholt, um am Vormarsch teilzunehmen. Hitler befahl eine „scharfe Verfolgung" in Richtung Orlèans, um die Franzosen an der Bildung einer neuen Front südlich von Paris zu hindern. An der östlichen Front ordnete er die „Auslöschung" der restlichen französischen Streitkräfte an. Um jede französische Einheit am Versuch, nach Südwesten zu entkommen, zu hindern, stieß die Panzergruppe *Kleist* durch die Champagne nach Dijon vor.

Die motorisierte *Leibstandarte* hielt mit der Speerspitze des Vorstoßes Schritt; die langsameren Divisionen führten die Säuberungen durch. Am 21. Juni marschierte die *Leibstandarte* beim weitesten deutschen Vorstoß des Feldzugs auf Saint-Étienne, das sich ergab. An der rechten Flanke hatte die Division *Totenkopf* noch weniger zu tun, obwohl ihre Aufklärungsschwadron bei Tartare französischen Kolonialtruppen eine heftige Schlacht lieferte und 6.000 Gefangene machte.

Am 25. Juni trat ein allgemeiner Waffenstillstand in Kraft. Der Westfeldzug war vorbei. Die Leibstandarte, noch immer nahe Saint-Étienne in Stellung, begann ihre Reise nach Paris, um an der großen Siegesparade teilzunehmen. Die Gesamtleistung der Waffen-SS hatte Hitler erfreut, der ihr erneut seine vorbehaltlose Unterstützung zusagte. Zweifellos hatten Himmlers Truppen sich ihre Sporen verdient. Und doch war der militärische Erfolg durch die allzu vertrauten Grausamkeiten gegen Gefangene getrübt; der zwiespältige Eindruck von hoher Tapferkeit, gepaart mit mörderischen Taten, sollte bis zum Kriegsende fortbestehen.

RECHTS: SS-Obersturmbannführer Fritz Knöchlein von der Division *Totenkopf.* Während des Feldzugs im Westen befehligte er die 3. Kompanie des 2. SS-Totenkopf-Regiments, die am 27. Mai beim Dorf Le Paradis in schwere Kämpfe gegen Männer des 2. Royal-Norfolk-Regiments verwickelt waren. Etwa hundert britische Soldaten hatten sich in einem Bauernhaus verbarrikadiert, von wo aus sie fast eine Stunde lang Knöchleins Männer mit Gewehr- und Maschinengewehrfeuer festnagelten, wobei sie etliche Waffen-SS-Soldaten töteten oder verwundeten. Als den Verteidigern die Munition ausging, ergaben sie sich. Sie hißten eine weiße Flagge, legten ihre Waffen nieder und verließen das Gebäude. Knöchlein, der wegen der Verwegenheit der britischen Soldaten vor Wut raste, ließ sie durchsuchen und dann über die Straße in die Scheune bringen. Sie wurden an die Wand gestellt und aus zwei schweren Maschinengewehren unter Feuer genommen. Hierauf kommandierte Knöchlein eine Gruppe ab, die die noch Lebenden mit dem Bajonett erstechen oder durch Kopfschuß erledigen sollte. Nach einer Stunde war er zufrieden, alle schienen tot zu sein, und so befahl er seiner Truppe, den Vormarsch wiederaufzunehmen. Wunderbarerweise hatten zwei britische Soldaten – Albert Pooley und William O'Callaghan – überlebt, und aufgrund ihrer Aussage wurde Knöchlein nach dem Krieg 1949 aufgehängt. Der Vorfall von Le Paradis war ein Nebenprodukt des fanatischen Geistes, zu dem die Division *Totenkopf* durch ihren Kommandanten Theodor Eicke angespornt worden war, doch auch die Eigenschaften, die in der Waffen-SS allgemein kultiviert wurden, nämlich Todesverachtung und fanatischer Haß auf den Feind, kommen hier zum Ausdruck.

LINKS: Eine Maschinengewehr-Mannschaft der Waffen-SS lädt im Mai 1940 während des Vorstoßes zum englischen Kanal ihre Waffe, ein MG 34. Beachten Sie, wie sich der Ladende duckt, um dem Feind kein Ziel zu bieten. Während des langen und strengen Winters 1939–1940 hatte die Waffen-SS für den Angriff im Westen geübt. Hitler hatte den Männern der *Leibstandarte* mitgeteilt, sie würden bald in Gebieten kämpfen, in denen das Blut ihrer Väter vergossen worden sei. Doch der Krieg, der 1940 ausgefochten wurde, sollte einer der Blitzschläge und nicht der erstarrten Fronten im Schützengraben werden.

UNTEN: Flüsse sind das wichtigste natürliche Hindernis bei der Kriegsführung, und daher übte die Waffen-SS bei ihrer Ausbildung besonders das Überwinden solcher Hindernisse. Der Bau von Ponton- und Behelfsbrücken ebenso wie der Gebrauch von aufblasbaren Schlauchbooten wurde ausgiebig trainiert. Als das Codewort „Danzig" ausgegeben wurde, das am 10. Mai den Beginn des deutschen Angriffs im Westen signalisierte, stürmte die Leibstandarte über die holländische Grenze und stieß nach Zwolle vor, wo die Niederländer die Brücke über die Yssel zerstört hatten. Doch die Waffen-SS baute improvisierte Flöße, die ihr erlaubten, ihren Vormarsch in Holland fortzusetzen.

RECHTS: Ein finster blickender Waffen-SS-Motorradfahrer hält im Mai 1940 während des Zuges der Heeresgruppe B durch die Niederlande. Er trägt den typischen SS-Tarnanzug, ein Kleidungsstück, über das die deutsche Armee zunächst spottete. Vermutlich gehört er zum Aufklärungsbataillon seiner Division. Solche Einheiten waren schwer bewaffnet und wurden vor der Haupttruppe eingesetzt, um taktische Erkenntnisse zu sammeln. Die Geschwindigkeit des deutschen Vormarschs im Feldzug von 1940 führte bei den motorisierten Einheiten oft zu Fahrzeugstaus, was auch hier der Fall zu sein scheint. Daher der mürrische Gesichtsausdruck des Mannes.

LINKS: Dünkirchen nach seiner Evakuierung durch Mitglieder des Britischen Expeditionskorps (BEF) und seiner Einnahme durch die Deutschen (auf dem Kirchturm weht die deutsche Fahne). Im Vordergrund sieht man den ausgebrannten Rest eines Fahrzeugs des BEF, das von deutschem Artilleriefeuer getroffen wurde. Beim Angriff auf Dünkirchen war die *Leibstandarte* der 1. Panzerdivision angegliedert und hatte sich schon einen Platz in den Annalen der deutschen Kriegsgeschichte gesichert. Während des Zugs durch Holland hatte SS-Obersturmführer Hugo Kraas einen Stoßtrupp über die Yssel und 64 km in feindliches Gebiet geführt, wobei er 100 niederländische Soldaten gefangennahm. Dafür erhielt er am 25. Mai als erster deutscher Soldat im Westfeldzug das Eiserne Kreuz 1. Klasse. Zu dieser Zeit befand sich Hitlers Leibwache am Aá-Kanal und wartete auf den Angriff auf Dünkirchen selbst, als Hitlers „Halt"-Befehl eintraf. Doch Dietrichs Männer gerieten unter scharfen Beschuß durch konzentriertes Artilleriefeuer. Da beschloß er, den Befehl zu mißachten und die Überquerung anzuordnen. Seine Männer erzwangen den Übergang und erstürmten die Höhe oberhalb des Kanals. Dietrich kam trotz der Mißachtung des Befehls mit einem blauen Auge davon.

RECHTS: Die Straßen von Dünkirchen Anfang Juni 1940 nach seiner Einnahme durch die Deutschen. Hitlers seltsamer „Halt"-Befehl, der seine gepanzerten Einheiten davon abhielt, die in Flandern eingeschlossenen Alliierten anzugreifen, war offenbar durch Görings Wunsch veranlaßt, die Luftwaffe bei Dünkirchen den entscheidenden Schlag ausführen und so am Ruhm teilnehmen zu lassen. Daneben war Hitler auch besorgt, daß die Franzosen irgendwie einen Gegenangriff aus dem Süden inszenieren könnten. Die Schlacht um die Peripherie von Dünkirchen war heftig gewesen, und die *Leibstandarte* war besonders beim britischen Gloucestershire-Regiment auf harten Widerstand gestoßen. Tatsächlich war die britische Gegenwehr bei Esquelberg der heftigste Widerstand, den die Waffen-SS erlebte.

RECHTS: Um den deutschen Vormarsch zu stoppen, sprengten die Alliierten strategisch wichtige Brücken und verminten lebenswichtige Straßen. Hier inspizieren Soldaten der Waffen-SS den Schaden durch eine Landmine, die ihr Fahrzeug zum Stehen gebracht hat. Während des Westfeldzugs kritisierte die deutsche Armee die Verwegenheit der Waffen-SS wieder heftig. Ein Offizier des *Deutschland*-Regiments etwa wollte ein gutes Beispiel geben. Anstatt einem britischen Panzer auszuweichen, kämpfte er mit Handgranaten weiter, bis er unter den Ketten lag.

UNTEN: Zum zweiten Mal in 25 Jahren erlebte Frankreich Kriegszerstörungen durch Deutschland, dessen Truppen hier durch eine Stadt in Nordfrankreich ziehen, die durch Luft- und Artilleriebombardement in Schutt gelegt ist. Ende Mai waren die drei Hauptkampfeinheiten der Waffen-SS, die *Leibstandarte,* die SS-Verfügungsdivision und die Division *Totenkopf,* in den Feldzug einbezogen worden. Alle drei erlebten heftige Kämpfe, und in einem besonderen Fall, bei Cambrai, erlitten Eickes Männer schwere Verluste durch britische Matilda-Panzer, die sich als für die 3,7-cm-Geschütze der SS undurchdringlich erwiesen.

HITLERS LEIBWACHE IM KRIEG

Wie in Polen, kämpfte die *Leibstandarte* auch 1940 im Westen wacker, und für ihre Leistung erhielt „Sepp" Dietrich das Ritterkreuz, die höchste deutsche Tapferkeitsehrung.

RECHTS: Soldaten der *Leibstandarte* im Juni 1940 an der Westfront beim Küchendienst. Wie man sieht, war die Moral der Truppe zu dieser Zeit sehr hoch.

OBEN: Ein beschmutzter Soldat der Leibstandarte mit zwei etwas gepflegter gekleideten Offizieren. Die Männer respektierten ihre Offiziere, wie die irrwitzigen Versuche zeigten, Dietrich zu retten, als er am 28. Mai 1940 von britischem Feuer festgenagelt wurde.

LINKS: Eines der 3,7-cm-Panzerabwehrgeschütze der *Leibstandarte* landet im Mai 1940 bei einem leichten BEF-Panzer einen Volltreffer. Bei Wormhoudt fochten Dietrichs Männer gegen Teile der britischen 48. Division. Die SS-Soldaten sicherten schließlich das Dorf und schlugen sodann eine Reihe britischer Gegenangriffe zurück, verloren dabei aber 23 Mann, etliche wurden verwundet. Ein Offizier, SS-Oberführer Mohnke, ließ einige britische Gefangene hinrichten, als der Kampf schon zu Ende war. Er wurde dafür nie vor Gericht gestellt.

LINKS: Zeit für Reparaturen während des Vormarsches ins südliche Frankreich. Nach dem Fall Dünkirchens stieß die *Leibstandarte* zur Aisne vor, wobei sie nur auf schwachen Widerstand der französischen 11. Division traf. Der Zug ging weiter zur Marne, die das 2. Bataillon am 2. Juni bei St. Avige überquerte. An diesem Abend erfuhren die Männer der Leibwache Hitlers, daß Paris an die Deutschen gefallen war – der Sieg im Westen war zum Greifen nah.

RECHTS: Ein Offizier der *Leibstandarte* fragt einen belgischen Polizisten im Mai 1940 nach dem richtigen Weg. Im ganzen waren die Armeen Belgiens und Hollands vor dem Feldzug in einem armseligen Zustand. Vor allem mangelte es an Panzerabwehr- und Flugabwehrwaffen. Ihr Plan bestand daher darin, die Deutschen entlang von Flüssen und Kanälen so lange wie möglich aufzuhalten, eine Strategie, die völlig fehlschlug.

LINKS: Dietrichs Männer machen bei der Verfolgung feindlicher Kräfte während der Schlacht um Frankreich eine Pause. Im allgemeinen hatte der Feldzug gegen die Franzosen den Charakter einer Verfolgung, obwohl die *Leibstandarte* noch etwas kämpfen mußte. Am 19. Juni etwa mußte sie als Teil der 19. Panzerdivision eine französische Barrikade auf einer Brücke über den Fluß Allier stürmen. Die Barrikade wurde von einer Gruppe unter dem Befehl des SS-Obersturmführers Knittel genommen, doch dann wurde die Brücke vor den Augen der Angreifer gesprengt.

OBEN: Eine Panzerabwehr-Mannschaft schiebt während des Feldzuges in Frankreich ihr Geschütz vorwärts. Diese Waffe wurde in der Waffen-SS sowohl von der Division *Totenkopf* als auch von der *Leibstandarte* als mangelhaft befunden. Als letztere am 22. Juni Saint-Étienne angriff, prallten die Geschosse der 3,7-cm-Kanonen von den Rümpfen der angreifenden französischen Panzer ab.

RECHTS: Ein Lastwagen des *Totenkopfs* in Frankreich. Obwohl die Waffen-SS ihre Sache während des Feldzugs gut gemacht hatte, ließ die Leistung der Division *Totenkopf* viel zu wünschen übrig. Es fehlte ihr nicht an Mut, doch sie erlitt wegen der Tollkühnheit in ihren Reihen hohe Verluste. Allein Ende Mai etwa verzeichnete die Division 1140 Opfer innerhalb von zehn Tagen, und besonders ernst war der Verlust von 300 Offizieren. Auch der Verlust an Ausrüstung in diesem Zeitraum war beträchtlich: 46 Lastwagen, acht Panzerwagen und eine nicht näher spezifizierte Menge von Mörsern, schweren Maschinengewehren und Gewehren. Himmler war nicht gerade begeistert.

OBEN: Truppen der Division *Totenkopf* während des Westfeldzugs 1940. Das Verhältnis zwischen Eickes Männern und der Armee verschlechterte sich auf dem Weg an die Front zusehends: Hinter der Heeresgruppe B kam es zu ungeheuren Verkehrsstaus, als die Division *Totenkopf* aus der Reserve kam, und Eicke und seine Männer fluchten und stritten mit den Armeekommandanten und ihren Männern darüber, wer Vorfahrt hatte, als sie der Front entgegenstrebten.

RECHTS: Diese ungewöhnliche Photographie, aufgenommen gegen Ende der Schlacht um Frankreich, zeigt einen Maultierzug, der von Männern geführt wird, die marokkanische Treiber zu sein scheinen, die die Deutschen im Feld versorgen. Die Kolonialtruppen sind vermutlich gefangenes französisches Armeepersonal. Diese Marokkaner hatten Glück, denn jene, die von der Waffen-SS gefangengenommen wur-den, etwa von der Division *Totenkopf* am 19. Mai bei Cambrai, wurden gewöhnlich alle erschossen.

UNTEN: Zwei Mitglieder der Division *Totenkopf* in Frankreich während eines Angriffs auf eine befestigte Stellung. Der Mann rechts hält eine 7,63-mm-Mauser-Maschinenpistole mit abnehmbarem Schaft. Deutsche Handbücher kritisierten diese Waffe, „weil die große Kraft ihrer Ladung, ihr geringes Gewicht, ihr Rückstoß und die hohe zyklische Feuerrate sie für übliche militärische Zwecke ungeeignet machen. Als Pistole verwendet, schießt sie so schnell, daß man einzelne Kugeln nicht erkennt, wenn sie abgefeuert werden. Der Rückstoß schlägt die Waffe selbst bei kräftigen Schützen nach oben und hinten. Auch mit beiden Händen kann sie nicht stabil gehalten werden". Trotzdem galt sie in den Kreisen der Waffen-SS als nützliche Waffe „gegen den Pöbel".

HOTEL
ACROPOLE

Zwischenspiel auf dem Balkan

Die Waffen-SS in Jugoslawien und Griechenland

LINKS: Die Waffen-SS im April 1941 in Jugoslawien.

GEGENÜBER: SS-Gruppenführer „Sepp" Dietrich, Kommandant der *Leibstandarte,* aufgenommen während des Feldzugs in Griechenland, bei dem Hitlers Leibwache eine wichtige Rolle beim deutschen Sieg spielte.

Hitler wollte keinen Krieg auf dem Balkan und hatte seinen Achsen-Partner Mussolini im Frühling und Sommer mehrfach davon abgehalten, nach Jugoslawien und Griechenland einzumarschieren. Mussolini war auf die deutschen Erfolge eifersüchtig, akzeptierte Hitlers Wünsche jedoch, da er in bezug auf Rohstoffe von Deutschland abhängig war. Im Mai 1940 nahm Mussolinis Frustration zu, als die deutschen Armeen die britischen Streitkräfte vom Kontinent fegten und Frankreich in die Knie zwangen. Jetzt schien es sicher, daß Deutschland den Krieg gewinnen würde.

DESASTER FÜR DIE ITALIENISCHE ARMEE

Entschlossen, seinen eigenen Krieg zu gewinnen, drang Mussolini am 28. Oktober 1940 von Albanien aus in Griechenland ein. Er rief ein „Neues Römisches Reich" aus, das den Ruhm des alten Rom wiederherstellen sollte. Doch einen Monat später vertrieben die Griechen die Italiener aus ihrem Land und hatten Mitte Januar 1941 ein Viertel Albaniens besetzt.

Mussolinis „griechisches Desaster" hatte zu einer grundlegenden Veränderung seiner Beziehungen zu Hitler geführt. Letzterer versuchte nicht, sein Mißfallen an dem „italienischen Abenteurer" zu verbergen, der die Stellung der Achsenmächte in Südosteuropa gefährdet hatte.

Im November 1940 hatte Hitler unter dem Codenamen „Operation Marita" Pläne für eine wirksamere Invasion Griechenlands entworfen. 16 Divisionen sollten von ihren Stützpunkten in Südrumänien südlich nach Griechenland vorstoßen. Die ursprüngliche Idee sah vor, sich des Kernstücks Griechenlands nördlich der Ägäis zu bemächtigen, wegen der Landung britischer Truppen Anfang März wurde der Plan jedoch abgeändert. Hitler beschloß jetzt, die gesamte Halbinsel und die Insel Kreta zu besetzen.

Dem Dreimächtepakt der Achsenmächte Rom, Berlin und Tokio trat am 25. März 1941 Jugoslawien bei, wenn auch unter starkem diplomatischem Druck der Deutschen. Der Weg zur griechischen Grenze schien gesichert. Doch dann setzte Jugoslawien seine nazifreundliche Regierung ab. Der junge Peter II. wurde zum König ernannt und eine neue Anti-Nazi-Regierung eingesetzt. Für Hitler war dies ein Problem, denn eine feindliche jugoslawische Regierung war eine potentielle Bedrohung für die Operationen „Marita" und „Barbarossa" (die geplante deutsche Invasion in Rußland).

DIE INVASION IN JUGOSLAWIEN

Hitler befahl deshalb, die Operation „Marita" um die Invasion in Jugoslawien zu erweitern, und er befahl, den Schlag mit totaler Rücksichtslosigkeit zu führen. Die Operation „Marita" sollte gleichzeitig mit dem Einfall in Jugoslawien durchgeführt werden, während die Operation „Barbarossa" „um bis zu vier Wochen" aufgeschoben werden würde.

Im frühen Februar 1942 wurde die *Leibstandarte* als Vorbereitung für „Marita" nach Rumänien verlegt. Am 28. März erhielt die SS-Verfügungsdivision (die jetzt Division *Das Reich* hieß) den Befehl, so rasch wie möglich nach Temesvar in Südwestrumänien weiterzuziehen. Die Division wurde in voller Stärke in weniger als einer Woche in ihre neuen Quartiere verlegt – eine bemerkenswerte Leistung.

Die Operation „Marita" begann am 6. April 1941. Als Teil des 16. Panzerkorps, unter dem Befehl General Georg-Hans

LINKS: Deutsche Truppen im April 1941 in Griechenland. Hitlers Blitzkrieg auf dem Balkan führte zu einem weiteren leichten deutschen Sieg, doch verzögerte er die Invasion in der Sowjetunion. Für Himmler und die Waffen-SS sollte der Krieg in Rußland, nicht aber irgendein unbedeutender Nebenschauplatz in Südeuropa der wirkliche Härtetest sein.

Reinhardts, nahm die Division *Das Reich* am Vorstoß nach Belgrad teil. General Reinhardt hatte der Einheit, die das erste Ziel, die Straße von Alibunar nach Zagreb, zuerst erreichte, als Preis den Vorrang bei weiteren Bewegungen versprochen. Es schien, als habe SS-Gruppenführer Paul „Papa" Hausser wenig Aussicht auf diesen Preis, da *Das Reich* sumpfiges Marschland zu durchqueren hatte. Trotzdem glaubte er, daß seine Truppen als erste Belgrad erreichen würden.

Der Zug von *Das Reich* begann am 11. April um 9 Uhr. Sein neu gebildetes Motorrad-Aufklärungsbataillon folgte Eisenbahngleisen und erreichte die Straße als erster. Als der Rest der Division eintraf, erhielt sie den Korpsbefehl, daß alle Einheiten am Flußufer halten sollten. Die zurückweichenden Jugoslawen sollten nicht über die Donau verfolgt werden.

DAS REICH NIMMT BELGRAD EIN

Am 11. April erreichten SS-Hauptsturmführer Fritz Klingenberg und seine Motorrad-Aufklärungstruppe nach einer alptraumhaften Fahrt als erste die Donau. Sie führte so starkes Hochwasser, daß keine Brücke intakt geblieben war; eine Überquerung schien unmöglich. Trotz des Haltebefehls beschloß Klingenberg, den gegenüberliegenden Damm zu erkunden. Er requirierte ein altes Fischerboot und setzte mit zehn Freiwilligen und ihren Motorrädern ans andere Ufer über. Die winzige Streitmacht brach auf und erreichte Belgrad. Durch pures Bluffen brachte er den Bürgermeister zur Übergabe der Stadt, und zu Ostern übernahmen deutsche Behörden die Hauptstadt. Der Krieg in Jugoslawien war vorbei, und so kehrte *Das Reich* nach Temesvar in Rumänien zurück und ging von da nach Österreich ins Trainingslager. Am 14. Mai wurde Klingenberg von einem entzückten Hitler für seinen dreisten Sieg mit dem Ritterkreuz ausgezeichnet. Die Eroberung Griechenlands konnte beginnen. Die 12. Armee unter General Wilhelm List, aus vier Panzerdivisionen, acht Infanteriedivisionen, dem Eliteregiment *Großdeutschland* und der *Leibstandarte* bestehend, war am 6. April bereit zum Einfall in Griechenland. Die *Leibstandarte* griff von Rumänien aus, durch Bulgarien und Südjugoslawien hindurch, auf griechischem Boden an.

DIE *LEIBSTANDARTE* IN GRIECHENLAND

Im Vorbeigehen nahm sie Skopje, und innerhalb von drei Tagen hatte die *Leibstandarte* die Festung Monastir an der jugoslawisch-griechischen Grenze eingenommen. Nun eroberte sie den Klidi-Paß, den Zugang nach Griechenland, und sodann nach heftigen Kämpfen den Klissura-Paß.

Ihr nächstes Ziel war Koritza, das Hauptquartier des 3. Griechischen Korps. Die Zugänge nach Kastoria wurden gerade ausgekundschaftet, als schweres griechisches Artilleriefeuer die SS-Truppen zum Rückzug zwang. Bald war klar, daß Infanterie allein diese Stellungen nicht einnehmen konnte. Die Artillerie des Regiments der *Leibstandarte* und ein Geschwader von Sturzkampfbombern (Stukas) mußte auf den Plan treten. Ein wildes Luft- und Artilleriebombardement ging auf die unglücklichen Griechen nieder.

Ehe ihre Besatzung Atem holen konnte, wurden die griechischen Stellungen überrannt. Kurt Meyers Panzerwagen näherten sich mit halsbrecherischer Geschwindigkeit Kastoria und trafen auf lange Kolonnen abrückender Griechen, die so geschockt waren, daß sie sich schnell ergaben. Am späten Nachmittag war Kastoria in deutscher Hand.

Am 19. April sollte die *Leibstandarte* weiter südwestlich den Metsovy-Paß erobern, was am folgenden Tag gelang. 16 griechische Armeedivisionen waren jetzt westlich der Pindus-Kette isoliert und zur Aufgabe am 21. April gezwungen. SS-Gruppenführer „Sepp" Dietrich nahm die griechische Kapitulation entgegen, was Mussolini erboste, der auf seinem Anteil am militärischen Ruhm beharrte. Es wurden daher formelle Kapitulationszeremonien organisiert, bei denen die italienischen Interessen voll repräsentiert waren.

Das Britische Expeditionskorps war nun in Griechenland isoliert und stand mit dem Rücken zur Wand. Am 24. April zog die *Leibstandarte* ostwärts nach Naupaktos am Golf von Korinth, um zurückweichende Truppen zu verfolgen. Die Jagd setzte sich über den Golf und durch den Peloponnes fort, ehe die meisten Briten im Schutz von tapferen Nachhutaktionen über den Golf von Patras entkamen.

Noch ein leichter Sieg

Meyer verlor den Funkkontakt zum Regiment und konnte keine neuen Befehle annehmen. Er sandte auf gut Glück eine Patrouille in zwei Booten über den Golf. Erst nach quälenden 90 Minuten Wartezeit tauchten die Boote wieder auf, und zwar mit 40 britischen Gefangenen! Meyer requirierte daraufhin alle verfügbaren Fischerboote und ließ den Rest seines Bataillons nach Patras übersetzen. Die 2. Kompanie seines Bataillons sollte Kontakt mit dem 2. Fallschirmspringer-Regiment aufnehmen. Er schickte sie nach Korinth, wo sie Fahrzeuge jeder Art auftreiben sollten, da kein schwerer Transport mit dem Vormarsch Schritt gehalten hatte. Die SS-Männer kehrten nach Patras zurück und marschierten dann südwärts Richtung Olympia, um die fliehenden Briten zu verfolgen. Doch der Zusammenbruch der griechischen Armee und die erfolgreiche Evakuierung der britischen und Commonwealth-Truppen machte jeden weiteren Vormarsch unnötig.

Am 27. April besetzten die deutschen Truppen Athen, und drei Tage später hatten sie die Kontrolle über das gesamte Land. Der *Leibstandarte* wurde die Ehre gewährt, an der Siegesparade in Athen teilzunehmen.

Obwohl ein glänzendes Beispiel für den Blitzkrieg, war der Balkan-Feldzug für die Waffen-SS und die deutsche Armee im ganzen eine Ablenkung. Der wahre Test stand noch bevor: der Krieg gegen die Sowjetunion. Für die Waffen-SS war er eine weltanschauliche Auseinandersetzung, die Himmlers ideologisch gedrillte Soldaten als heiligen Krieg betrachteten, als Kreuzzug gegen den Bolschewismus und die „Untermenschen“, die in der Sowjetunion lebten. Es sollte ein Krieg voller Brutalität entgegen allen Regeln des Krieges werden.

Unten: Das Hakenkreuz wird am 27. April 1941 auf der Akropolis gehißt. Drei Tage später kontrollierten die Deutschen ganz Griechenland. Sie hatten 223.000 griechische und 21.900 britische Gefangene gemacht. Die deutschen Verluste während des gesamten Balkan-Feldzugs betrugen 2559 Tote und 5820 Verwundete.

OBEN: Die Invasion in Jugoslawien nimmt ihren Lauf. Die Division *Das Reich* hatte kurz vor dem Balkankrieg eine bemerkenswerte logistische Leistung vollbracht, indem sie in weniger als einer Woche ihre gesamte Streitmacht von Vesoul in Ostfrankreich nach Temesvar in Südwestrumänien verlegte. Es gab jedoch immer wieder Zusammenstöße zwischen der Armee und der Waffen-SS. Einmal wurde ein SS-Offizier, als eine Armeekolonne seine Einheit überholte, so aufgebracht, daß er die Armeefahrzeuge anhielt und ihren Kommandanten anbrüllte: „Wenn Sie ohne meine Erlaubnis weiterfahren, dann gebe ich meinen Männern den Befehl, das Feuer auf Ihre Kolonne zu eröffnen.“ Dieser und andere Vorfälle – ein SS-Offizier legte etwa Minen unter die Räder eines Armeelastwagens – veranlaßten den Oberbefehlshaber der deutschen Armee, Feldmarschall von Brauchitsch, sich förmlich bei Himmler zu beschweren.

RECHTS: Soldaten der Division *Das Reich* während des Krieges in Jugoslawien. Die Division begann ihren Einsatz am 11. April 1941 um 9 Uhr. Bald war klar, daß die armselig ausgerüstete jugoslawische Armee kein ernsthafter Gegner für die Deutschen sein würde; als Hauptfeind erwies sich das Wetter: Regen verwandelte die Straßen in Moräste und machte jedes Fortkommen unmöglich, da die Fahrzeuge von *Das Reich* im Schlamm versanken.

LINKS: Deutsche Motorradtruppen begleiten während der Operation „Marita" eine Kolonne leichter Panzerspähwagen (Sd Kfz) 221. Für die Eroberung des Balkans war die 12. Armee Feldmarschall Wilhelm Lists verantwortlich. Der Anteil der Waffen-SS war winzig, doch die aufsehenerregende Einnahme Belgrads durch die Division *Das Reich*, noch vor dem Eliteregiment der Armee, *Großdeutschland*, stellte sowohl für Himmler als auch für SS-Gruppenführer Paul Hausser, den Kommandanten der Division, einen vollen Triumph dar.

UNTEN: Beim Vormarsch nach Belgrad im Schlamm steckengeblieben. Das Rennen zur jugoslawischen Hauptstadt gewann SS-Hauptsturmführer Fritz Klingenberg vom Motorrad-Aufklärungs-Bataillon der Division *Das Reich*. Er und zehn seiner Männer erreichten am 11. April 1941 das menschenverlassene Belgrad. Als sie bei der Deutschen Botschaft ankamen, beschlossen Klingenberg und der deutsche Militärattaché, einen Bluff zu riskieren. Klingenberg erklärte dem Bürgermeister, er sei der Kommandant eines großen Stoßtrupps, der außerhalb der Stadt in Stellung liege. Falls sich die Stadt nicht sofort ergebe, würde er einen massiven Luftschlag durch Stuka-Bomber anordnen. Der erschreckte Bürgermeister übergab Belgrad an Klingenberg und seine 10 Männer.

RECHTS: „Sepp“ Dietrich während des spektakulären Feldzuges der *Leibstandarte* in Griechenland. Ihren ersten Erfolg errangen seine Männer am Klidi-Paß, dem Tor nach Griechenland. Australier und Neuseeländer hatten diesen vehement verteidigt, und erst nach zwei Tagen heftiger Kämpfe, in denen die SS sogar Panzer zurückschlug, wurde er erobert.

LINKS: Deutsche Truppen und Panzer auf dem Balkan, bald nachdem das Gebiet durch das Dritte Reich erobert wurde, auf Patrouille. Die Kämpfe auf dem Balkan gewähren einen Einblick in den Kampfgeist der Soldaten der Waffen-SS. Bei der Inbesitznahme des Klissura-Passes durch die *Leibstandarte* am 11. April waren SS-Sturmbannführer Kurt Meyer und seine Männer festgenagelt. „Wie kriege ich sie zum ersten Sprung? In meiner Not spüre ich die glatte Oberfläche einer Handgranate in meiner Hand. Ich rufe die Gruppe an. Alle sehen mich wie vom Donner getroffen an, als ich die Granate schwinge, den Abzug ziehe und sie genau hinter den letzten Mann rolle. Nie wieder habe ich einen solchen gemeinsamen Sprung vorwärts erlebt wie damals. Wie von der Tarantel gestochen sausen wir um den Felsvorsprung in einen frischen Krater. Der Bann ist gebrochen. Die Granate hat uns von unserer Lahmheit geheilt.“

Rechts: Die neuen Herren auf dem Balkan. Für Himmlers Soldaten war der Feldzug in Südeuropa fast zu leicht gewesen: Die *Leibstandarte* hatte durch die griechischen und die Commonwealth-Kräfte wie ein scharfes Messer durch Butter geschnitten, hatte Kastoria und den Metsovon-Paß genommen und innerhalb einer Woche 16 feindliche Divisionen zur Aufgabe gezwungen. Dietrich persönlich hatte die Kapitulation akzeptiert, woraufhin Mussolini beleidigt war, der wollte, daß Italien seinen Anteil am Ruhm haben sollte.

Unten: Sobald der Feldzug auf dem Balkan vorüber war, zog die Waffen-SS ab, um sich auf die Invasion der Sowjetunion vorzubereiten. Obwohl der Blitzkrieg ein voller Erfolg war, mußte seinetwegen die Operation „Barbarossa", der deutsche Angriff auf die Sowjetunion, verschoben werden, und die Hälfte der günstigsten Jahreszeit für den Feldzug in Rußland war vorüber. Dennoch war die Moral bei den Armee- und Waffen-SS-Einheiten hoch, und man sah mit Vorfreude dem Krieg in Rußland entgegen.

Kapitel 8

„Barbarossa“

Der Einmarsch in die Sowjetunion 1941

LINKS: Himmler zu Beginn von „Barbarossa“ in triumphierender Stimmung. Die Deutschen verzeichnen überall an der Front Erfolge, und ihre Divisionen gewinnen frische Lorbeeren gegen den „Erbfeind“.

GEGENÜBER: Frohlockende Mitglieder von *Das Reich* im Juni 1941.

Für die Waffen-SS als ideologische Militärelite des Dritten Reiches sollte in Rußland eine neue Art von Krieg beginnen, ein Zusammenstoß politischer Ideologien. Für Himmler und seine Offiziere hatte er etwas vom wagnerianischen Kampf des Herrenvolkes gegen die Untermenschen. Er sollte im Osten ein unermeßliches Gebiet schaffen, das eine germanische, nordische Rasse bevölkern konnte, und bekämpfte die Erzfeinde der Nazi-Partei: Juden, Slawen und Bolschewiken.

Die Rote Armee war durch Stalins Säuberungsaktionen in den 30er Jahren dezimiert worden, als er systematisch das sowjetische Oberkommando zerschlug, um seine Stellung als absoluter Herrscher der Sowjetunion zu sichern. Etwa 35.000 Offiziere wurden entlassen, inhaftiert oder hingerichtet, und 1941 litt die Rote Armee noch unter dem Verlust etlicher ihrer fähigsten Offiziere. So waren am Vorabend der Operation „Barbarossa“, des deutschen Einmarschs in die Sowjetunion, viele Einheiten schlecht geführt und motiviert, obwohl die Rote Armee 230 Divisionen, etwa 12 Millionen Mann, unterstützt von 20.000 Panzern und 8000 Flugzeugen, gegen drei Millionen deutsche Soldaten, begleitet von 3330 Panzern und 2770 Flugzeugen, ins Feld führte.

Die Vorkehrungen der Waffen-SS für „Barbarossa“

Die Einheiten der Waffen-SS wurden unter verschiedenen Heereskommandos eingesetzt. Die Heeresgruppe Süd unter Feldmarschall Gerd von Rundstedt enthielt die *Leibstandarte* und die Division Wiking. Die Division *Das Reich* wurde an die 2. Panzergruppe General Heinz Guderians abgetreten, die einen Teil der Heeresgruppe Mitte unter Feldmarschall Fedor von Bock bildete. Die schwächste Heeresgruppe, die Heeresgruppe Nord, wurde von Feldmarschall Ritter von Leeb kommandiert und enthielt Eickes Division *Totenkopf* als Teil der 4. Panzergruppe General Erich Höpners. Die Division *Polizei* bildete einen Teil der Reserven der Heeresgruppe Nord, während die SS-Kampfgruppe *Nord* und das SS-Infanterieregiment 9 als Teil des norwegischen Gebirgskorps unter Generaloberst von Falkenhorst eingesetzt war. Diesen beiden Einheiten wurde der nördlichste Abschnitt der Front in Finnland übertragen.

Deutsche Ziele

Die Heeresgrupe Süd sollte zunächst alle sowjetischen Armeen westlich des Dnjepr isolieren, Kiew, Charkow und die Krim einnehmen, sodann weiter zur Wolga und zu den kaukasischen Ölfeldern vorstoßen. Dieser ehrgeizige Plan betraf 46 Divisionen. Die 1. Panzergruppe sollte die russischen Linien südlich von Kowel durchbrechen und die Einheiten der Roten Armee im Südwesten abschneiden. Die Division *Leibstandarte* wurde dem 14. Korps der 1. Panzergruppe zugeteilt und sollte zunächst 480 km über unbefestigte Straßen vorrücken. Der Heeresgruppe Mitte standen die natürlichen Befestigungslinien der Flüsse Prut, San, Bug und Dnjepr gegenüber, an denen 69 Infanterie-, 11 Kavallerie- und 28 Panzerdivisionen der Roten Armee aufmarschiert waren.

Die größte ununterbrochene Landschlacht der Geschichte begann am 22. Juni 1941 um 3. 15 Uhr. Tagelang waren alle Einheiten der Waffen-SS außer der Division *Polizei* im Ein-

OBEN: Eine Kolonne von Panzerfahrzeugen der Waffen-SS rast über eine verlassene russische Brücke, nachdem die sowjetischen Grenzstellungen am ersten Tag der Operation „Barbarossa“ von der 4. Panzergruppe zertrümmert wurden. Höpners Truppen trafen auf nur schwachen Widerstand und rückten am ersten Tag 80 km vor.

satz; zwei Brigaden von Himmlers Kommandostab RFSS, die 1. SS-Infanterie- und die SS-Kavalleriebrigade, sollten unmittelbar hinter der Front feindliche Einheiten abfertigen.

Am 27. Juni wurde die Division *Leibstandarte* eingezogen und zog am 1. Juli in die Schlacht, als sie südwestlich von Zamosc die Weichsel überquerte. Die tiefe Zangenbewegung der 1. Panzergruppe hatte das 3. Panzerkorps General von Mackensens bei Rowno auf russischem Gebiet abgeschnitten. Die *Leibstandarte* sollte die Verbindung zu ihm wiederherstellen. Bald stieß ihre Vorhut auf sowjetische Panzer; diese wurden erledigt und Klewan eingenommen. Östlich der Stadt entdeckte das Aufklärungsbataillon neben einer verlassenen deutschen Haubitze ein leeres, blutgetränktes Feldlazarett. In der Nähe lagen verstümmelte Leichen deutscher Soldaten. „Sepp“ Dietrich, der Kommandant der *Leibstandarte*, befahl, daß die Russen „unbarmherzig abgeschlachtet werden müssen“ - der Krieg der Greueltaten fing an.

Shitomir und Kiew waren die nächsten Ziele der 1. Panzergruppe, der die *Leibstandarte* Flankendeckung gab. Sie mußte rasende Angriffe der Russen abwehren, doch hielt die Disziplin, und am 7. Juli durchbrachen ihre Speerspitzen bei Mirupol Stalins Verteidigungsfront. Gegen harten Widerstand stieß sie ostwärts Richtung Shitomir vor, doch schwerer Regen machte viele Straßen unpassierbar und zwang Hitlers Leibwache, querfeldein zu ziehen. In dieser Nacht erreichte die Division *Leibstandarte* Romanowka. Am nächsten Tag eroberte sie die lebenswichtige Keednow-Straßenverbindung in einem Kampf, der hauptsächlich vom Aufklärungsbataillon des SS-Obersturmbannführers Kurt Meyer ausgefochten wurde. Seine Truppen stürmten, unterstützt von 8,8-cm-Artilleriefeuer, über den Fluß Teterew.

Das Oberkommando der Deutschen Wehrmacht (OKW) glaubte, die Heeresgruppe Süd hätte ihr Hauptziel erreicht und den Großteil der sowjetischen Armeen im Südwesten zerstört. Doch die Truppen an der Front waren weniger optimistisch. Ein sowjetischer Gegenangriff, der die wichtigste deutsche Nachschubroute, die Rollbahn, abschnitt, gab ihnen recht. Die Angriffe wurden abgewehrt, doch erst nach wilden Kämpfen Mann gegen Mann und schweren Verlusten auf beiden Seiten. Am 9. Juli nahm die Leibstandarte Schepkowa ein und konnte die Offensive fortsetzen. Doch unerwartet änderte Hitler am 10. Juli die Angriffspläne im Süden und befahl einen Vorstoß auf Uman. Bei der folgenden Schlacht um den Uman-Kessel erntete die *Leibstandarte* besonderes Lob durch General Kempf: „Heute, da die Vernichtungsschlacht um Uman abgeschlossen ist, will ich der *Leibstandarte SS Adolf Hitler* meine Anerkennung und meinen besonderen Dank für ihre beispielhaften Anstrengungen und ihre unvergleichliche Tapferkeit ausdrücken.“

DER KRIEG DER *WIKING*

Die Division *Wiking* marschierte, geführt vom Regiment *Westland*, am 29. Juni 1941 auf und rückte durch die sowjetisch besetzten Gebiete Polens vor. Am nächsten Tag stießen ihre Speerspitzen bei Lemberg auf die sowjetische 32. Infanteriedivision. Die Soldaten der Waffen-SS mußten beträchtlichem Druck standhalten, bis Panzer des Aufklärungsbataillons der Division eintrafen. *Wiking* erzwang hierauf die Überquerung des Slutsch und wurde hier an der Verteidigungsfront Stalins mit anderen Truppen der Waffen-SS in schwere Kämpfe verwickelt. Sie tobten hin und her, bis die 1. Gebirgsdivision der Armee kam und die belagerte Waffen-SS befreite.

Inzwischen rückte die *Leibstandarte* nach Zaselje vor, wo sie in einen wilden russischen Gegenangriff lief. Verbissen wehrte sie eine Woche lang die erbitterten russischen Versuche, sie zu vertreiben, ab. Diese erlahmten endlich am 17. August, und die *Leibstandarte* konnte ihren Vormarsch wiederaufnehmen. Das nächste Ziel war Cherson, das nach drei Tagen heftigen Kampfes an die SS fiel.

Als die Deutschen tiefer in die Sowjetunion eindrangen, änderte Hitler abermals seine Pläne. Zahlreiche sowjetische

Truppen hatten sich auf die Krim zurückgezogen, und er wollte diese potentielle Bedrohung der deutschen Flanke ausrotten. Die Leibstandarte nahm an der Sicherung der Krim teil und wandte sich dann ostwärts in Richtung Rostow.

In Nordrußland zog General Höpners 4. Panzergruppe nach Leningrad. Ihre Haupteinheiten waren das 41. und das 56. Panzerkorps, die 269. Infanterie- und die *Totenkopf*-Division als Reserve und General Buschs 16. Armee als Flankenschutz.

Am 22. Juni 1941 durchstieß die 4. Panzergruppe sowjetische Grenzstellungen und steuerte auf die wichtigen Brücken über die Dvina zu. Höpners Truppen trafen auf äußerst schwachen Widerstand und rückten am ersten Tag 80 km vor. Am 26. Juni waren sie 320 km weit in sowjetisches Gebiet eingedrungen und hatten die Brücken erobert.

Der blutige Vorstoß nach Leningrad

Zwischen der Südflanke des 56. Panzerkorps General von Mansteins und der Nordflanke der 16. Armee klaffte eine beträchtliche Lücke. Die Division *Totenkopf* sollte das Loch schließen und wehrte Ende Juni fanatische russische Angriffe ab. Eicke selbst wurde dabei verwundet, doch seine Division hatte am 21. Juli die dunklen Wälder und Moore westlich des Ilmensees erreicht. Die Sowjets hatten sich an die Luga-Linie zurückgezogen, die entlang der Flüsse Msta und Luga verlief, leisteten jedoch weiterhin zähen Widerstand, und die sowjetische 34. Armee drang in die deutschen Flanken ein. Als Antwort verbanden sich die 3. Motorisierte Division und die Division *Totenkopf*, um einen Gegenschlag durchzuführen. Bei den nachfolgenden Kämpfen wurden acht sowjetische Divisionen vernichtet.

Am 22. August rückte die Division *Totenkopf* zu den Flüssen Lowat und Pola vor, wo russische Truppen in starken Stellungen verschanzt lagen. Es gelang nicht, die Überquerung zu erzwingen, und die machtvollen Gegenangriffe der Roten Armee nötigten die Deutschen zum Rückzug. Dem *Totenkopf* gelang es, den Vormarsch wiederaufzunehmen, doch war die Division erheblich geschwächt. Als ihr daher das 56. Panzerkorps am 30. August befahl, den Fluß Pola zu überschreiten, bat ihr zeitweiliger Kommandant, SS-Brigadeführer und Generalmajor der Waffen-SS Georg Keppler, von Manstein, den Angriff um einige Tage zu verschieben (obwohl die sowjetischen Angriffe Kepplers Männern keine Atempause ließen). Am 5. September besserte sich das Wetter kurz, und die Division *Totenkopf* konnte mit Unterstützung des 503. Infanterieregiments die Pola überqueren. Doch bald setzte der Regen wieder ein und mit ihm wilde Gegenangriffe der Roten Armee. Versteckte russische Minen forderten viele Opfer und bremsten den Vormarsch der Division *Totenkopf*. Bis zum 12. September war die Division wieder in der Defensive und wehrte hartnäckige russische Gegenangriffe ab.

Als der Herbst dem Winter Platz machte, wurde klar, daß „Barbarossa“ die Rote Armee im Jahr 1941 nicht besiegen würde. Die Deutschen hatten spektakuläre Siege errungen, Tausende feindliche Flug- und Fahrzeuge zerstört und Hunderttausende Gefangene gemacht. Die Soldaten der Waffen-SS hatten sich einmal mehr als fanatische Krieger erwiesen und mehr als einmal die Lage gerettet, als die Russen ihre Gegenangriffe unternahmen. Doch sie hatte, wie auch die deutsche Armee als Ganzes, schwere Verluste an Männern und Kriegsmaterial erlitten. Die Regimenter *Deutschland* und *Der Führer* etwa hatten je ein Bataillon auflösen und ihre Männer neu aufteilen müs-sen. Und jetzt, als sich das Wetter verschlechterte, bereitete die Waffen-SS einen weiteren Feldzug gegen den verhaßten bolschewistischen Feind vor. Doch zunächst mußten Himmlers Männer den russischen Winter überstehen.

Links: Soldaten der Division *Totenkopf* während der Frühphase des Rußland-Feldzugs. Der Mann rechts hält eine 9-mm-Steyr-Solothurn-Maschinenpistole. Diese Waffe gehörte zu den 1938 in Österreich eroberten Beständen und wurde von der SS und der Polizei viel verwendet.

LINKS: Ein Offizier der Waffen-SS hält unmittelbar vor dem Angriff auf Rußland vor seiner Einheit eine Ansprache. Am Ärmel trägt er einen Adler der Armee, nicht der SS. Viele Offiziere der Waffen-SS trugen zu dieser Zeit Armee-Abzeichen, wahrscheinlich weil an einschlägigen Abzeichen Mangel herrschte. Eine andere Erklärung wäre, daß Offiziere, die aus der Armee stammten, die Verbindung zu ihrer Vergangenheit aufrechterhalten wollten. Die Soldaten der Waffen-SS wurden ständig daran erinnert, daß der Krieg in Rußland ein weltanschaulicher Kreuzzug sei, und als lebendige Verkörperung der nationalsozialistischen Doktrin von der Überlegenheit der Nordischen Rasse wurde von ihnen erwartet, daß sie keine Gnade mit dem „untermenschlichen“ Feind kannten, der der deutschen Besiedelung des Ostens im Wege stand. Himmler erklärte: „Ich glaube, daß die Aufgabe, die wir dort draußen haben, so erhaben, so groß, so einzigartig und vielseitig ist … Wir müssen eine gnadenlose Siedlungspolitik verfolgen – diese neuen Provinzen müssen germanisch werden, blonde Provinzen Deutschlands, müssen nationalsozialistische Provinzen werden …Die neuen Provinzen müssen eine germanische Blut-Mauer sein, eine Mauer, innerhalb der es keine Frage des Blutes gibt, keine Kinder-Frage, doch wo eines Tages diese Frage wieder Vorrang hat und wir ein Volk reich an Kindern sein werden.“ Der Krieg in Rußland sollte den Konflikt zwischen zwei gegensätzlichen politischen Systemen endgültig entscheiden.

RECHTS: Lächelnde Gesichter der *Leibstandarte* vor dem Einmarsch in Rußland. Die Deutschen erwarteten, daß Rußland unter dem Blitzkrieg schnell fallen würde, wie Hitler in seiner Anweisung vom 18. Dezember 1940 erklärte: „Die deutschen Streitkräfte müssen bereit sein, auch vor der Beendigung des Krieges gegen England Sowjet-Rußland in einem raschen Feldzug zu schlagen.“ Obwohl der Feldzug auf dem Balkan „Barbarossa“ verzögert hatte, mußte das neue Datum – der 22. Juni – Hitlers Sinn für schicksalhafte Bestimmung ansprechen. Es war der erste Jahrestag der Unterzeichnung des Waffenstillstandes mit Frankreich, und nur einen Tag entfernt vom Jahrestag der Überquerung des Njemen durch Napoleon, der 1812 mit seiner *Grande Armée* in Rußland eingefallen war. Für den Angriff versammelte Hitler 11 Armeen, davon vier Panzerarmeen und drei Luftflotten, insgesamt etwa drei Millionen Mann. Sie waren in drei Heeresgruppen aufgeteilt – Nord, Mitte und Süd. Ihre Ziele waren Leningrad im Norden und die Ukraine im Süden (Moskau sollte danach eingenommen werden). Die Rote Armee sollte in gewaltigen Kesselschlachten im Baltikum, Weißrußland und der Ukraine vernichtet werden, um ihre Flucht ins Innere der Sowjetunion zu verhindern. Eine Operation dieser Größe war nie zuvor unternommen worden, und Hitler verkündete aufgeregt: „Wenn der Angriff auf Rußland beginnt, wird die Welt ihren Atem anhalten.“

Rechts: Zwei Männer der Division *Totenkopf* plaudern während der Anfangsphase von „Barbarossa“ mit einer russischen Zivilistin. Zunächst sahen viele Russen in den Deutschen ihre Befreier, so groß war in vielen Regionen der Sowjetunion der Haß auf die Regierung in Moskau. Die Vorstellung, im Augenblick der Invasion in Rußland habe sich sofort eine massive Partisanenbewegung erhoben, ist ein Mythos. Doch die ideologische Natur des Kriegs, die deutsche Einheiten zu Greueltaten gegen Zivilisten veranlaßte, und die Aktionen der Einsatzgruppen, die den Armeen folgten und die Juden und andere „Unerwünschte“ zusammentrieben und erschossen, befremdete schnell große Teile der Bevölkerung, sodaß die Deutschen im Hinterland Truppen gegen Partisanen aufmarschieren lassen mußten.

Links: Als die Deutschen in Rußland eindrangen, löschten sie soviel wie möglich von der kommunistischen Kultur aus. Hier zerstört ein Soldat der Waffen-SS eine Lenin-Statue. Solche Handlungen waren symbolisch für den Wunsch der SS, alle Spuren des Bolschewismus vom Antlitz der Erde zu tilgen. Dies schloß auch dessen Anhänger mit ein, wie Himmler seinen höheren Offizieren mitteilte: „Dieses 200-Millionen-Volk der Russen muß militärisch und menschlich vernichtet werden und zu Tode bluten.“ Es war eine Ironie des Schicksals, daß Tausende Juden, die den Nazis bei der Eroberung Polens entkommen waren, nun in Rußland in der Falle saßen.

Unten: Rauchsäulen von brennenden Gebäuden und russischen Panzern steigen im späten Juni 1941 nach einem Gefecht mit deutschen Tanks zum Himmel. Zu Beginn des Rußlandfeldzugs hatten die Divisionen der Waffen-SS folgende Stärke: *Leibstandarte:* 10.796, *Wiking:* 19.377, *Totenkopf:* 18.754, *Nord:* 10.573, *Das Reich:* 19.021, *Polizei:* 17.347, Kommandostab Reichsführer SS: 18.438, Verwaltungsabteilung: 4.007, Reserveeinheiten: 29.809, Inspektorate der Konzentrationslager: 7.200, SS-Wachbataillone: 2.159, SS-Garnisonposten: 992, SS-Offiziers- und Unteroffiziersschulen: 1.028 und SS-Freiwilligen-Bataillon *Nordost:* 904 – eine Einheit aus Finnen, die sich freiwillig zum Dienst in der Waffen-SS gemeldet hatten. Innerhalb weniger Tage befanden sich alle Waffen-SS-Divisionen im Einsatz gegen die Russen. In dieser Auseinandersetzung wurde die Rote Armee entschieden geschlagen. General Alfred Philippi kämpfte als Wehrmachtsoffizier in diesen Schlachten und beschrieb sie so: „Die Sowjets kämpften in getrennten, unkoordinierten Gruppen, offensichtlich ohne einheitliche Führung; hartnäckiger Widerstand und Rückzug wechselten einander ab. Einige Einheiten der Roten Armee verschwanden in den unermeßlichen Wäldern, nur um im Rücken der vorstoßenden deutschen Truppen wieder aufzutauchen. Die Folge waren bei Tag und Nacht ausgetragene örtliche Gefechte, die mit ernsten Verlusten auf beiden Seiten endeten. Immer wieder gelang es Teilen der russischen Kräfte, an Punkten, wo das um sie gezogene Netz die weitesten Lücken aufwies, ostwärts auszubrechen. Aufgeben kam für sie nicht in Frage. Trotzdem war die allgemeine Auffassung, daß eine solche Taktik ungeeignet war, die geplante Einkreisung und die Ausschaltung der sowjetischen Kräfte zu verhindern.“ Zunächst wurden im Norden und im Zentrum leichte Fortschritte erzielt, doch Rundstedts Heeresgruppe Süd traf auf verzweifelten Widerstand. Ende Juni hatten die Deutschen Brest Litowsk genommen und russische Streitkräfte in Kesseln bei Bialystok, Nowogrodek und Wolkowysk eingeschlossen. Noch größere Siege sollten folgen: Die Heeresgruppe Mitte nahm am 9. Juli Witebsk ein; sechs Tage später führte ein Durchbruch im Zentrum zur Umzingelung und zum Fall von Smolensk, was 300.000 sowjetische Soldaten zwischen Orscha und Smolensk abschnitt. Die Division *Das Reich* war Teil der Heeresgruppe Mitte und schon bald mit vielen Problemen konfrontiert, die mit dem Rußland-Feldzug einhergingen: Die Waffen-SS und die deutsche Armee waren für eine mobile Kriegsführung auf guten Straßen ausgerüstet, unterstützt durch ein ausgedehntes Schienensystem. Doch in Rußland gab es wenige wetterfeste Straßen und noch weniger Eisenbahnlinien. Die Fahrzeuge der Division mußten daher querfeldein fahren, und als sie sich den Pripjet-Sümpfen näherten, verzögerte der sandige Boden den Vormarsch und ruinierte die Motoren. Zusätzlich wußte der durchschnittliche Soldat der Waffen-SS, obwohl er gelehrt worden war, die Sowjetunion zu hassen, nur wenig über den individuellen russischen Soldaten und Zivilisten, und noch weniger über das Gelände, auf dem er für die nächsten vier Jahre kämpfen würde.

OBEN: Angehörige der SS-Division *Polizei* machen in Rußland eine willkommene Kampfpause. Diese Division nahm an den Anfangsbewegungen der Operation „Barbarossa“ nicht teil, doch ab August 1941 wurde sie voll in die Kämpfe einbezogen. Die sengende Hitze und der erstickende Staub des russischen Sommers erschöpfte die Energie der Truppen. Dennoch setzten sich die Siege fort: Ende Juli hatte die Division *Leibstandarte* an der Unterwerfung des Uman-Kessels teilgenommen, bei der über 100.000 Mann der russischen 6. und 12. Armeen gefangengenommen wurden. Während dieser Aktion erhielt die *Leibstandarte* besonderes Lob.

RECHTS: Ein Panzer III fährt über eine von SS-Pionieren errichtete Ponton-Brücke. Hitlers Panzer stießen bei der Operation „Barbarossa“ so rasch vorwärts, daß sich zwischen den deutschen Formationen gefährlich weite Lücken zu bilden begannen. Die Flanken des 3. Panzerkorps zum Beispiel wurden von Einheiten der Roten Armee, die von den Pripjet-Sümpfen aus operierten, angegriffen. Die *Leibstandarte* mußte daher Flankendeckung geben. Bald wehrten die Soldaten der Waffen-SS wilde sowjetische Angriffe ab, die oft von Panzern unterstützt wurden.

Oben: Pioniere der Waffen-SS begutachten eine Brücke, die von den Russen auf dem Rückzug als Teil ihrer Strategie der „verbrannten Erde“ zerstört wurde. Die Strategie war ein Versuch, die Invasoren des Nachschubs und der Transportmöglichkeiten zu berauben, als sie immer tiefer in die Sowjetunion vordrangen. Die Russen glaubten, daß eine solche Taktik den deutschen Ansturm verzögern werde, doch die Deutschen errichteten einfach innerhalb von wenigen Stunden Behelfsbrücken. Die Geschwindigkeit des deutschen Vormarsches überraschte die Russen. Bei Uman und Kiew etwa wurde der Sieg weniger durch direkte Angriffe errungen als durch so tiefe Vorstöße, daß die Strategen der Roten Armee erst merkten, daß sie umzingelt waren, als sie bereits in der Falle saßen. Und die motorisierten Divisionen der Waffen-SS taten das Ihre, indem sie weite Strecken zurücklegten und alles vor sich wegfegten.

Links: Eine sowjetische Nachschubkolonne nach einem Angriff der Luftwaffe, wohl von Stukas. Der Erfolg der Angriffe auf sowjetische Flughäfen in der ersten Phase von „Barbarossa“ übertraf die kühnsten Erwartungen. Hunderte Flugzeuge wurden am Boden zerstört, wo sie sauber aufgereiht im Freien standen. Sobald sie die vollständige Überlegenheit über den Luftraum errungen hatte, konzentrierte die Luftwaffe ihre Angriffe auf feindliche Truppenansammlungen, Kommunikations- und Nachschubkolonnen. Eine Szene wie diese wiederholte sich im Juni 1941 dutzendfach.

Oben: Als Hitler am 10. Juli die Heeresgruppe Süd umdirigierte, Uman zu umzingeln, wurde die *Leibstandarte* dem 38. Korps zugeteilt. Heftige Kämpfe folgten, doch am 31. Juli erhielt Hitlers Leibwache den Befehl, gegen Nowo Archangelsk zu stoßen, um den Uman-Kessel zu schließen. Beim verzweifelten Versuch auszubrechen, warfen die Russen den Soldaten der Waffen-SS Panzer und Infanterie entgegen. Doch die SS hielt stand, und der Uman-Kessel wurde geschlossen. Hier einige der 100.000 Soldaten der Roten Armee, die bei dieser Auseinandersetzung in Gefangenschaft gerieten.

Unten: Als ein Heer der Roten Armee nach dem anderen zerstört wurde, wurden die Deutschen der zahlreichen russischen Gefangenen nicht mehr Herr. Diese Männer, an einem Kopfbahnhof versammelt und von SS- und Polizeipersonal bewacht, warten auf ihren Transport nach Westen in „Internierungslagern". In Birkenau wurde rasch ein Vernichtungslager für russische Offiziere errichtet, das im Herbst 1941 seine Tätigkeit aufnahm. Es war Teil des größeren Lagers Auschwitz, und sein Kommandant war SS-Sturmbannführer Friedrich Hartjenstein.

OBEN: Eine deutsche Maschinengewehr-Mannschaft überblickt die Lage in der weiten russischen Steppe. Am Boden wurden die Deutschen oft durch die Wildheit des russischen Widerstands überrascht. Am 27. Juni 1941 etwa stand die Division *Totenkopf* in Litauen und mußte eine Reihe von fanatischen russischen Gegenangriffen zurückschlagen. Die Soldaten der Waffen-SS erlitten keine Opfer, doch wurden sie durch die Entschlossenheit ihrer „untermenschlichen“ Gegner erschüttert.

RECHTS: Truppen und Panzer der Waffen-SS strömen nach Rußland hinein. Als der Kampf in Rußland weiterging, begann die Waffen-SS vorhersehbar auf den andauernden feindlichen Widerstand zu reagieren. Max Simon, ein Regimentskommandant der Division *Totenkopf,* bezeichnete umgangene Gruppen russischer Soldaten als „Banditen“ und befahl, sie erbarmungslos zu erledigen. Schon bald erschossen Einheiten der Division *Totenkopf* den Großteil der russischen Versprengten, auf die sie trafen, besonders jene, die irgendeine Art von Gegenwehr leisteten.

RECHTS: Ein Offizier der Waffen-SS verleiht einem anderen Offizier im Feld das Eiserne Kreuz 1. Klasse. Dieser gehört zu den Glücklichen – viele der Medaillen, die bei der Operation „Barbarossa“ errungen wurden, konnten nur noch posthum verliehen werden. „Blut ist der Preis des Sieges. Philanthropen mögen glauben, daß es eine geschickte Methode gibt, den Feind ohne großes Blutvergießen zu entwaffnen und zu überwinden, und daß dies der geeignete Gang der Kriegskunst ist. Dies ist ein Irrtum, der ausgerottet werden muß.“ (Karl von Clausewitz.)

UNTEN: Pioniere der Waffen-SS beim Säubern einer Straße von Minen. Der Beitrag der Pioniereinheiten in der Frühphase des Rußland-Feldzugs kann nicht überschätzt werden. Oft unter schwerem Beschuß und schwierigen Bedingungen, reinigten sie Straßen von Minen, bauten Behelfsbrücken und führten eine Fülle anderer Aufgaben aus. Ihr Einsatz ermöglichte der Infanterie und den Panzern, den Vorstoß fortzusetzen, und obgleich sie nicht viel Ruhm ernteten, zahlten sie einen hohen Blutzoll.

OBEN: Ein russischer Panzer erhält einen Volltreffer. Die deutschen Panzertruppen fegten in der Operation „Barbarossa“ alle veralteten, schwach gepanzerten Fahrzeuge wie den BT-5 beiseite. Gerüchte über einen neuen russischen Panzer, der schwerer als der Panzer IV sein sollte, wurden verdrängt. Auch die deutsche Taktik war überlegen. Heinz Guderian, Deutschlands Panzergenie, ließ Panzer „in Massen, nicht tröpfchenweise“ auffahren, während die russischen Tanks nur allein oder zu zweit eingesetzt wurden.

RECHTS: Das Ritterkreuz um den Hals (das er unmittelbar vor „Barbarossa“ für die Einnahme Belgrads im Balkanfeldzug von Himmler selbst verliehen bekommen hatte), führt SS-Obersturmbannführer Fritz Klingenberg während des Rußlandfeldzugs das Motorrad-Bataillon der Division *Das Reich* an. Klingenberg war 1934 als Freiwilliger in die SS-Verfügungstruppe eingetreten und wurde nach dem Besuch der Offiziersschule in Bad Tölz Kompaniekommandant im Regiment *Germania.*

Unten: Zeit für eine Pause, während per Feldtelefon Informationen über den Standort des Feindes eingeholt werden. Im Juli und August stiegen die deutschen Opferzahlen an. Die Einheiten der Waffen-SS waren fast ununterbrochen in Kämpfe verwickelt. Im späten August etwa versuchte die Division *Wiking*, bei Dnjeprpetrowsk einen Übergang über den Dnjepr zu erzwingen. Unglücklicherweise stand an diesem Punkt eine russische Artillerieschule, und ihre Kadetten bombardierten fachmännisch die Einheiten der Waffen-SS, als sie übersetzen wollten. Unter wahnsinnigen Artilleriesperrfeuer erzwangen das *Nordland-*, *Westland-* und *Germania-*Regiment den Übergang. Am 6. und 7. September nahmen sie die Höhen bei Kamenka. Doch dann folgte ein überraschender Gegenangriff der Artillerie, der sich etwa 32 km tief in von den Deutschen gehaltenes Gebiet bohrte, und so wurde die *Leibstandarte* hastig über den Dnjepr zurückgezogen, um die neue Bedrohung zu bekämpfen. Nach dieser kurzen Kehrtwendung wurde der Brückenkopf am Dnjepr befestigt, und die *Leibstandarte* nahm ihren Vormarsch wieder auf und durchquerte in der ersten Septemberwoche die Nogaisteppe. Ein Grenadier der Waffen-SS schrieb in sein Tagebuch: „Es gibt sehr wenig Wasser, und das vorhandene ist salzig. Der Kaffee schmeckt nach Salz, die Suppe ist versalzen, doch wir freuen uns sogar über diese laue Flüssigkeit, denn dies ist richtiges Wüstenland. Bewegungen sieht man kilometerweit; erstickende Wolken rotbraunen Staubes hängen über den Bewegungen unserer Kolonnen und verraten unsere genaue Position. Paradoxerweise sind das einzige Lebenszeichen die abgestorbenen Baumstämme der Telegraphenmasten. Ohne sie könnte man sich nur schwer orientieren. Manchmal finden wir ein Melonenfeld und verschlingen die Früchte gierig, doch die unreifen haben unerfreuliche Folgen!“ Als nächstes kam die Sicherung der Krim, bei der die *Leibstandarte* versuchte, sich am Westrand der Perekop-Landenge durchzuzwängen. Doch gegen tiefe Minenfelder, wohlausgestattete Befestigungen und gepanzerte Züge schaffte sie den Durchbruch nicht. Hierauf versuchten die Soldaten der Waffen-SS ihr Glück am Ostrand und brachen im Schutz dichten Nebels in einem Angriff bei Dämmerung durch. Die Rote Armee focht wacker, doch schließlich schlug sich Kleists 1. Panzergruppe, die jetzt 1. Panzerarmee genannt wurde, durch und stürmte Richtung Rostow, um den Feind in einer weiten Umkreisungsbewegung zu fangen und zu zerstören. Im frühen Oktober waren die Russen zerrüttet, und ein Grenadier der *Leibstandarte* bemerkte: „Wir hausten unter ihnen wie Husaren und schlugen die erschöpfte Infanterie nieder … nichts konnte unseren Vorstoß aufhalten. Wir passierten ganze Batterien von Geschützen und Kolonnen marschierender Truppen, die sich ostwärts bewegten.“ Bei Terpinye veranlaßte das Erscheinen der *Leibstandarte* die Russen, die dortige Brücke über den Dnjepr zu sprengen, obwohl sie von eigenen Männern überfüllt war. Doch die Soldaten der Waffen-SS fanden nicht weit entfernt eine Furt und konnten über den Fluß gelangen. Es schien, als ob nichts den deutschen Vormarsch ins Herzland Rußlands aufhalten könne.

Links: Mit dem Herbst kam der Regen. Am 17. Oktober 1941 hatte die *Leibstandarte* Tagonrog eingenommen, drei Tage später Stalino. An diesem Frontabschnitt regnete es danach unaufhörlich etliche Wochen lang, wodurch der deutsche Vormarsch zuerst verlangsamt und dann gestoppt wurde. Panzer, Lastwagen und Geschütze versanken im Morast, während Männer wie Pferde sich mühten, die Fahrzeuge zu befreien. Hunderte Pferde starben bei dieser Arbeit an Herzschlag.

Rechts: Russische Frauen graben fieberhaft Panzerabwehrgräben, während sich die Deutschen Moskau nähern. Ihre Anstrengungen waren unnötig: Trotz unermeßlicher Verluste an Männern und Ausrüstung und obwohl sie den Deutschen große Gebiete überlassen mußte, kämpfte die Rote Armee immer noch, als das Jahr 1941 sich dem Ende näherte. Dazu kam, daß die deutsche Armee wie auch die Waffen-SS verheerende Verluste erlitten hatten. Mitte November beklagte die Waffen-SS 407 getötete, 816 verwundete und 13 vermißte Offiziere und 7.930 getötete, 26.299 verwundete und 923 vermißte Soldaten, sowie vier Offiziere und 125 Soldaten, die bei Unfällen ums Leben gekommen waren. Andererseits hatten Himmlers Legionen in den vier Monaten des Rußlandfeldzugs einen Ruhm erworben, den sie bis Kriegsende unter Freunden und Gegnern bewahrten. Sie hatten aber auch einen Ruf der Grausamkeit erlangt, um den sie nicht zu beneiden waren.

Oben: Verlassene deutsche Fahrzeuge an der Ostfront. Hitlers Verzögerung des Angriffs auf Moskau hatte zu spektakulären, doch nicht entscheidenden Aktionen im Baltikum und der Ukraine geführt, doch als der Befehl erteilt wurde, die Operation „Barbarossa“ durch die Einnahme Moskaus, Codename „Taifun“, abzuschließen, war das Jahr schon zu weit fortgeschritten. Die Lage an der Front war schlimm: Opfer und Krankheit dezimierten die Einheiten rascher, als Ersatz eintreffen konnte, was dazu führte, daß die Kompanien eine durchschnittliche Stärke von unter 50 Mann hatten, ein Viertel ihres Mannschaftsbestandes für den Krieg. Dazu kam, daß die übrigen Männer seit dem 22. Juni fast 1600 km marschiert waren – sie hatten keine Stiefel oder Socken mehr und waren körperlich und geistig erschöpft. Täglich starben 1000 Pferde, es gab keine Reservefahrzeuge, und die Rote Armee, die zu existieren aufgehört haben sollte, kämpfte immer noch. Für die Waffen-SS war die logistische Situation genauso schlimm, doch ihr Kampfgeist blieb intakt. Dies so sehr, daß General Eberhard von Mackensen, der Kommandant des 3. Panzerkorps, unaufgefordert einen Brief an Himmler schrieb, der die Leistung der Leibwache Hitlers betraf. Obwohl er sich nur auf die *Leibstandarte* bezieht, können seine Worte auch auf die anderen Divisionen der Waffen-SS, die zu dieser Zeit in Rußland fochten, übertragen werden. Es lohnt sich, das Schreiben ganz zu zitieren: „Es wird für Sie vielleicht von einigem Wert sein, aus dem Mund jenes Generals, unter dem die *Leibstandarte* in diesem langen und schweren Feldzug diente, und von einem, der Angehöriger der Wehrmacht und nicht der SS ist, zu hören, was er und andere Divisionen von dieser Einheit denken. Herr Reichsführer, ich kann Sie versichern, daß die *Leibstandarte* einen außergewöhnlichen Ruf nicht nur bei ihren Vorgesetzten, sondern auch unter ihren Armeekameraden genießt. Jede Division wünscht sich die *Leibstandarte* sowohl beim Angriff als auch bei der Verteidigung an ihrer Seite. Ihre innere Disziplin, ihre kühle Waghalsigkeit, ihr fröhlicher Unternehmungsgeist, ihre unerschütterliche Festigkeit in der Krise (auch wenn die Dinge schwierig oder ernst werden), ihre beispielhafte Härte, ihr Kameradschaftsgeist (der besonderes Lob verdient) – all dies ist außergewöhnlich und kann nicht übergangen werden. Trotzdem bewahrt das Offizierskorps ein angenehmes Maß an Bescheidenheit. Eine wahre Eliteeinheit, die ich glücklich und stolz bin, unter meinem Befehl zu haben und weiterhin aufrichtig und hoffnungsvoll behalten möchte! Diese uneingeschränkte Anerkennung errang die *Leibstandarte* gänzlich durch die Kraft ihrer eigenen Leistungen und zusätzlich auf der Grundlage ihrer militärischen Fähigkeit gegen einen Feind, dessen Mut, Zähigkeit, Zahl und Bewaffnung nicht geringzuschätzen sind. Die Aura, die natürlicherweise die Garde des Führers hier an der Front umgibt, hätte nicht ausgereicht, um ihr die Anerkennung in den Schoß fallen zu lassen.“ Ähnliches Lob kam von anderen Generälen und bewies, daß die Waffen-SS volljährig geworden war.

ᛋᛋ-115 025

Kapitel 9

Winterkrieg

Die Waffen-SS und der erste Winter in Rußland

Links: In Rußland diente das Panje-Pferd, ein kleines, stämmiges Tier mit großer Ausdauer, während der Wintermonate an der Ostfront beiden Seiten als Transportmittel.

Gegenüber: Botenfahrer von der Division *Wiking* versuchen, ihr Motorrad aus dem Schlamm zu ziehen.

Den deutschen Armeen, die im Juni 1941 in die Sowjetunion geprescht waren, ging der Dampf aus, als sich das Jahr seinem Ende näherte.

Der russische Sommer bestand aus glühender Hitze, erstickendem Staub und Regen, der Straßen in unpassierbare Ströme aus Schlamm verwandelte. Doch das Schlimmste sollte erst kommen: der ganze Zorn des russischen Winters. Die Deutschen mit ihren Sommeruniformen waren völlig unvorbereitet, als die Temperaturen zu sinken begannen. Die Mechanismen ihrer Gewehre froren ebenso ein wie das Öl in ihren Motoren und Ölwannen. Feuchtigkeit in den Maschinengewehren verwandelte sich in der Kälte zu Eis und sprengte die Trommeln, wenn sie abgefeuert wurden. Trotzdem hofften die Deutschen, Moskau noch vor Jahresende mit letztem Schwung einzunehmen.

Operation „Taifun"

Die Operation „Taifun", der Codename für den Angriff auf Moskau, begann am 4. Oktober mit großem Erfolg. *Das Reich* und die 10. Panzerdivision rückten vor; doch mit dem Einsetzen des Herbstregens gerieten sie ins Stocken und erreichten Gzhask erst am 9. Oktober. Die Division *Das Reich* war Mitte Oktober wieder flott und traf beim Zug auf Moskau auf heftigen Widerstand. Nach der Überquerung der Moskwa nahm sie am 18. Oktober Mozaisk ein, doch das Wetter hatte sich verschlechtert, und der Munitionsnachschub floß nur spärlich. Als die Temperaturen dramatisch sanken, kam es zu den ersten von zahllosen Fällen von Erfrierungen. Der Vormarsch des 46. Panzerkorps ging mit einem Vorstoß in Richtung Istra am 18. November weiter. Nach wildem Kampf drangen die verbleibenden Panzer der 10 Panzer- und der *Das-Reich*-Division am 26. November in die Stadt ein.

Das deutsche Oberkommando hoffte immer noch, Moskau einzunehmen, doch das Wetter wurde täglich strenger: Die Temperaturen betrugen am Tage um -34° C, in der Nacht konnten sie bis -44° C fallen. Wegen der Verluste mußten die Regimenter *Deutschland* und *Der Führer* umgruppiert werden. Der strenge Frost forderte auch einen hohen Zoll an Fahrzeugen: Nur noch sieben Tanks der 10. Panzerdivision waren einsatzfähig.

Der deutsche Vormarsch erstickt im Schnee

Der deutsche Sturm auf Moskau kam langsam, knirschend zum Stehen. Nach sechs Monaten fortwährender Kämpfe, bei steigenden Opferzahlen, entsetzlichem Wetter und überfordertem Nachschub standen die deutschen Kräfte am Rande des Zusammenbruchs. Nachdem sie schon an den Toren Moskaus gerüttelt hatten, gelang es der zurückgetriebenen Roten Armee, östlich der sowjetischen Hauptstadt eine Reserve aufzustellen. Der Endbahnhof des Moskauer Straßenbahnnetzes wurde am 4. Dezember 1941 vom Aufklärungsbataillon von *Das Reich* erreicht, ehe das Wetter den Angriff unterbrach. Dies sollte der weiteste Punkt bleiben, den der Sturm auf Moskau erreichte, denn am 6. Dezember 1941 stürzten sich etwa anderthalb Millionen sowjetische Soldaten – 17 Armeen – auf die erschöpften Deutschen.

Die erste größere Gegenoffensive der Sowjets an der Ostfront riß große Löcher in die deutschen Linien. Am

LINKS: Soldaten der Waffen-SS im Dezember 1941. Der erste russische Winter war für die Deutschen ein Schock. Ein Angehöriger der *Leibstandarte* schrieb: „Wir müssen Gefallene ausziehen, um warme Kleider zu bekommen. Ich glaube, mir wird nie wieder warm, und unsere zahmen Iwans sagen, daß dies ein milder Winter ist."

9. Dezember wurde der Befehl zum Rückzug erteilt, und *Das Reich* begann abzuziehen. Weiter nördlich, bei Demjansk, wurden die Division *Totenkopf* und fünf weitere deutsche Divisionen eingekesselt.

SCHUKOWS GEGENOFFENSIVE

Am 5. Dezember 1941 traten frische, gut ausgerüstete Divisionen der Roten Armee der Heeresgruppe Mitte entgegen. Die deutsche Front gab nach, und die Generäle wollten nach Smolensk zurückweichen. Doch Hitler befahl, jeder deutsche Soldat habe fest zu stehen: Jede Art des Rückzugs stand außer Frage. Hier half Hitlers Starrsinn, eine totale Niederlage der deutschen Armeen vor Moskau zu vermeiden. Schrittweise festigten sich die deutschen Verteidigungsstellungen, und die Front war bis Ende Januar im zentralen Abschnitt stabil.

Im Norden wollten die Sowjets die 16. Deutsche Armee umzingeln und vernichten. Zwischen Heeresgruppe Nord und Heeresgruppe Mitte läge dann breiter Raum, durch den die Rote Armee ziehen könnte. Die Südküste des Ilmen-Sees war die vorgesehene Route der sowjetischen 11. und 34. Armee und der 1. Stoß-Armee. Die 16. Stoß-Armee sollte den Seliger-See südlich umkreisen und so am Angriff teilnehmen.

Die deutschen Kräfte im Norden wußten, daß sie starken Druck aushalten müßten, als sie ihre Verteidigungsstrategie entwarfen. Im Dezember konzentrierten sie sich daher darauf, ihre Stellungen zu verstärken. Zwei deutsche Korps - das 2. und das 10. - wurden zwischen dem Ilmen- und dem Seliger-See und westlich entlang des Lowat aufgestellt. Die Division *Totenkopf* gehörte zu dieser Streitmacht und verschanzte sich in den Waldai-Hügeln.

Unter dem Schutz eines heftigen Schneesturms begann in der Nacht vom 7. auf den 8. Januar 1942 die zweite Phase der russischen Winteroffensive. Die Rote Armee griff die gesamte Südflanke der Heeresgruppe Nord an. Die Nachbarn der Division *Totenkopf*, die 30. und 290. Infanteriedivision, traf die volle Wucht der Angriffe der sowjetischen 11., 34. und 1. Stoß-Armeen, und sie wurden fast völlig vernichtet.

Hierauf führte die Rote Armee einen Plan aus, der die deutsche 16. Armee fangen sollte. Die 11. Armee schwenkte bei Staraya Russa südlich hinter das 2. Korps. Von den Ufern des Seliger-Sees zog die 16. Stoß-Armee entlang dem Lowat-Fluß nach Norden, um sich mit der 11. und 1. Stoß-Armee zu verbinden.

Die Division *Totenkopf* wurde geteilt und marschierte an verschiedenen Krisenpunkten auf. Um die Flanken der 16. Armee zu stärken, wurden zwei ihrer Bataillone nach Demyansk geschickt, während ihr Aufklärungsbataillon bei Staraya Russa Stellung bezog, die sie um jeden Preis halten mußten.

HITLERS BEFEHL: KEIN RÜCKZUG!

Bis zum 12. Januar 1942 war die Lage kritisch geworden. Feldmarschall Leeb hielt es für das beste, seine beiden Korps über den Lowat zurückzuziehen und eine neue Verteidigungslinie zu bilden. Er war sicher, es würde einem Todesurteil gleichkommen, wenn die 16. Armee stehenbliebe. Leeb bat um die Erlaubnis zum Rückzug, doch Hitler verweigerte sie und befahl seinen Truppen standzuhalten. Der empörte Leeb bat darum, von seinem Kommando entbunden zu werden, und Hitler stimmte zu. An seiner Stelle ernannte er am 17. Januar Generaloberst Küchler.

Inzwischen wurden die beiden deutschen Korps bei Demjansk eingekesselt. Am 20. Januar brachen die Russen entlang des Lowat durch. Die deutschen Einheiten waren nun am West- und Ostufer des Flusses isoliert - es war nur noch eine Frage der Zeit, bis die Umkreisung der 16. Armee vollzogen wurde. Die schweren Kämpfe hielten drei Wochen an, während die Sowjets den Ring schrittweise schlossen. Am 8. Februar verbanden sich Einheiten der sowjetischen 11. und 1. Stoß-Armee 40 km westlich von Demjansk am Fluß Lowat; der sowjetische Ring hatte sich fest um das 2. und 10. Korps geschlossen und die 12., 30., 32., 193. und 290. Infanteriedivision sowie den Rest der *Totenkopf* eingeschlossen. Das Äquivalent von 15 russischen Infanteriedivisionen, unterstützt von Panzereinheiten, umzingelte im Kessel 95.000 Mann und 20.000 Pferde. Göring versicherte, der Kessel könne von der Luft aus versorgt werden, und Hitler wiederholte sein Rückzugsverbot. Die gefangenen deutschen Divisionen wurden angewiesen, ihre Stellungen zu halten, bis eine neue Front westlich des Lowat errichtet worden sei, von wo aus ein Befreiungsangriff unternommen werden könnte.

TOTENKOPF-STELLUNGEN IM DEMJANSK-KESSEL

Als sich der sowjetische Ring schloß, übernahm General Brockdorff-Ahlefeldt den Befehl über die Truppen im Kessel. Die verbliebenen Einheiten der Division *Totenkopf* wurden in zwei Kampfgruppen geteilt und mit Armeepersonal gemischt. Eicke sollte den Südwestteil des Kessels sichern, in dem viele Dörfer und Verbindungsstraßen lagen. Zwischen die deutschen Einheiten an beiden Ufern des Lowat war ein Keil getrieben worden, dessen Ausweitung unbedingt verhindert werden mußte. SS-Obersturmführer Max Simon stand mit der zweiten Kampfgruppe am nordöstlichen Rand des Kessels der sowjetischen 34. Armee gegenüber.

Die Russen warfen Brandbomben auf die Gebäude, um den Truppen des *Totenkopfs*, die im hüfthohen Schnee und bei Minusgraden kämpften, jede Zuflucht zu nehmen. An einigen Stellen hatten die sowjetischen Kräfte im späten Februar die deutschen Linien durchdrungen. Diese hatten eigene kleine Kessel geschaffen, da einzelne Dörfer abgeschnitten und umzingelt worden waren. Die Artillerie der Roten Armee hämmerte unaufhörlich auf Eickes Männer ein, was zu ständig steigenden Opferzahlen unter den Grenadieren der Waffen-SS führte. Die Lage am Boden wurde so verworren, daß die Truppen der *Totenkopf* von eigener Seite schwer bombardiert wurden und die Luftwaffe Nachschub hinter den sowjetischen Linien abwarf.

Eicke wandte sich direkt an Himmler um Ersatz, da er nunmehr um das schiere Überleben seiner übel zugerichteten Division fürchtete. Als Himmler endlich in der Lage war, etliche hundert Ersatzleute, die in den Kessel geflogen werden konnten, aufzustellen, erklärte die Luftwaffe, daß ihre Nachschubflüge nicht die Kapazität hätten, sie zu befördern.

Eickes Männer harrten verzweifelt aus, bis Mitte März Tauwetter einsetzte und die sowjetischen Angriffe abzuflauen begannen. Generalleutnant Walter von Seydlitz-Kurzbach sammelte am Westufer des Flusses Lowat ein Entsatzheer. Der Kessel von Demjansk wurde am 20. April befreit. Doch die schweren Prüfungen der Division *Totenkopf* waren noch nicht vorüber. Die Überbleibsel von Eickes einst mächtiger Division wurden an der Front belassen, um sicherzustellen, daß der deutsche Korridor offengehalten wurde. Abzug und Regenerierung mußten noch warten.

UNTEN: Die Glücklichen: Angehörige der Luftwaffe in warmer Winterkleidung in Rußland. Links sieht man Oberstleutnant Othmar Wolfan bei der Inspektion der Einrichtungen an der Ostfront. Die Waffen-SS schaffte es, für ihre Männer viel schneller Winterbekleidung zu organisieren als die Armee.

LINKS: Aneinandergekauert, um Wärmeverlust zu vermeiden, macht eine Motorradmannschaft der Waffen-SS eine Pause. Ihr Fahrzeug ist mit Schneeketten ausgerüstet, und die Männer tragen Winterbekleidung, doch die Kälte bleibt nagend. Ein SS-Oberstleutnant bemerkte über den ersten Winter in Rußland: „Wie kamen wir mit den abnormen klimatischen Bedingungen während des Winters 1941/42 zurecht? Ganz einfach, wir paßten uns rasch an. Die das nicht schafften, starben.“ Zehntausende schafften es nicht.

UNTEN: Neben dem strengen Winter gab es in der Sowjetunion auch jede Menge Sumpfland. Dies schränkte einerseits die Beweglichkeit der Deutschen stark ein. Große Moorlöcher konnten einen Mann oder ein Fahrzeug verschlucken. Zweitens konnten die Bewohner der Sümpfe russische Einheiten, die durch den deutschen Vormarsch abgeschnitten waren, in Sicherheit führen. Diese konnten das verletzliche Hinterland und die Verbindungswege der Deutschen angreifen. In Sümpfen zu operieren, war für die deutschen Truppen ein Alptraum, nicht zuletzt wegen der Stechmücken. Rechts ein hölzerner Fußsteg zum Durchqueren des Sumpfes.

LINKS: Schlamm – der Fluch des Soldaten an der Ostfront. Zwar tötete im Osten die Kälte rasch, doch der Schlamm zerbrach die Männer geistig und seelisch. Ganze Armeen steckten fest. Im Oktober 1941 etwa wurde die Division *Wiking*, die feindliche Einheiten bei Wolnowacha überraschen wollte, durch einen vierzehntägigen Regen, der die Gegend in einen Schlammsee verwandelte, fast völlig gelähmt, während sich die Russen umgruppierten.

UNTEN: Ein deutsches Halbkettenfahrzeug zieht einen Lastwagen aus dem Schlamm. Die Deutschen merkten bald, daß Ketten- und Halbkettenfahrzeuge in Rußland unerläßlich waren. Bei Regen wurde der Transport auf Rädern entweder querfeldein verlegt oder durch die schlechtesten Strecken von Kettenfahrzeugen gezogen. Auf den Hauptstraßen hatten Fahrzeuge, die Munition oder Benzin beförderten, Vorrang, und unter besonders schlammigen Bedingungen wurden Fahrzeuge mit Rädern von der Straße genommen, um den Weg für Ketten- und Halbkettentransportmittel freizumachen. Selbst Kettenfahrzeuge blieben oft stecken oder brachen zusammen. Truppen wie die Division *Das Reich* wurden dadurch völlig entkräftet. Ende Oktober 1941 waren die Soldaten nach Kämpfen auf schlechtem Terrain, ohne warme Mahlzeiten und bei entsetzlichem Wetter völlig ausgelaugt. Sie litten unter Erfrierungen und Magenkrankheiten, und ein Divisions-Bericht nach Berlin meldete: „Eine mehrtägige Rast, möglichst in geheizten Unterkünften, ist für den Erfolg jedes neuen Angriffs wesentlich." Der Bericht wurde nicht zur Kenntnis genommen.

DEMJANSK

Die Zähigkeit der Division *Totenkopf* im Demjansk-Kessel 1942 verhinderte eine totale deutsche Niederlage in Nordrußland, doch der Preis für den Erfolg war schrecklich.

RECHTS: Auf Ausguck nach dem nächsten russischen Angriff am Rande des Demjansk-Kessels. Anfang Februar 1942 war die Division *Totenkopf* in zwei Teile aufgespalten worden, die in den zwei meistumkämpften Gebieten des Kessels Stellung bezogen. Da 15 Divisionen der Roten Armee 95.000 deutsche Soldaten eingeschlossen hatten, schien es unausweichlich, daß diese ausgelöscht würden.
Hitler jedoch benannte den Kessel „Die Festung Demjansk" und verbot jeden Ausbruchsversuch.
Dies gefiel den Männern der *Totenkopf*, deren Kampfgeist zu jener Zeit vom Historiker Charles Snydor so zusammengefaßt wurde: „Für Eicke und seine SS-Männer gab es kein Infragestellen des Befehls Hitlers, standzuhalten und bis zum letzten Mann zu kämpfen. Dies war die Art Befehl, die die verbissenen *Totenkopf*-Soldaten am besten verstanden, und der Typ von Aufgabe, auf welchen sie an der Ostfront nur wenig Aussichten hatten."
Zugunsten der Division *Totenkopf* sprach, daß Eickes Männer wirkungsvoller als die Armee bei schlechtem Wetter kämpfen konnten, da sie über genügend Winterbekleidung verfügten. Diese kam aus einem Vorratslager aus konfiszierten Gütern in Riga, das die SS für den Einsatz in Nordrußland kontrollierte. Tatsächlich klagten Eickes Männer schon bald, daß die Winterkleidung zu sperrig sei, die Beweglichkeit ihres Trägers einschränkte und seine Sicht behinderte.

LINKS: Eine Pause zwischen russischen Angriffen. Die Anstrengungen der Roten Armee, den Kessel auszulöschen, häuften sich in der letzten Februarwoche 1942. Zu dieser Zeit war die Division *Totenkopf* auf zwei Kampfgruppen aufgeteilt, und Eickes Kampfgruppe, am Westrand des Kessels, wurde gnadenlos mit schwerem Artilleriefeuer beharkt. Zur gleichen Zeit erweiterten die Russen den Umfang und die Intensität ihrer Infanterie- und Panzerangriffe. Doch entgegen jeder Wahrscheinlichkeit hielten die Soldaten der Waffen-SS die Stellung.

OBEN: Um den Soldaten der Division *Totenkopf* jede Zuflucht zu nehmen, warf die Luftwaffe der Roten Armee Brandbomben auf alle Gebäude im Kessel. Die Kämpfe wurden so heftig, daß die russischen Angriffe nur gestoppt werden konnten, wenn die SS-Grenadiere alle Angreifer vernichtet hatten. Diese Kämpfe waren für die Waffen-SS zermürbend. In der dritten Februarwoche bestand Eickes Kampfgruppe, die einen 12,8 km langen Frontabschnitt verteidigte, aus 36 Offizieren, 191 Unteroffizieren und 1233 Männern anderer Ränge. Eickes einziger Befehl lautete, standzuhalten. Er war überzeugt, daß überlegene Willenskraft und fanatischer Widerstand die russische Offensive schließlich beenden würden. So führte Eicke seine Männer bis an die Grenzen ihrer Widerstandsfähigkeit.

UNTEN: Ende Februar 1942 waren die deutschen Linien im Kessel an mehreren Punkten von den russischen Kräften durchbrochen worden. Die wenigen noch einsatzfähigen deutschen Panzer gingen daran, jene Einheiten zu verstärken, die am meisten unter Druck standen. Eickes Männer waren in eine Reihe von vereinzelten Kesseln gedrängt worden, da einzelne Dörfer umzingelt waren. Die Verluste stiegen dramatisch an. Verwundete konnten nicht mehr ins Hospital in Demjansk gebracht werden, doch die Division *Totenkopf* kämpfte weiter. Mitte März hatte Eicke 7000 Männer verloren, und als sie schließlich im Oktober 1942 von der Front abgezogen wurden, waren nur noch 6400 Soldaten am Leben. Am Beginn von „Barbarossa" zählte der *Totenkopf* über 18.000 Mann.

OBEN: Soldaten der Division *Totenkopf* schleppen mit Maultieren Nachschub durch den Schnee. Nach dem Nachlassen der russischen Angriffe auf den Demjansk-Kessel am 20. März schätzte Eicke, seine Division habe der Roten Armee Verluste in Höhe von 22.279 Mann zugefügt. Über den Zustand seiner eigenen Truppe übermittelte im April ein SS-Arzt einen Bericht an Max Simon, den stellvertretenden Divisionskommandanten, der besagte, daß einige der Soldaten in derart schlechter Verfassung seien, daß sie KZ-Insassen glichen (im nachhinein eine in jeder Hinsicht aufschlußreiche Bemerkung), und dies aufgrund unzureichender Ernährung, extremer Kälte und mangelhaftem Quartier. Medizinisch gesehen, waren die meisten von ihnen für weitere Einsätze untauglich.

UNTEN: Skier halfen dabei, auf dem gefrorenen Boden querfeldein vorwärts zu kommen. Die Kampferfahrung im russischen Winter hinterließ bei den einzelnen Soldaten der Waffen-SS einen tiefen Eindruck. Ein Grenadier der *Leibstandarte* schrieb über einen russischen Angriff nahe des Don im November 1941: „Sie kamen in solchen Mengen, daß es betäubend war. Wir schlugen sie ab, und als sie über das Eis zurückgegangen waren, war die ganze Fläche auf beiden Flanken und vor unseren Stellungen mit Toten bedeckt. Sie waren ganz richtig tot … Verwundete sterben schnell; das Blut gefriert, wenn es aus dem Körper fließt, und eine Art tödlicher Schock setzt ein. Leichte Wunden, die im Sommer in drei Tagen verheilen, bringen einen im Winter um."

LINKS UND UNTEN: Die Medaille für den Winterfeldzug in Rußland 1941–42. Die Truppen an der Front nannten sie sarkastisch „Gefrorenes Fleisch-Medaille“ (ihr Galgenhumor wurde durch Szenen wie jene links unten genährt, wo Soldaten der Waffen-SS die gefrorene Leiche eines ihrer Kameraden ziehen, damit er ein anständiges Begräbnis erhalte). Die Medaille wurde von Hitler am 26. Mai 1942 für den Rußlandfeldzug eingeführt. Die Medaille bezog sich auf Einsätze zwischen dem 15. November 1941 und dem 15. April 1942, und auf Befehl des Oberkommandos der Wehrmacht wurden ab 4. September 1944 keine Vorschläge zur Verleihung mehr angenommen. Sie wurde auf dem Medaillenspiegel getragen, und obgleich „nur“ die Medaille eines Feldzuges, rangierte sie über der Medaille für Kriegsverdienste. Die Kriterien für eine Auszeichnung waren: vierwöchige Beteiligung an den Kämpfen im Zentrum des Geschehens; mindestens zweimonatiger Aufenthalt im Zentrum des Geschehens; Erleiden einer Verwundung in der Kampfzone; Erleiden von Erfrierungen (Erfrierungen konnten in Rußland ernst sein, und dies erklärt, weshalb ein Verwundeten-Abzeichen für eine nichtmilitärische Verwundung verliehen werden konnte). Auch das Personal der Luftwaffe war für die Auszeichnung qualifiziert, wenn es 30 Tage über feindlichem Gebiet verbracht hatte. Sie wurde von SS-Unterscharführer Ernst Kraus entworfen.

OBEN: Deutscher Nachschub auf Pferdeschlitten auf dem Weg zur Front. Die russische Gegenoffensive ab Dezember 1941 brachte die deutsche Armee im Osten in eine Krise. Bei Angriffen über eine Front von 1600 km hatte die Rote Armee die Gebiete von Moskau und Tula und Teile der Regionen von Kalinin, Smolensk, Orel und Kursk gesäubert und etwa 60 Städte befreit. An einigen Stellen wurde die deutsche Armee 320 km weit zurückgeschlagen. Die Generäle hatten enorm viele Männer und Kriegsmaterial verloren: 500.000 Mann, 1300 Panzer, 2500 Geschütze und über 1500 Fahrzeuge. Die Waffen-SS selbst verzeichnete verheerende Opferzahlen, da sie bereits vor der russischen Offensive über 8000 Tote und 28.000 Verwundete zu beklagen hatte; die Division *Das Reich* hatte 60 Prozent ihrer Kampfkraft eingebüßt. Himmlers Legionen hatten bewundernswürdige Leistungen vollbracht und Hitlers Befehl, standzuhalten, buchstabengetreu erfüllt (was auf lange Sicht verheerende Folgen haben sollte, denn Hitler glaubte, die deutsche Armee in Rußland habe den ersten Winter aufgrund seiner Beurteilung der Lage überlebt. In den folgenden Jahren sollte seine Fixierung auf „kein Rückzug“ verheerende Auswirkungen an der Ostfront haben, da er sich verbissen an jeden Meter Boden klammerte, während die Rote Armee an seinen Einheiten vorüberfegte), doch die Verluste an Männern, besonders an Offizieren, waren erschreckend gewesen. Andererseits war die Leistung der Waffen-SS durch Hitler nicht unbemerkt geblieben, und ihr militärisches Ansehen war enorm gestiegen.

OBEN: Grenadiere der Division *Totenkopf* während der Frühphase der Kämpfe im Kessel von Demjansk. Beachten Sie, daß die Gebäude noch stehen, was sich ändern sollte, als die Artillerie der Roten Armee alle Gebäude im Kessel in Schutt legte, um den Deutschen jede Zuflucht zu nehmen.

OBEN: Ein Panzer II im Januar 1942 an der Ostfront. Im Februar hatte die russische Gegenoffensive nachgelassen, und im März hatten die Deutschen die Front stabilisiert. Ihre Verluste seit Beginn von „Barbarossa" stiegen auf über drei Millionen Opfer, 35 Prozent der Streitkräfte waren betroffen. Etwa 200.000 Mann waren tot, während die Waffen-SS Verluste von 43.000 Mann erlitten hatte. Es war offensichtlich, daß die Quote deutschstämmiger Rekruten für die Waffen-SS, die das Oberkommando der Wehrmacht bewilligte, nicht ausreichen würde, die Verluste zu ersetzen. Man würde also Ausländer finden müssen, um die Lücken zu füllen.

RECHTS: Ein deutsches Kommando im Februar 1942 in Rußland. Ein SS-Hauptsturmführer schrieb über jene Zeit: „An die Verteidigungsschlachten des Winters 1941–1942 werde ich mich wegen der reinen Schönheit des Kampfes immer erinnern. Viele von uns starben schrecklich, einige sogar als Feigling, aber für alle, die auch nur kurz da draußen lebten, war es das bittere Leiden und die Gefahr wert ... Wir dachten nicht an uns und nicht einmal an Deutschland, sondern lebten nur für den nächsten Kampf, das nächste Treffen mit dem Feind."

KAPITEL 10

Metamorphose

Neuordnung und Erweiterung der Waffen-SS

LINKS: Rekruten der Waffen-SS aus Belgien, Luxemburg und Holland. Für die SS-Ideologen waren sie „von gutem germanischem Stamm".

GEGENÜBER: Ein Truppentransportzug bringt Mitglieder der Ordnungspolizei an die Ostfront. Sie wurden später in die Waffen-SS übernommen.

Das zweite Kriegsjahr in Rußland, 1942, erlebte das Wachsen und die Neuorganisation der Waffen-SS. Es war das Jahr der Geburt der SS-Panzer- und Panzergrenadierdivisionen. Die Kaderdivisionen der Waffen-SS waren bis 1942 voll motorisiert. Da jede ein Panzerregiment besaß, waren sie im Grunde, bis auf den Namen, Panzerdivisionen. Bis Ende 1942 wurden sie offiziell in SS-Panzergrenadier-Divisionen umbenannt, und ihre Infanterieregimenter wurden bald darauf als SS-Panzergrenadier-Regimenter bezeichnet. Der Hintergrund der Anfänge der ersten Divisionen der Waffen-SS und ihrer Entstehung während der Frühphasen des Zweiten Weltkriegs aus den paramilitärischen Formationen der bereits bestehenden SS erleichtert das Verständnis der nun folgenden Entwicklung und Erweiterung.

DIE WAFFEN-SS WIRFT IHRE NETZE AUS

Der Kern der ersten dieser Divisionen war die *Leibstandarte SS Adolf Hitler*, die persönliche Leibwache des Führers. Die zweite SS-Division wurde aus der SS-Verfügungstruppe gebildet, die zur Division *Das Reich* wurde. Die dritte SS-Division bestand aus Teilen der SS-Totenkopfverbände, und die vierte der Divisionen Himmlers bildete die deutsche Polizei. Die Totenkopfverbände, die nicht zur Schaffung der Division *Totenkopf* herangezogen worden waren, wurden zum Kader für andere, wie die 6. SS-Gebirgsdivision *Nord*, die 8. SS-Kavalleriedivision *Florian Geyer* und die 18. SS-Freiwilligen-Panzergrenadier-Division *Horst Wessel*.

Von den Trägern deutschen Blutes, die außerhalb des Dritten Reichs lebten, den sogenannten Volksdeutschen, meldeten sich so viele zum freiwilligen Dienst in der Waffen-SS, daß sie ganze Divisionen bildeten; am bekanntesten ist die 7. SS-Freiwilligen-Gebirgsdivision *Prinz Eugen*.

Nach den Eroberungen in West- und Nordeuropa meldeten sich Freiwillige aus den sogenannten „nordischen" Ländern, die in die deutschen Waffen-SS-Divisionen einbezogen wurden. Schließlich wurden auch nichtgermanische Westeuropäer in Divisionen gegliedert, was Himmlers hochtrabende rassische Kriterien für die Mitgliedschaft in der SS untergrub. Nicht ohne Ironie war die Bildung von SS-Divisionen aus Freiwilligen, die für Nazi-Theoretiker offiziell als Angehörige „minderwertiger Rassen" galten.

DIE WAFFEN-SS ÄNDERT IHRE SCHLACHTORDNUNG

Die Geschicke des Kriegs veränderten die Strukturen der Divisionen der Waffen-SS: Die Divisions-Schlachtordnung änderte sich ständig, und Einheiten wurden während ihres relativ kurzen Bestehens dauernd umbenannt, vor allem wenn ihre Mutter-Divisionen teilweise oder ganz motorisiert waren. So konnte ein Regiment zunächst als Schützen-Regiment bezeichnet werden, dann als Infanterie-Regiment, hierauf als Grenadier-Regiment und schließlich als Panzergrenadier-Regiment. Einheiten wurden von einer Division zur andern verlegt und umbenannt, während andere *en gros* neu in Waffen-SS und Wehrmacht eingeteilt wurden.

Divisionen der Waffen-SS konnten wie beim Heer in Korps gegliedert sein, die bei Bedarf eine Armee bilden konnten. Wie die meisten großen Militärorganisationen errichtete die Waffen-SS während des Kriegs mehrere Hauptquartiere.

LINKS: Flämische SS-Freiwillige bei einem Vortrag über Hitlers „Kreuzzug gegen den Bolschewismus". Der Reichsführer SS Himmler war eifrig um geeignete germanische Freiwillige für seine Waffen-SS bemüht und bemerkte: „Wir müssen alles nordische Blut in der Welt an uns binden und so unsere Feinde seiner berauben."

Von hier aus erfolgte die taktische Leitung der Felddivisionen durch Korpstruppen. Zunächst bildeten zwei Divisionen ein Korps, doch bald wurden sie aus allem, das verfügbar war, aufgestellt. Infolge der ständigen Bewegungen der mobilen Divisionen und der Erfordernisse des Kriegs konnten die SS-Korps aus reinen SS-Truppen, aus SS- und Heerestruppen oder sogar nur aus Heerestruppen bestehen. Die Zahl der Angehörigen war von Korps zu Korps unterschiedlich, meist waren die zuerst gebildeten Korps stärker. Und manchmal war die Bezeichnung als Korps lächerlich.

EICKES GESPENSTERKORPS

Anfang 1942 sollten in Rußland die Reste von Eickes einst mächtiger Division *Totenkopf* von der Front abgezogen werden. Doch angesichts der militärischen Lage waren die Prüfungen der Division *Totenkopf* noch lange nicht vorbei. Obwohl sie in einem furchtbaren Zustand war und dringend neu ausgerüstet werden mußte, befahl ihr Hitler, in der Demjansk-Frontausbuchtung zu verharren und den Korridor um jeden Preis offenzuhalten. Armee und SS-Truppen im westlichen Teil der Frontausbuchtung wurden unter dem Kommando Theodor Eickes zu einem neuen Korps verbunden. Tatsächlich jedoch betrug die Stärke dieser Formation nur die Hälfte einer einzigen Division. Eickes Pessimismus bezüglich der Lage der Division *Totenkopf* wurde von Generaloberst Busch geteilt, der sofort 5000 frische Männer anforderte, damit die Einheit ihre Aufgaben weiterhin erfüllen konnte. Sie erhielt jedoch von Reichsführer SS Himmler nur 3000 Mann.

Die Rote Armee ging im Mai 1942 zur Offensive über, und der Korridor ließ sich nur sehr schwer offen halten. Als der Sommer kam, verstärkten sich die russischen Angriffe, was Eickes Korps sehr schwächte. Als Mitte Juni dem völlig erschöpften Eicke Fronturlaub befohlen wurde, übernahm SS-Oberführer Max Simon das Kommando. Am Ende seines Urlaubs wurde Eicke zur Berichterstattung ins Führer-Hauptquartier in Rastenburg befohlen, wo er von Hitler persönlich mit dem Eichenlaub zu seinem Ritterkreuz ausgezeichnet wurde, dessen 88. Träger er nun war. Eicke wies bei dieser Gelegenheit auf den erschreckenden Zustand seiner verbliebenen Truppen hin. Der Führer verweigerte der Division *Totenkopf* trotzdem die Erlaubnis, sich von der Demjansk-Frontausbuchtung zurückzuziehen, versprach Eicke aber, seine Einheit zu einer vollausgebauten Panzergrenadier-Division mit eigenem Panzer-Bataillon zu machen, sobald sie sich schließlich zurückziehen dürfe. Bis dahin sollte Eicke auf Urlaub bleiben.

EINE NEUE DIVISION ENTSTEHT IM SCHLACHTKESSEL

Anfang Juli 1942 übten die Sowjets starken Druck auf die Division *Totenkopf* aus, und SS-Oberführer Max Simon plädierte verzweifelt für den Rückzug der Division, ehe sie vernichtet würde, was nur noch eine Frage der Zeit schien. Eicke, der Simons Berichte verfolgte, plädierte wieder für den Rückzug der Division. Doch Hitler beharrte, daß sie standhalten müsse, bis die Frontausbuchtung genügend gefestigt sei, um zukünftige feindliche Angriffe auszuhalten (man schätzte, daß das X. Korps weitere 6–8 Wochen brauchen würde, ehe es die Front erreichte). Am 17. Juli folgten neue massive sowjetische Angriffe auf die erschöpften *Totenkopf*-Truppen. Die Verteidiger von Wassiljewtschina wurden am folgenden Tag bis auf den letzten Mann aufgerieben. Angesichts dieser roten Sturmflut widersetzte sich SS-Oberführer Simon dem direkten Befehl seiner Armeevorgesetzten und verweigerte einen sofortigen Gegenangriff. Wenn die Armee ihn wolle, sagte er, solle sie ihn selbst durchführen. Also griff die 8. leichte Division anstelle des *Totenkopfs* an. Sie vermochte die Russen nicht aus ihren Stellungen zu vertreiben und erlitt bei dem Unternehmen schwere Verluste.

Die sowjetischen Angriffe gingen weiter, obwohl sich das Wetter verschlechterte. Im schenkelhohen Schlamm fochten beide Seiten bis zum 30. Juli, dann ließen die sowjetischen Angriffe nach - gerade rechtzeitig, denn die SS-Truppen pfiffen aus dem letzten Loch. Die Folgen der langen Kämpfe in der sumpfigen Umgebung begannen sich zu zeigen: Krankheiten breiteten sich epidemieartig aus, die Soldaten litten an Durchfall, Lungenentzündung und anderen quälenden Leiden. Voll Ärger verlangte Eicke nochmals von Hitler den Rückzug seiner Division. Ansonsten solle der Führer Eicke erlauben zurückzukehren, um mit seinen Männern an der Front zu sterben. Hitler lehnte - kaum überraschend - ab.

RETTUNG IN LETZTER MINUTE

Am 6. August gerieten der Nord- und Südrand des Korridors unter schweren Beschuß der sowjetischen 11. Armee und des 1. Gardekorps. Die Division *Totenkopf* erlitt neue Verluste, und in einer letzten Anstrengung gesellte sich das nichtkämpfende Personal - Schreiber, Mediziner, Militärpolizei und selbst die Köche - zu seinen Kameraden und füllte die Gräben. Sie standen und erwarteten den sicheren Tod.

Doch der Himmel öffnete sich, und sturzflutartige Regenfälle bewahrten die Division *Totenkopf* davor, überrannt zu werden. Zwei Tage lang setzten alle militärischen Operationen aus, und während der nächsten Woche konnten die Soldaten genügend Kräfte sammeln, um den Feind in Schach zu halten. Doch nun hatte das sogenannte Korps nur noch 7000 Mann, die meisten davon nichtkämpfendes Personal.

Am 25. August fanden neue russische Angriffe statt. Die Division *Totenkopf* wurde in zahlreiche isolierte Gruppen zersplittert, doch alle Angriffe wurden erfolgreich abgewehrt. Simons Einheit hielt entschlossen ihre Stellungen, doch binnen weniger Stunden fielen mehr als tausend Männer. Die böse zugerichtete Division *Totenkopf* erhielt Eicke zurück, doch er mußte jede Woche nach Deutschland, um die Vorbereitungen für ihren Wiederaufbau zu überwachen.

Der *Totenkopf* wurde endlich im Oktober 1942 abgezogen und in ein neues, mächtiges Korps integriert. Dieses SS-Generalkommando wurde von Hitler am 13. Mai 1942 verfügt und am 28. Mai autorisiert. Die Bildung des Korps sollte laut Befehl vom 9. Juli 1942 in Deutschland stattfinden. Später in diesem Monat wurde es nach Nordfrankreich verlegt, um sich mit den Infanterie-Divisionen zu verbinden, die sich nach ihrem Einsatz an der Ostfront als gepanzerte Divisionen neu formierten. Sein Hauptquartier wurde am 1. Juni 1942 in SS-Generalkommando (Panzer) umbenannt.

Das Korps bestand aus der *Leibstandarte* und den Divisionen *Das Reich* und *Totenkopf*. Alle waren neu aufgebaut und in Panzergrenadier-Divisionen umgeformt worden, obgleich sie eigentlich Panzerdivisionen waren. In der Weißglut des Kampfes in Rußland gehärtet, zusammengesetzt aus kampferprobten Veteranen, erfüllt vom Kampfgeist der Waffen-SS und verschwenderisch mit den neuesten schweren Waffen ausgestattet, ließ dieses neue Korps - das I. SS-Panzer-Korps - Hitler hoffen, er könne 1943 die Rote Armee zerschmettern.

Und so wurde in der zweiten Januarwoche 1943 auf Hitlers Eilbefehl hin das neue Korps, so schnell es nur irgend ging, an die Ostfront gebracht. Seine Divisionen erhielten beim Schienen- und Straßentransport zur Front erste Priorität. Als erste erreichten das Regiment *Der Führer* und die Division *Das Reich* die Front. Ein neues Kapitel in der Geschichte der Waffen-SS sollte nun beginnen.

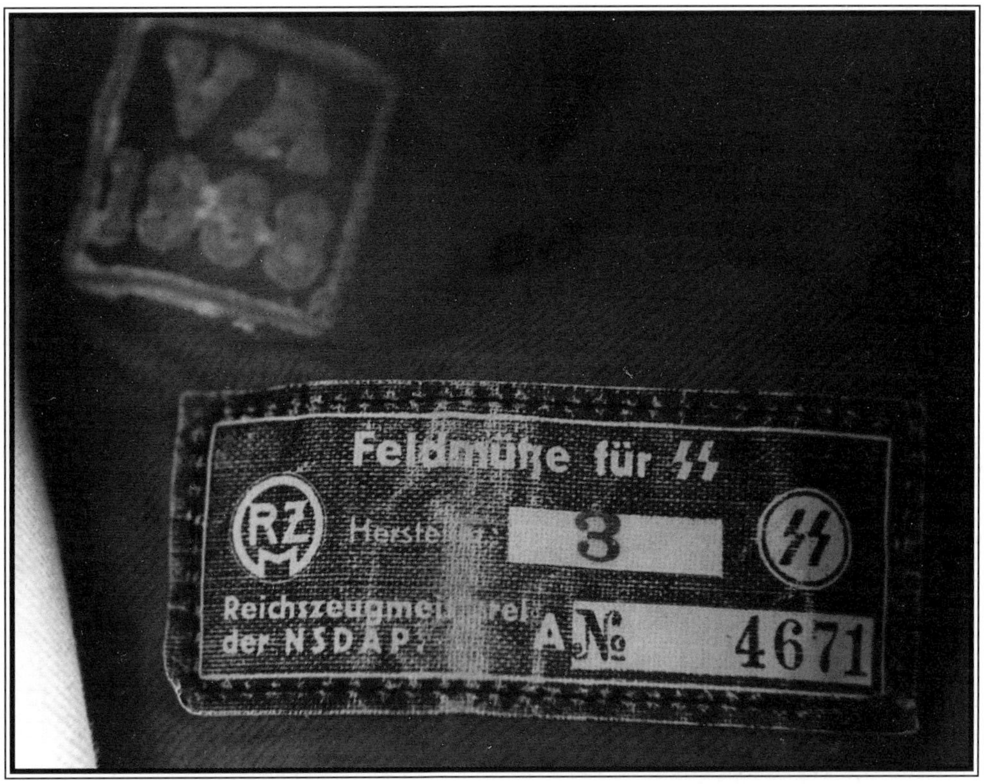

RECHTS: Die Reichszeugmeisterei (RZM) kontrollierte die Herstellung aller Gegenstände der Nazi-Partei. Die Organisation hatte ihren Sitz im Braunen Haus in München und den Hauptquartieren der Partei in Berlin. Wie man hier sieht, trugen alle Gegenstände der RZM ihr Logo, einen Code und eine Seriennummer.

WIEDERGEBURT DER PRÄTORIANER

Der Kampfgeist der Hauptdivisionen der Waffen-SS in Rußland 1941–1942 führte zu ihrer Neuformierung als Panzerdivisionen; sie gehörten zu den stärksten der Wehrmacht.

LINKS: Die Armbinde der 1. SS-Panzerdivision mit Rändern aus Aluminiumdraht und einem hellbraunen Schriftzug, maschinengestickt in der Anfang 1940 eingeführten Sütterlin-Schrift. Die Reichswehr hatte eine Zeitlang Armbinden und Aufschriften verwendet, eine Praxis, die die Nazis fortsetzten. Die erste wichtige lautete im Gedenken an die früheren Stoßtrupp-Männer „Stoßtrupp Adolf Hitler".

UNTEN: Schon im Januar 1942 hatte Hitler angeordnet, daß die *Leibstandarte* und die Division *Das Reich* über je ein Panzerbataillon verfügen sollten, und Ende Mai wurden auch den Divisionen *Totenkopf* und *Wiking* Panzerbataillone zugeteilt. Ende 1942 waren die Divisionen *Leibstandarte, Das Reich* und *Totenkopf* voll als Panzergrenadier-Divisionen ausgerüstet (obwohl sie, als sie Anfang 1943 an der Front ankamen, in Wirklichkeit Panzerdivisionen waren). Hitler befahl im Dezember 1943 die Schaffung zweier neuer gepanzerter SS-Divisionen – *Frundsberg* und *Hohenstaufen* – und ließ Anfang 1943 eine zu, die sich aus der Hitlerjugend rekrutierte. Diesen Einheiten wurde die beste verfügbare militärische Ausrüstung zugeteilt, darunter der hier abgebildete Tiger-Panzer.

LINKS: BeVo-Armbinden für die Divisionen *Das Reich, Hohenstaufen* und *Totenkopf,* eingeführt 1943. Der Name „BeVo" stammt von dem Markenzeichen, das sich auf den gewebten Aufschriften vieler militärischer und politischer Organisationen des Dritten Reichs findet. „Be" steht für „Beteiligung" und „Vo" für „Vorsteher". Bei der Fusion der Firmen von Lukas Vorsteher aus der Lenneper Straße 50 und von Ewalda Vorsteher aus der Kreuzstraße 72, beide in Wuppertal, entstand ein neues Logo: BeVo-Wuppertal. BeVo wurde direkt zum Synonym für die verwendete Art, die Aufschriften in der sogenannten Jacquard-Technik einzuweben.

RECHTS: Maschinengewebte Armbinden für die 10. SS-Panzerdivision *Frundsberg,* BeVo-Muster, eingeführt 1943. Am 1. Juni 1943 wurde die Division 10. SS-Panzergrenadier-Division *Karl der Große* getauft, doch keine Armbinde mit diesem Titel wurde je verliehen. Am 3. Oktober 1943 wurde die Division in *Frundsberg* umbenannt und eine Armbinde mit dieser Aufschrift genehmigt. Die maschingewebte Armbinde der 12. SS-Panzerdivision *Hitlerjugend* ist ebenfalls ein BeVo-Muster und wurde am 24. Juni 1943 zum Tragen genehmigt. Die maschinbestickte Armbinde der 5. SS-Panzerdivision *Wiking* mit silbergrauen Drahtbuchstaben und Rändern aus Aluminiumdraht ist dagegen vom RZM-Typ.

LINKS: Waffen-SS-Brigadeführer Bronislaw Wladislawowitsch Kaminski, ein Russe mit polnischem Vater und deutscher Mutter. Er wurde in St. Petersburg geboren und war von Beruf Chemieingenieur. Die Sowjets hatten ihn fünf Jahre lang als „Ausländer", bürgerlichen Intellektuellen und potentiellen Abweichler inhaftiert. Nur wenige Monate vor der deutschen Invasion wurde er im Juni 1941 freigelassen. Die Regierung in Moskau liebte er nicht, und so wurde er einer von Tausenden, die den deutschen Invasoren ihre Dienste anboten. Kaminski, der fließend Deutsch sprach, stellte sich von ganzem Herzen hinter die Nazis. Der einzige Mißerfolg dieses glänzenden, wenn auch selbstherrlichen Organisators war sein Versuch, eine russische Nazi-Partei zu bilden. Im Januar 1942 eroberte die 2. Panzerarmee Lokot, eine Stadt auf halber Strecke zwischen Orec und Kursk. Unter Kaminskis Leitung wurde sie zum Muster der Selbstversorgung – sie besaß ihre eigenen Zeitungen, Krankenhäuser, Banken und ein eigenes Steuersystem. Der Nahrungsnachschub für die Wehrmacht kam stets pünktlich, und die Deutschen benötigten in Lokot nur einen kleinen Verbindungsstab. Bald dehnte sich Kaminskis Reich aus: Die ursprüngliche Selbstverteidigungs-Streitmacht von 500 Mann war im September 1943 zu einer Brigade von 10.000 Mann angewachsen, die in fünf Infanterieregimenter, eine Artillerieabteilung von 36 Feldgeschützen, eine gepanzerte Einheit aus 24 erbeuteten russischen T-34-Tanks und verschiedene Nachschubeinheiten gegliedert war. Diese Streitmacht trug den Namen „Russische Volksbefreiungsarmee" (RONA). Zu dieser Zeit befanden sich die Deutschen jedoch im Osten auf dem Rückzug, und so wurde die RONA nach Ratibor an der polnisch-tschechischen Grenze verlegt. Sie umfaßte jetzt 15.000 Mann und wurde von 10.500 Zivilisten und 1500 Kühen begleitet.

RECHTS: Ein Ärmel-Wappen der RONA aus schwarzem Kreuz auf weißem Grund, rot gerahmt. Darüber in Weiß die Buchstaben RONA (kyrillisch POHA), alles gemeinsam auf grauem Grund. Die amtliche Version des Wappens ist das St.-Georgs-Kreuz, eine zaristische militärische Auszeichnung, in Schwarz, auf weißem Grund; darüber in Gelb, schwarz gerahmt, die Buchstaben RONA. Im März 1944 wurde die RONA in Volksheerbrigade umbenannt, und im Juli wurde sie als SS-Stoßbrigade RONA in die Waffen-SS aufgenommen. Kaminski erhielt den Rang eines SS-Waffen-Brigadeführers, obwohl seine Leute für den Frontdienst ungeeignet waren und zur Schulung nach Ungarn geschickt wurden (interessant ist, daß die Nöte des Kriegs dazu geführt hatten, daß diese Russen nicht länger als „Untermenschen" bezeichnet wurden). Als sich im August 1944 die Polnische Heimatarmee in Warschau erfolglos erhob, wurde ein Regiment von 1700 Mann unter Oberstleutnant Wrolow von dieser Brigade abgestellt, um bei der Niederschlagung der Revolte zu helfen. Es traf am 5. August ein, wurde aber drei Wochen später auf Befehl Erich von dem Bach-Zelewskis wegen seines brutalen Benehmens und des Mangels an Disziplin abgezogen. Kaminski selbst wurde von der SS inhaftiert und wegen Plünderung angeklagt. Er wurde schuldig gesprochen und von einem Erschießungskommando hingerichtet.

UNTEN: Der russische Dissident Andrej Wlassow (zweiter von links), der aus russischen Gefangenen eine Russische Befreiungsarmee (ROA) bildete. Als Wlassow mit Himmler zusammentraf, fand er den Reichsführer SS bemerkenswert umgänglich und entgegenkommend. Himmler schlug die unverzügliche Bildung eines Komitees zur Befreiung der Völker Rußlands vor, dem der Status einer provisorischen Regierung für die Zeit zugesichert wurde, in der die Deutschen wieder große Bereiche des sowjetischen Gebiets kontrollieren würden (dies war Ende 1944). Das Komitee würde dann eine Armee aus fünf Divisionen aufstellen dürfen, von denen zwei sofort aktiviert werden sollten. Dazu kam es nie, dies zeigt aber, wie die Realität des Kriegs Himmlers Rassenpolitik verwässert hatte.

RECHTS: Drei junge rumänische volksdeutsche Freiwillige in den Bergen Jugoslawiens. Sie erhalten aus der mobilen Küche warme Mahlzeiten. Viele Volksdeutsche waren Bauern oder Handwerker, und oft gehörten Vater und Sohn derselben Einheit an.
Bereits 1940 wurden rumänische Volksdeutsche für den Dienst in der Waffen-SS ausgebildet. Im Mai jenes Jahres zum Beispiel wurden 1000 Mann rekrutiert; sie begannen im Juli im SS-Ausbildungszentrum in Prag einzutreffen.
Anfangs wurden die meisten volksdeutschen Rekruten als Ersatz in bereits bestehende SS-Einheiten gesandt. Viele von ihnen sprachen jedoch nur schlecht Deutsch, was zu Problemen bei der Befehligung führte.

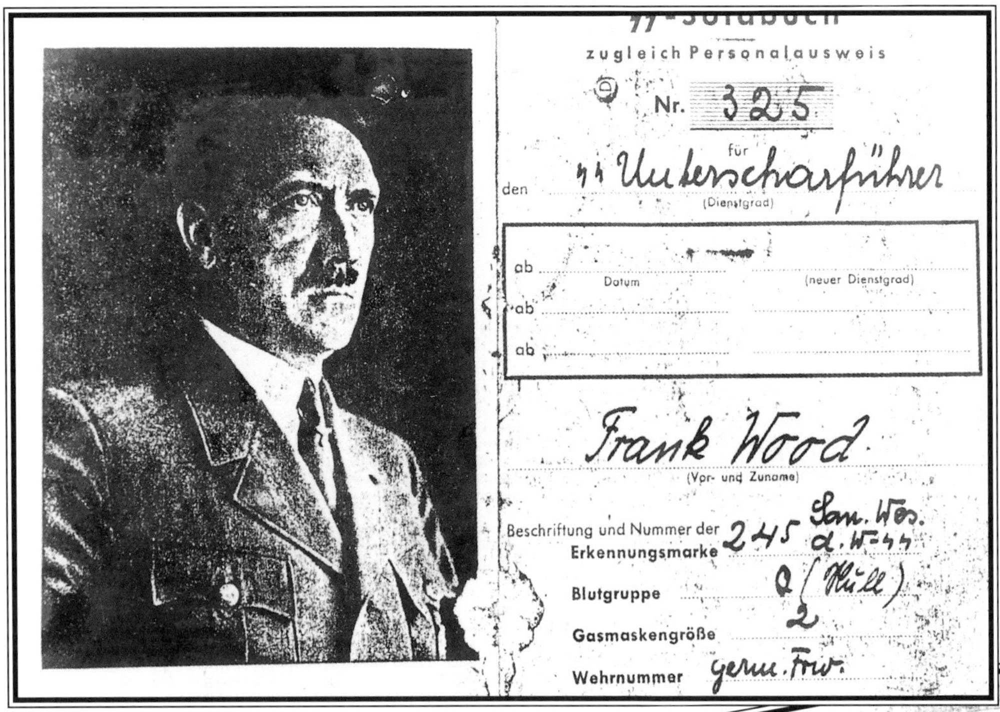
zugleich Personalausweis

Nr. 325

für

den ⚡ Unterscharführer

(Dienstgrad)

ab ... Datum ... (neuer Dienstgrad)

ab

ab

Frank Wood

(Vor- und Zuname)

Beschriftung und Nummer der Erkennungsmarke 245 San. Wes. d. W-SS

Blutgruppe O (Hill)

Gasmaskengröße 2

Wehrnummer germ. Frw.

LINKS: Ein SS-Soldbuch. Es trägt das Photo Adolf Hitlers und ist auf SS-Unterscharführer Frank Wood, alias Francis MacLardy, ausgestellt, einen Pharmazeuten, der im Juli 1939 zum britischen Militär eingezogen wurde. Im Mai 1940 diente er bei der Königlichen Samitätstruppe des Heeres in Frankreich. Am 31. geriet er bei Woermhoudt, dem Schauplatz einer Greueltat der SS, in Gefangenschaft. Später trat er dem British Free Corps, einer kleinen SS-Einheit, bei.

LINKS: Ein junger Freiwilliger der 14. Waffen-Grenadier-Division der SS *Galicia,* rekrutiert in der Westukraine. Das Bild ist mit 3. April 1944 datiert, dem Tag seines Eintritts. Am 28. April erfolgte ein Aufruf an Freiwillige, und etwa 70.000 Männer meldeten sich. Dies waren mehr als die für eine Division erforderlichen 14.000 Mann, und so wurde der Überschuß in die deutsche Polizei eingegliedert und bildete fünf neue Polizei-Divisionen.

OBEN: Frank Wood, Verfasser etlicher Rekrutierungsflugblätter für das British Free Corps. Diese betonten immer wieder den internationalen Aspekt des Kampfes gegen den Bolschewismus. „Wir kämpfen mit den besten der Jugend Europas, um unsere europäische Zivilisation vor der Bedrohung durch den jüdischen Kommunismus zu bewahren. TÄUSCHT EUCH NICHT! England gehört zu Europa.“ Der Appell stieß auf taube Ohren; die Einheit zählte weniger als 100 Mann.

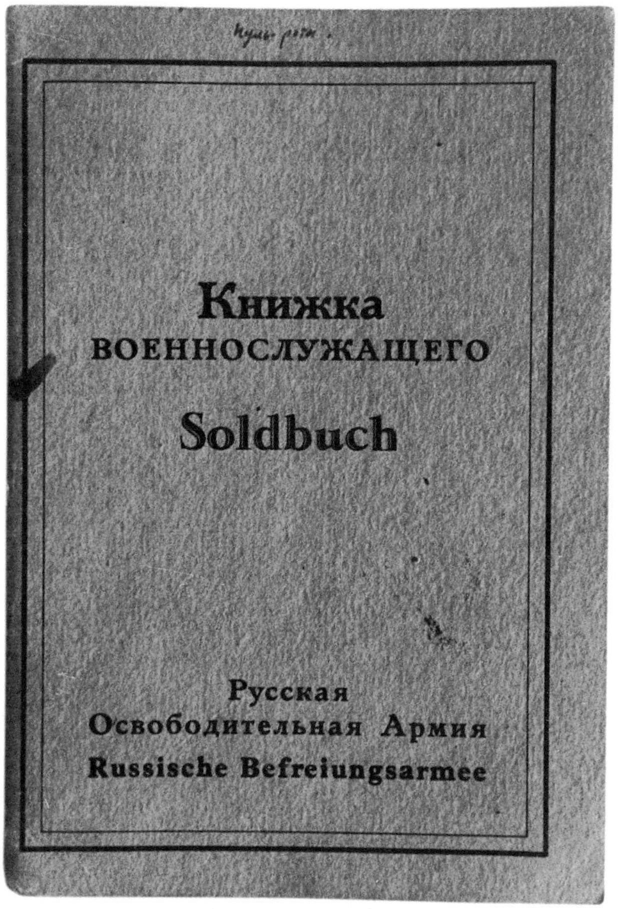
Книжка
военнослужащего
Soldbuch
Русская
Освободительная Армия
Russische Befreiungsarmee

LINKS: Das Titelblatt eines Soldbuchs der Russischen Befreiungsarmee. Es ist grün, der Titel ist sowohl deutsch als auch in kyrillischen Buchstaben geschrieben. Wlassow war Sowjet-General gewesen, der sich nach dem vergeblichen Versuch, Leningrad zu entsetzen, ergeben hatte. Verbittert darüber, daß Stalin ihn und seine Truppen im Stich gelassen hatte, war er für die Deutschen eine willige Marionette. Er führte das Russische Nationalkomitee an, das die Russen aufrief, sich der Bewegung für ein „neues Europa" anzuschließen. Anfang 1943 erhielt die Formation den Namen Russische Befreiungsarmee oder ROA – *Russkaia Osvobodit Armiia.* Trotz dieses großartigen Namens umfaßte seine „Armee" nie mehr als zwei Divisionen, und bei Kriegsende in Europa bestand sie aus nur mehr 18.000 Mann.

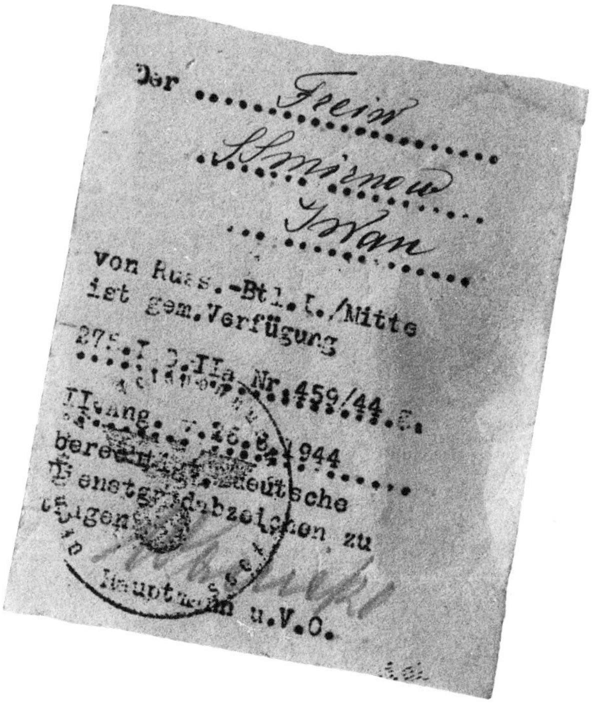
Der .... Freiw.
.... Smirnow
.... Iwan
von Russ.-Btl. I./Mitte
ist gem. Verfügung
Nr. 459/44
1944
berechtigt, deutsche
Dienstgradabzeichen zu
tragen.
Hauptmann u.V.O.

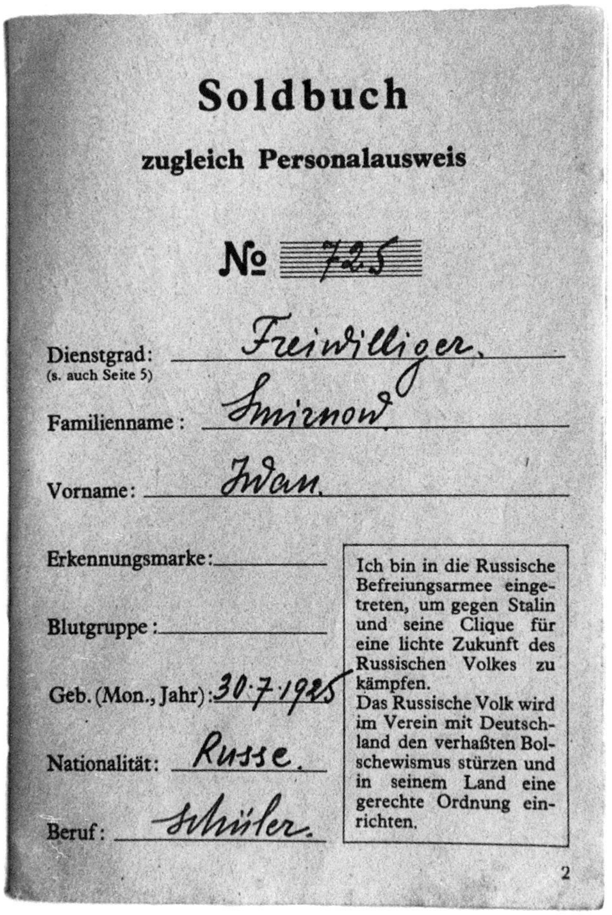
Soldbuch

zugleich Personalausweis

№ 725

Dienstgrad: Freiwilliger.
(s. auch Seite 5)

Familienname: Smirnow

Vorname: Iwan.

Erkennungsmarke:

Blutgruppe:

Geb. (Mon., Jahr): 30.7.1925

Nationalität: Russe.

Beruf: Schüler.

Ich bin in die Russische Befreiungsarmee eingetreten, um gegen Stalin und seine Clique für eine lichte Zukunft des Russischen Volkes zu kämpfen.
Das Russische Volk wird im Verein mit Deutschland den verhaßten Bolschewismus stürzen und in seinem Land eine gerechte Ordnung einrichten.

2

LINKS: Das Innere eines Soldbuchs der Russischen Befreiungsarmee. Als Besitzer nennt es den Freiwilligen Iwan Smirnow; sein Geburtstag ist der 30. Juli 1925. Ab Mitte 1944 unterschied Himmler zwischen den „untermenschlichen" Slawen in Rußland und den „überlegenen Elementen des russischen Volkes". Zufrieden, daß seine rassischen Richtlinien intakt blieben, konnte er so die Tausenden russischen Rekruten erklären, die die Abzeichen der SS trugen.

OBEN: Eine Seite aus dem Soldbuch des Russen Iwan Smirnow in deutschem Dienst. Hitler verbot den Einsatz von Russen in der Wehrmacht kategorisch, doch die schlimme militärische Lage im Osten nach Kursk führte dazu, daß sie in großem Maßstab rekrutiert wurden. Tausende wurden in der SS angeworben, zunächst für Anti-Partisanen-Einsätze, dann auch im Frontdienst, als die deutsche Kriegsmaschine die Rote Armee 1943–1945 aufzuhalten versuchte.

OBEN: Himmler mit SS-Gruppenführer Dr. Otto Wächter (rechts), dem Gouverneur von Galizien (der deutschen Bezeichnung für die Westukraine) von 1941 bis 1944. Er wollte eine ukrainische SS-Division aufstellen, ein Vorschlag, den Himmler akzeptierte, doch nur für ein Polizei-Regiment. Doch die deutschen Rückschläge im Osten führten bald dazu, daß das Regiment zu einer Militär-Division erweitert wurde. Links im Bild SS-Brigadeführer Fritz Freitag, der die galizische Division bis zum 27. April 1945 befehligte. Seine hochmütige Haltung seinen Männern gegenüber trug viel dazu bei, Wächters Arbeit zunichte zu machen.

RECHTS: Himmler verleiht in Avegoor bei Arnhem die erste Germanische Leistungsrune an 95 holländische und deutsche Sieger in der Trainingsschule der holländischen SS. Am Ende der Zeremonie lobte er die Leistungen der holländischen SS, insbesondere des Regiments *Westland.* Sodann erhob er die Holländische Freiwilligen-Legion feierlich zur Grenadierbrigade, der SS-Grenadierbrigade *Nederland.* Die Holländer zählten zu den besten ausländischen Rekruten, die in der Waffen-SS dienten.

LINKS: Ein ausländischer Träger des Ritterkreuzes: SS-Unterscharführer Remy Schrijnen, ein flämischer Freiwilliger, mit seiner Panzerabwehr-Kanone an der Ostfront. Seine Einheit, die Brigade *Langemarck,* wehrte im März 1944 in Nordrußland einen Panzerangriff ab. Bald stand Schrijnen allein auf Posten und lud und feuerte immer wieder sein Geschütz ab. In einem dramatischen Feuergefecht zerstörte er drei Josef-Stalin- und vier T-34-Panzer, ehe ein weiterer Panzer sein Geschütz zerstörte. Schrijnen wurde verwundet und später bei einem Gegenangriff gerettet.

UNTEN: SS-Unterscharführer der Reserve Remy Schrijnen, flämischer Angehöriger der Waffen-SS. Soldaten wie Schrijnen waren für Himmler ein Gottesgeschenk. Sie stellten ihre Leistungen als sichtbares Zeichen eines vereinigten „germanischen" Europa zur Schau, das den Bolschewismus an der Ostfront bekämpfte. Männer wie Schrijnen fochten wacker in Himmlers Diensten. Schrijnens Auszeichnungen sind eindrucksvoll: 1939 Eisernes Kreuz Zweiter und Erster Klasse, Ritterkreuz, Infanterie Angriffs-Abzeichen Silberne Klasse, 1939 Verwundeten-Abzeichen Goldene Klasse, Tollenaere Gedächtnis-Abzeichen und VNV Goldenes Parteiabzeichen.

LINKS: Ein großer Aufmarsch der *Dietsche Militie* (DM), der „Schwarzen Brigade", in Brüssel. Es handelte sich dabei um den freiwilligen „Stoßtrupp" des Vlaamsch Nationaal Verbond (VNV) Flanderns. Das Banner in der Mitte trägt die Gedächtnis-Abzeichen von Jois van Severen und dem Kommandanten der „Schwarzen Brigade", Reimond Tollenaere. Die DM sollte ein Rekrutierungsreservoire für die Waffen-SS werden, besonders während der Invasion in Rußland. Kurz danach wurde die Bildung einer Flämischen Legion verkündet, und am 6. August 1941 trat eine Abteilung von 405 jungen Flamen, in sie ein, die meisten von ihnen frühere Mitglieder der „Schwarzen Brigade", darunter Tollenaere. Die flämischen Rekruten fanden die Disziplin in der deutsch kontrollierten Legion härter als erwartet. Dies verursachte viele Beschwerden an das VNV-Hauptquartier, die an Himmler weitergeleitet wurden (der schließlich eine Reihe von Weisungen gab, um die schlimmsten Übelstände in der Behandlung der ausländischen Freiwilligen abzustellen). Die Freiwilligen-Legion *Flandern* wurde Anfang 1942 an den Nordabschnitt der Ostfront geschickt, wo sie schwere Verluste erlitt. Tollenaere fiel im Kampf und wurde so zum Horst Wessel des VNV.

RECHTS: Flämische Feldpost-Marken. Die westeuropäischen SS-Legionen wurden durch den Verkauf sogenannter Legions-Briefmarken unterstützt. Diese teilten sich in zwei Typen: Freiwillige Legion-Marken, die von den einzelnen Angehörigen der Legion sowie ihrer Familie und ihren Freunden gekauft und gemeinsam mit regulären Briefmarken verwendet wurden – sie hatten keinen Geschäftswert, sondern dienten dazu, Patriotismus und Treue zu beweisen. Die andere Art waren in jenem Land, in dem die Legion gebildet worden war, hergestellte Marken. Diese besaßen amtlichen Wert.

LINKS: Auch Belgien gab einen Satz Marken zur Ehre der Wallonen heraus, während sie eine Heereseinheit waren. Wie man sieht, tragen sie zwei Preise. Die erste Zahl bezeichnet den tatsächlichen Preis der Marke, während die zweite einen Wohltätigkeitszuschlag, in diesem Fall für die Wallonischen Legionäre, enthält. Hitler selbst autorisierte die nationalen Legionen einige Tage nach dem Einmarsch in die Sowjetunion, damit sie am „Kampf gegen den Bolschewismus" teilnehmen konnten. Zu dieser Zeit war Himmler nur an den von ihm so genannten „germanischen" Legionen interessiert, die sich aus Norwegern, Niederländern, Schweden, Dänen und Flamen zusammensetzten. Ehe die ersten Legionen an die Ostfront geschickt wurden, legte Himmler ihren Status fest: Die Legionäre standen unter deutschem Militärrecht und den Regeln der SS, ihr SS-Rang entsprach dem, den sie in ihrer nationalen Armee hatten, sie behielten ihre Staatsbürgerschaft und wurden durch einen persönlichen Eid auf Hitler verpflichtet, und sie sollten den SS-Sold und Ausgleichszahlungen für ihre Angehörigen erhalten. Ihre Uniform war die der SS, mit einem nationalen Emblem anstelle der SS-Runen. Das Konzept der Legion sollte schließlich wegen der schlechten Behandlung in den SS-Trainingslagern, darauffolgender Desillusionierung der Rekruten und der schweren Verluste an der Ostfront zusammenbrechen. Doch der Zustrom westeuropäischer Rekruten in die Waffen-SS hielt an. Die letzte Zählung ergab: 50.000 Holländer, 40.000 Belgier (Flamen und Wallonen), 20.000 Franzosen, 6000 Dänen, 6000 Norweger und 1200 Schweizer, Schweden und Luxemburger. Diese Rekruten zählten zu den besten ausländischen Freiwilligen der Waffen-SS. Sie sollten eine der SS-Elitedivisionen bilden: die 5. SS-Panzerdivision *Wiking.*

FÜR TAPFERKEIT

Im Laufe des Krieges gab es immer neue Auszeichnungen für deutsche und ausländische Freiwillige. Ihre Träger konnten zu Recht stolz auf ihre Leistungen sein.

OBEN: Das Tollenaere-Gedenkabzeichen, das an den Tod Reinmond Tollenaeres, des Führers der flämischen „Schwarzen Brigade", erinnern sollte. Er fand am 22. Januar 1942 bei Kopzy nahe Leningrad den „Heldentod". Danach führte die Leitung des VNV zu seinem Gedächtnis dieses Abzeichen als Anerkennung für Treue und Opfer ein. Es wurde an der linken Tasche der Uniform getragen.

LINKS: Großes Ehrenabzeichen der Hitlerjugend mit Eichenlaub. Es wurde für besondere Dienste in oder für die Hitlerjugend verliehen; nur 250 Personen erhielten es. Mitglieder der Hitlerjugend, Deutsche, die keine Mitglieder waren, und Angehörige ausländischer Völker konnten es bekommen.

OBEN: Gemanische Tapferkeitsrunen in Bronze und Silber. Viele deutsche SS-Formationen besaßen ihre eigenen Sport-Abzeichen, doch am 15. August 1943 führte Himmler seine Auszeichnung ein, wobei die Erfordernisse für sie bei allen Nationalitäten in der Waffen-SS die gleichen waren. Die Tests, die zur Auszeichnung führten, waren dreigeteilt: persönliche athletische Tests, Team- oder Gruppentests und Prüfung der persönlichen politischen Bildung.

LINKS: Das Abzeichen für militärische Schulung in Deutschland für Italiener, ein Abzeichen, das für jene eingeführt wurde, die ihre Ausbildung in Deutschland absolvierten. Sie wurden meist von der SS oder ihr angeschlossenen Einheiten aufgenommen. Wer genau die Auszeichnung erhielt, ist unbekannt, Voraussetzungen waren wohl drei Monate Ausbildung und der erfolgreiche Abschluß des Fortgeschrittenen-Militärtrainings durch junge Freiwillige.

LINKS: SS-Standartenführer der Reserve Léon Degrelle, das Ritterkreuz am Hals, nimmt anläßlich einer Parade der Sturmbrigade *Wallonie* bei ihrer Rückkehr Anfang 1944 nach ihren Heldentaten im Tscherkassy-Kessel den Salut ab. Beachten Sie, daß er an der linken Brusttasche das Ehrenabzeichen des Rex trägt. Er war bei seinen Männern beliebt und wurde wegen seiner Führerschaft und Tapferkeit auch von Hitler bewundert, der sagte: „Hätte ich einen Sohn, ich wünschte, er wäre wie Sie." Er kämpfte bis Kriegsende gegen die Russen und entkam dann nach Norwegen und Spanien, wo er am 31. März 1994 starb.

UNTEN: Das Abzeichen der Frontkämpfer, das im Oktober 1943 von Vidkum Quisling, dem Führer der norwegischen Faschisten, eingeführt und an alle norwegischen Militärangehörigen verliehen wurde, die aktiven Dienst an der Ostfront geleistet hatten. Es wurde an der linken Brusttasche der Militäruniform getragen. Frauen wie Männer konnten die Auszeichnung erhalten. Es gibt das Foto einer gewissen Anne Gunhild Moxanes von der Division *Wiking* mit dem Frontkämpfer-Abzeichen (sie wurde auch mit dem Eisernen Kreuz Zweiter Klasse ausgezeichnet). Interessanterweise gibt es ein ähnliches Abzeichen mit dem Text „Frontschwester", auf dem sich eine Krankenschwester über einen Verwundeten beugt.

OBEN: Das Ehrenabzeichen des Rex, manchmal auch als „Blutorden" der Rexisten (der belgischen faschistischen Partei) bezeichnet. Es wurde in vier Arten verliehen: Bronze, Silber, Gold und Gold mit Diamanten – für Dienste als Mitglied der Rexistenpartei (Bronze), als Ehrung für Nichtmitglieder der Partei Degrelles für Dienste für die Partei (Silber). Die Kriterien für die Gold-Klasse sind unbekannt. Die Version Gold mit Diamanten wurde am 8. August 1944 an Viktor Matthys, den stellvertretenden Parteiführer, verliehen. Ab 16. Oktober 1944 konnte es am SS-Gewand getragen werden.

KAPITEL 11

Sturmflut im Osten

Die Waffen-SS bei Charkow und Kursk

LINKS: Ein sowjetischer Tank nach der Schlacht von Kursk im Juli 1943.

GEGENÜBER: Deutsche Sturmgeschütze werden für die Kursk-Offensive an die Front gebracht. Hitler hielt den Sieg in Kursk für entscheidend, um das deutsche Volk und seine Verbündeten davon zu überzeugen, daß weder er noch das Dritte Reich am Ende wären.

Die deutsche Niederlage bei Stalingrad beschwor eine allgemeine Krise der Wehrmacht in Südrußland herauf. Die Aufgabe, die üble Lage abzuändern, erhielt das neugeschaffene 1. Panzerkorps unter SS-Obergruppenführer Paul „Papa" Hausser.

Das Korps marschierte im Gebiet zwischen Wolokomowka am Oskol und Kupiansk am Donez auf. In der ersten Februarwoche 1943 schlug die Waffen-SS eine Reihe russischer Angriffe zurück, die die Rote Armee teuer zu stehen kamen. Es war klar, daß das Ziel der Roten Armee die Einnahme Charkows durch eine ungeheure Zangenbewegung war, deren südliche Schere den Bereich, den die Division *Leibstandarte* und die 320. Armee-Infanteriedivision hielten, durchstoßen sollte, während die nördliche Schere das Gebiet nordöstlich Belgorods durchstoßen sollte.

CHARKOW GEHT VERLOREN

Am 9. Februar wollte die Division *Das Reich* während eines Schneesturms langsam westwärts zu einer neuen Verteidigungslinie am Donez zurückweichen. Doch der sowjetische Druck zwang sie in die Gegend östlich von Charkow. Im Norden wurden sie auf die Stadt zu gedrängt, die langsam umzingelt wurde. Wegen des steigenden Drucks im Süden mußten die Deutschen den Sowjets Smijew überlassen. Die einzigen deutschen Verteidigungsstellungen außerhalb Charkows bestanden nun in verstreuten Stützpunkten.

Starrsinnig befahl Hitler, Charkow müsse um jeden Preis gehalten werden. SS-Obergruppenführer Hausser erhielt den Befehl in der Stadt, erkannte aber, daß es fruchtlos sei, eine verlorene Stadt zu verteidigen. Er befahl die Zerstörung aller Militäreinrichtungen, damit sie nicht den Sowjets in die Hände fallen konnten. Die Vorstädte wurden am 14. Februar besetzt und das Gebiet im Rücken des I. SS-Panzerkorps während der nächsten 24 Stunden infiltriert. Ein Gegenangriff von Einheiten von *Das Reich* bremste den sowjetischen Vormarsch etwas, doch am 15. Februar bat Hausser erneut, die Stadt verlassen zu dürfen. Noch am selben Tag erhielt er die Anweisung zu bleiben. Er beschloß, sie zu ignorieren, und wies das 1. SS-Panzerkorps an, Charkow zu evakuieren.

DER FÜHRER VERLANGT UNGEBÄRDIG DEN SIEG

Empört flog Hitler sofort nach Zaporoschye ins Hauptquartier der Heeresgruppe Süd. Charkow müsse zurückerobert werden. Er tobte, die Sowjets ließen sich leicht vertreiben, und verlangte einen unverzüglichen Gegenangriff mit dem 1. SS-Panzerkorps in vorderster Reihe. Doch Feldmarschall von Manstein, einer der besten deutschen Militärführer, hatte andere Pläne, deren Ziel die Einschließung und Vernichtung der sowjetischen Armeen war, die sich Richtung Dnjepr bewegten. Das 1. SS-Panzerkorps sollte in einer großen Zangenbewegung als obere Schere eingesetzt werden, während die untere Schere von der 4. Panzerarmee unter General Hermann Hoth gebildet würde. Hitler blieb von Mansteins Schema unbeeindruckt, doch seine eigenen Pläne wurden dadurch durchkreuzt, daß die Division *Totenkopf* im Schlamm völlig ins Stocken geriet. Mißgünstig akzeptierte er daher Mansteins alternativen Plan.

LINKS: Das lächelnde Gesicht der Waffen-SS im Frühling 1943. Himmlers Truppen hatten Grund zur Freude, denn nach ihrem Sieg in Charkow standen sie hoch in Hitlers Achtung und wurden mit den besten Panzern, Sturmgeschützen und Ausrüstung für die bevorstehende Sommer-Offensive beliefert.

Der deutsche Angriff traf die erschöpften Sowjets völlig unvorbereitet. Das 1. SS-Panzerkorps und die 4. Panzerarmee vereinigten am 4. März ihre Streitkräfte zum Sturm auf Charkow. Ursprünglich war eine dreizinkige Attacke vorgesehen: Die Division *Totenkopf* sollte aus dem Nordwesten angreifen, der Norden der Stadt blieb der Division *Leibstandarte* vorbehalten, und *Das Reich* sollte sich nach Norden wenden und Smijew von Osten angreifen. Doch diese Strategie wurde wieder verworfen, und neue Aufgabe der Division *Das Reich* war nun ein Angriff aus dem Westen. Sie drang gegen stärker werdenden Widerstand in die Ausläufer der Stadt ein.

DAS 1. SS-PANZERKORPS EROBERT CHARKOW ZURÜCK

Im Norden stieß das SS-Panzergrenadier-Regiment 1 der *Leibstandarte* unter SS-Standartenführer Fritz Witt die Hauptstraße Bjelgorod-Charkow hinunter in die Stadt. Zur Rechten Witts befand sich das SS-Panzergrenadier-Regiment 2 unter SS-Standartenführer Theodor „Teddi" Wisch. Die linke Flanke war SS-Obersturmbannführer Kurt Meyer und seinem Aufklärungsbataillon vorbehalten. Die Russen waren in Charkow gefangen, obwohl sie verzweifelt versuchten, sich den Weg durch die deutschen Linien freizukämpfen.

Die *Totenkopf*-Panzer trafen auf der Charkow-Bjelgorod-Straße sowjetische Einheiten und zerstörten sie, schwangen nördlich um die Stadt herum südöstlich nach Tschugujew, wo sie die Donez-Brücke einnahmen. In den folgenden Tagen mußte die Division *Totenkopf* sowjetische Einheiten, die aus Charkow flohen, zurückschlagen und sich im Osten mit Attacken frischer Formationen der Roten Armee auseinandersetzen. Dabei wurde die sowjetische 25. Garde-Schützendivision vernichtet. Der Sieg in Charkow war total, doch um einen enormen Preis: über 11.500 Gefallene.

Obwohl die Front nun gefestigt war, kontrollierte die Rote Armee immer noch ein riesiges Areal rund um Kursk, das weit in deutsches Gebiet ragte. Hitler war davon besessen und wollte sie unbedingt beseitigen. Militärisch war das sinnvoll, denn an ihrer Basis maß die Ausbuchtung bloß 160 km. Ein Sieg würde die deutsche Initiative an der Ostfront zurückgewinnen und Truppen für die erwartete Invasion der Alliierten in Südeuropa freistellen. Zusätzlich würden beim Erfolg der Offensive bis zu 15 sowjetische Armeen zerstört werden. Doch leider war das, was für die deutschen Strategen offensichtlich war, ihren Feinden ebenso klar, und die Rote Armee begann, in der Ausbuchtung von Kursk massive Verteidigungsstellungen aufzubauen.

HITLERS PLAN FÜR KURSK

Feldmarschall Erich von Manstein und General Heinz Guderian wollten den Sowjets die Offensive überlassen, während die Deutschen sich schrittweise zurückzögen. Sobald sich die Rote Armee zu weit vorwagte, könnte sie mit voller Wucht getroffen werden wie in Charkow. Hitler war von diesem Plan unbeeindruckt und ließ die Offensive sofort planen und mit Höchstgeschwindigkeit ausführen. Sie erhielt den Decknamen „Zitadelle". Die Hauptschläge auf die Sowjets sollten von Orel aus dem Süden durch die 9. Armee der Heeresgruppe Mitte und von Charkow im Norden durch die 9. Panzerarmee und die Panzergruppe Kempf der Heeresgruppe Süd erfolgen. Das deutsche Oberkommando wollte durch Schläge in Richtung Kursk die Kräfte der mittleren und der Woronesh-Front, die die Frontausbuchtung verteidigten, umzingeln und zerstören, um die Front zu begradigen und dann sogar die Offensive bis hinter die südwestliche Front auszudehnen – der Plan „Panther". Auch ein nachfolgender Schlag nach Nordosten, um Moskau von der Flanke her zu umfassen und hinter sämtlichen sowjetischen Kräften in der Mitte der Front zu erscheinen, wäre dann möglich.

Das 2. SS-Panzerkorps unter SS-Obergruppenführer Paul „Papa" Hausser gehörte zur 4. Panzerarmee. Es umfaßte die 1. SS-Panzerdivision *Leibstandarte,* die 2. SS-Panzerdivision *Das Reich* und die 3. SS-Panzerdivision *Totenkopf.* Die deutsche Armee führte 900.000 Mann, 10.000 Artillerie-Feldgeschütze und 2.700 Panzer ins Feld, aus der Luft wurde sie von etwa 2.000 Maschinen der Luftwaffe unterstützt. Doch sollte es die Waffen-SS sein, die eine unverhältnismäßig große Rolle in der größten Panzerschlacht der Geschichte spielte.

Die Schlacht von Kursk begann am 5. Juli, und die Deutschen merkten bald, wie stark die Verteidiger waren, als sie mit Artillerie- und Mörserfeuer eingedeckt wurden. Die deutschen Truppen versuchten, sich im hohen Gras zu verbergen, doch die Felder waren von Minen übersät. Zusätzlich flog die Luftwaffe der Roten Armee trotz der Luftüberlegenheit der deutschen Luftwaffe in diesem Gebiet wirkungsvolle Angriffe und sorgte für schwere Verluste an Männern und Material.

DAS 2. SS-PANZERKORPS GREIFT AN

Im Süden traf die Division *Totenkopf* auf die 52. sowjetische Gardedivision, die nach heftigem Kampf besiegt wurde. Am 9. Juli griff die Division *Totenkopf* weitere sowjetische Stellungen an, und unter ihrem Druck begannen die Verteidigungslinien zu zerbröckeln. Der Umfang des Vorstoßes bereitete den sowjetischen Kommandanten Sorge. Sie hielten die Zeit für gekommen, die 5. Garde-Panzerarmee und zwei Tankbrigaden aus der Reserve heranzuziehen, um die gepanzerte Speerspitze zu zertrümmern.

Am 5. Juli war die *Leibstandarte,* südlich der Division *Totenkopf* positioniert, ebenfalls anfänglich erfolgreich. Die erste Verteidigungslinie der Russen wurde durchbrochen. Danach verlangsamte sich der Vormarsch wegen der sowjetischen Gegenwehr. Am Ende des dritten Tages hatte das 2. SS-Panzerkorps etwa 160 von insgesamt 200 Panthern verloren. Auch gab es Probleme mit den Ferdinand-Sturmgeschützen, die durch Nachlässigkeit nicht mit einem Maschinengewehr für den Nahkampf ausgerüstet und in solchen Situationen daher schutzlos waren.

Die Division *Totenkopf* setzte ihren Zug an der Spitze des II. SS-Panzerkorps nordwärts fort, und westlich von Prochorowka wurden die sowjetischen Kräfte beiseite gedrängt. Die 5. Garde-Panzerarmee, die Hauptreserve der Sowjets, bereitete jedoch ihre eigene Offensive vor, die das 2. SS-Panzerkorps stoppen sollte. Die russischen Vorbereitungen wurden durch das Erscheinen von Haussers Kommando jäh unterbrochen, das sich geschickt nach Osten wandte, während die Division *Totenkopf* die linke Flanke, die *Leibstandarte* das Zentrum und *Das Reich* die rechte Flanke übernahm.

Die Deutschen wurden westlich von Prochorowka gerade noch gestoppt. Doch die Russen hatten ein Problem: Wenn sie auf ihre Verstärkung warteten, würde inzwischen auch die deutsche Verstärkung eintreffen (das 3. Panzerkorps fuhr entlang Haussers rechter Flanke mit 300 Panzern nordwärts). Sie verfuhren daher zweigleisig: Eine Streitmacht aus zwei motorisierten Brigaden, einem Panzer-Gardekorps, einer Panzerbrigade und einer Garde-Schützendivision sollte dem 3. Panzerkorps den Weg abschneiden. Die übrige Streitmacht würde sofort das 2. SS-Panzerkorps angreifen. Mit der Sonne im Rücken brachen die Sowjets aus der Deckung und stürmten mit Volldampf geradewegs auf die überraschten Deutschen zu. Aus nächster Nähe kam es zur Schlacht, ein Vorteil für das leichtere 76-mm-Geschütz der sowjetischen T-34.

Die Division *Totenkopf* an der linken Flanke des 2. SS-Panzerkorps wurde vom 31. und 33. Gardekorps in Kämpfe verwickelt, die ihren Vorstoß stoppten und sie in die Defensive zwangen. Inzwischen traf das 2. Garde-Panzerkorps in einem harten Kampf auf die Division *Das Reich*. Zum Höhepunkt der Schlacht bei Prochorowka kam es am Nachmittag. Der Ausgang hing an einem Faden. Doch die sowjetische Blockadestreitmacht hielt das 3. Panzerkorps auf, als es sich zum 2. SS-Panzerkorps durchkämpfen wollte.

Bei Einbruch der Nacht waren beide Seiten bis zum äußersten erschöpft, und die Schlacht reduzierte sich auf einzelne, kleine Scharmützel. An diesem Tag waren 300 deutsche Panzer zerstört worden. Hitler beschloß am 13. Juli, die Operation „Zitadelle" aufzugeben, wenngleich noch bis zum 15. Juli gekämpft wurde. Das Ende der Kursk-Offensive war Hitlers Befehl, die Divisionen *Leibstandarte, Das Reich* und *Totenkopf* von der Ostfront abzuziehen. Die alliierte Invasion in Sizilien hatte am 10. Juli stattgefunden, und Hitler wollte die italienische Front durch seine Waffen-SS-Elitedivisionen stärken. Bei Kursk waren alle Gebietsgewinne bis zum 23. Juli wieder verlorengegangen. Die Schlacht hatte beiderseits große Verluste gefordert, von denen sich die Deutschen nie mehr erholen sollten. Die Ostfront sollte von jetzt an die deutschen Kräfte durch Zermürbung aufzehren, während die Schlacht für die Sowjets den Wendepunkt des Krieges bedeutete.

RECHTS: Mitte 1943 befanden sich die Deutschen überall in der Defensive, doch Hitler war überzeugt, daß er im Osten dem Feind die Initiative entwinden könne. Seine wichtigste Stütze dabei waren seine treuen und angriffslustigen Waffen-SS-Divisionen.

UNTEN: Ein StuG-III-Sturmgeschütz der *Leibstandarte* Anfang Februar 1943 in Rußland in Aktion. Hitler schickte das neu gebildete 1. SS-Panzerkorps im Januar an die Ostfront. Die sowjetische Winteroffensive von 1942 hatte große Löcher in die deutsche Front in Südrußland gerissen, und es war die Aufgabe des 1. SS-Panzerkorps, die Lücken zu schließen. Die Soldaten der Waffen-SS hielten stand, während Tausende Italiener, Ungarn und deutsche Soldaten ungeordnet nach Westen strömten. Die Russen, die einen leichten Sieg erwarteten, waren geschockt, als sie auf starke SS-Einheiten trafen, und holten sich bei der Auseinandersetzung blutige Nasen. Besonders die dünn gestreute *Leibstandarte* hielt den lebenswichtigen Brückenkopf bei Pechenege gegen alles, was ihr die Rote Armee entgegenwerfen konnte.

RECHTS: Dick vermummte Soldaten der Waffen-SS im Februar 1943 in Südrußland. Die deutsche Katastrophe von Stalingrad hatte das Dritte Reich an der Ostfront in eine Krise gebracht: In der zweiten Januarhälfte riß die Rote Armee eine 320 km lange Lücke zwischen der Stadt Woronesh und der großen Biegung des Don in die deutsche Front. Durch dieses Loch strömten riesige sowjetische Panzer- und Infanteriearmeen. Stalin roch schon den Sieg an der Ostfront, doch das 1. SS-Panzerkorps machte ihm einen Strich durch die Rechnung. Haussers Korps war immens stark. Die Division *Totenkopf* etwa requirierte 120 Eisenbahnzüge, um ihre Männer und Fahrzeuge quer durch Europa zum Rangierbahnhof von Kiew zu bringen, dem Haupt-Endbahnhof für deutsche Verstärkungen in Südrußland.

LINKS: Ein Grenadier der Waffen-SS bemalt einen sowjetischen Tank, der in Südrußland ausgeschaltet wurde. Anfang Februar wurde offensichtlich, daß Charkow Gefahr lief, von der Roten Armee eingeschlossen zu werden. Die Divisionen des 1. SS-Panzerkorps wurden langsam in die Stadt zurückgedrängt. Am 9. Februar etwa zog sich die Division *Das Reich* von der Randstellung, die sie entlang des Donez hielt, während eines Schneesturms und in hüfthohem Schnee unter fortgesetzten Angriffen der Russen zurück.

UNTEN: Tanks des 1. SS-Panzerkorps Anfang 1943 nahe Charkow. Die Eliteformationen der Waffen-SS wurden offiziell als Panzergrenadier-Divisionen, d. h. als teilweise gepanzerte, motorisierte Infanteriedivisionen bezeichnet. Doch die SS-Elitedivisionen waren schon längst mit Panzern ausgerüstet worden. So gingen im Dezember 1942, als Deutschlands Inventar an neuen Tiger- und Panther-Tanks insgesamt 74 Stück umfaßte, zwei Kompanien von Tigern an die Division *Leibstandarte.*

OBEN: Maschinbestickte Armbinde im BeVo-Muster, die im März 1943 für die Mitglieder des 3. SS-Totenkopf-Grenadierregiments eingeführt wurde. Am 26. Februar 1943 befand sich SS-Obergruppenführer Theodor Eicke auf einem Inspektionsflug an der Ostfront, als sein Flugzeug abgeschossen wurde und hinter den feindlichen Linien abstürzte. Eicke fand dabei den Tod. Sein Leichnam wurde von Mitgliedern der Division *Totenkopf* geborgen. Er erhielt auf dem Divisionsfriedhof nahe Orelka in Rußland ein Begräbnis im Stil der Wikinger. Auf Befehl Hitlers vom 2. März 1943 wurde der Ehrentitel „Theodor Eicke" geschaffen und dem 3. SS-Totenkopf-Grenadierregiment verliehen. Dieses wurde später zum SS-Panzergrenadierregiment 6 *Theodor Eicke.*

UNTEN: SS-Obergruppenführer und General der Waffen-SS Theodor Eicke, am 26. Februar 1943 im Kampf getötet. Der Schöpfer und Führer der Division *Totenkopf* hatte in der Armee und selbst in der Nazi-Hierarchie wenig Freunde, doch für seine Männer war er ein großartiger Befehlshaber, der ihre Mühen teilte. Die Division war stark nach seinen Vorstellungen aufgebaut und zeigte im Krieg jene Eigenschaften, die er am meisten bewunderte: fanatische Entschlossenheit und äußerste Gnadenlosigkeit. Man kann sagen, daß seine Männern mit fast religiöser Hingabe an ihm hingen.

RECHTS: Die amtliche Mappe für die Urkunde des Ritterkreuzes vom Eisernen Kreuz mit Eichenlaub. Die ersten Empfänger erhielten die große Ledermappe, deren vorderer Einband gepolstert und mit einem goldenen Nationalemblem geschmückt war. Die Innenseite der Hülle war weiß, und am hinteren inneren Rand befand sich der Name der Künstlerin in Gold: Frieda Thiersch.

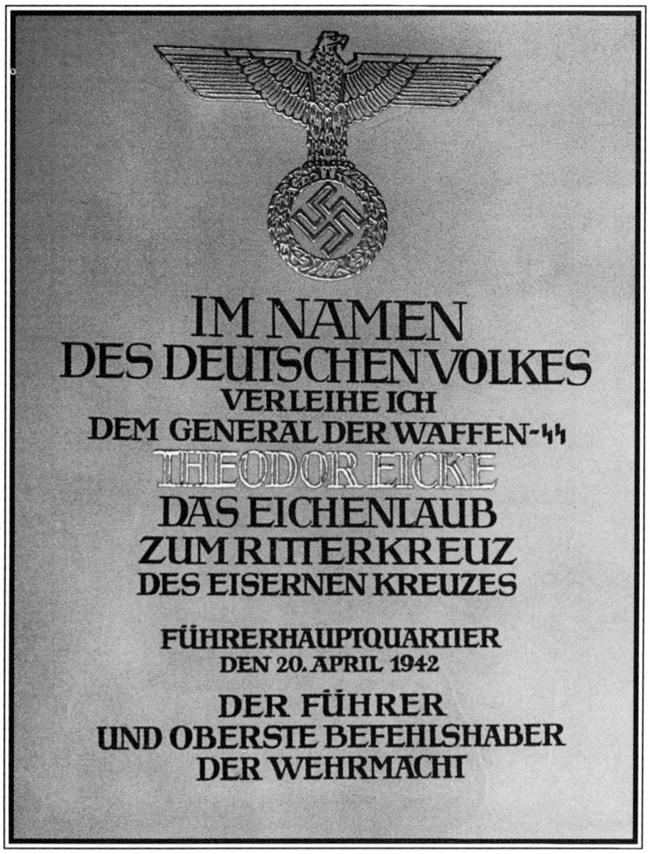

IM NAMEN
DES DEUTSCHEN VOLKES
VERLEIHE ICH
DEM GENERAL DER WAFFEN-SS
THEODOR EICKE
DAS EICHENLAUB
ZUM RITTERKREUZ
DES EISERNEN KREUZES

FÜHRERHAUPTQUARTIER
DEN 20. APRIL 1942

DER FÜHRER
UND OBERSTE BEFEHLSHABER
DER WEHRMACHT

LINKS: Das amtliche Dokument zum Ritterkreuz, verliehen an SS-Obergruppenführer Theodor Eicke. Er wurde damit in Anerkennung der Leistungen seiner Division an der Ostfront posthum ausgezeichnet. Der *Totenkopf* selbst wurde von den Russen so hoch eingestuft, daß die sowjetischen Autoritäten eine Belohnung für jede erbeutete Armbinde der Division *Totenkopf* aussetzten. Als nach der Niederlage in Kursk der allgemeine deutsche Rückzug an der Ostfront begann, gruben Stabsoffiziere der Division *Totenkopf*, unterstützt von einer kleinen Zahl ausgewählter Soldaten, die Leiche Eickes aus und überführten sie in einem Lastwagen nach Kiew, damit sie nicht in die Hände der Roten Armee fiel.

RECHTS: Eine Ehrengarde flankiert das Denkmal für die im Kampf gegen die Russen gefallenen Mitglieder des belgischen Vlaamsch Nationaal Verbonds (VNV). Die Freiwilligen-Legion *Flandern,* die aus flämischen Belgiern bestand, erlitt im März 1942 an der Ostfront verheerende Verluste. So büßte die Einheit zum Beispiel in nur einer Woche über 1000 Mann ein und umfaßte zuletzt nur noch 60 Soldaten. Die gebrochenen Überlebenden wurden im Mai 1943 von der Front nach Debica in Polen abgezogen, wo das, was von der Legion noch übrig war, aufgelöst wurde.

CHARKOW

Der Sieg des 1. SS-Panzerkorps im März 1943 in Charkow war ein glänzender Streich Mansteins und überzeugte Hitler von der Schlüsselrolle der Waffen-SS an der Ostfront.

OBEN: SS-Panzer fahren zu Mansteins Gegenangriff aus, der Charkow zurückerobern wird. Die Rote Armee, trunken vom Erfolg, in dem sie dem faschistischen Eindringling die Stadt entwunden hatte, wurde vom deutschen Angriff total überrascht. Das 48. Panzerkorps stieß gegen die Samara vor, und die Einheiten der Roten Armee flohen in neuem Schrecken nordwärts. Die deutsche Moral schnellte in die Höhe. Am 22. Februar 1943 stürmte die Division *Das Reich*, unterstützt von Sturzkampfbombern, in Richtung Pawlograd. Hierauf verband sie sich mit der Division *Totenkopf*, und beide Formationen zogen parallel zu den zurückweichenden russischen Kräften. Die entmutigten Einheiten der Roten Armee wurden in den folgenden Tagen fast abgeschlachtet, zwei von Stalins Armeen wurden vernichtet. In den gefrorenen Einöden lagen 600 zerstörte T-34-Panzer herum (genügend Tanks wurden erobert, um ein ganzes Panzerregiment für die Division *Das Reich* auszustatten), daneben 600 Panzerabwehr- und 400 Artilleriegeschütze. Verzweifelt verlegten die Sowjets weitere Kräfte in das Gebiet südlich von Charkow. Doch Hausser stellte diesen Einheiten eine Falle, und bald wurden sie von den Divisionen *Das Reich* und *Totenkopf* gegen die verschanzte *Leibstandarte* getrieben. Die Russen wurden ausgelöscht, und Charkow stand den Deutschen offen. Am 4. März 1943 vereinigten sich das 1. SS-Panzerkorps und die 4. Panzerarmee zum Schlußangriff auf die Stadt. Ein Grenadier vom Regiment *Deutschland* der Division *Das Reich* schildert die Kämpfe jener Zeit: „Sichtweite unter 1000 Meter. Die Männer haben die Munitionskisten, Maschinengewehre und schweren Waffen, wie Mörser, auf Schlitten gepackt, die wie Kajaks geformt sind. Die Kanoniere der Flak-Kompanie überprüfen nochmals die Munitionsgürtel. Die Minensuchmannschaften testen mit Bajonetten, denn die Batterien ihrer Detektoren sind schon lange leer. Die Männer knien auf der Erde und sieben den Schnee durch; dann graben sie die gefrorenen Minen mit ihren Bajonetten aus."

RECHTS: : SS-Standartenführer Fritz Witt (mit Zigarre) von der Division *Leibstandarte* im März 1943 in Charkow. Witts SS-Panzergrenadier-Regiment 1 hatte sich den Weg in die Stadt erkämpft und den psychologisch wichtigen Roten Platz erobert. Die Auseinandersetzung war heftig, die Soldaten der Waffen-SS waren drei Tage lang in Kämpfe von Haus zu Haus verwickelt. Die in der Stadt eingeschlossenen Einheiten der Roten Armee versuchten verzweifelt, aus der Stadt nach Norden auszubrechen – doch vergeblich.

UNTEN: Die Waffen-SS in Charkow. Die Division *Das Reich* drang am 12. März an der Westseite der Stadt ein und erreichte den Hauptbahnhof. Inzwischen vereinigte sich das Aufklärungsbataillon unter SS-Obersturmbannführer Kurt Meyer mit einer anderen Einheit der Division *Leibstandarte*, dem Panzergrenadier-Bataillon unter SS-Sturmbannführer Joachim Peiper. Zusammen stießen sie in den Ost- und Südostabschnitt der Stadt, um zu erledigen, was noch an Russen verblieben war. Am Spätnachmittag des 15. März hörte der letzte russische Widerstand in der Traktorenfabrik der Stadt auf. Charkow war wiedererobert. Peiper wurde hierauf nordwärts an den Donez gesandt, den er am 18. März erreichte. Er vereinigte sich mit der Heeres-Elitedivision *Großdeutschland*. Mansteins vier Wochen dauernde Gegenoffensive war zu Ende, und die Wehrmacht stand wieder auf dem Boden, den sie 1942 erobert hatte. Das Ansehen der Waffen-SS bei Freund und Feind wuchs.

OBEN: Einer der Tiger-Tanks der Wehrmacht 1943 in Rußland. Gut gepanzert und mit einem schrecklichen 8,8-cm-Fliegerabwehrgeschütz versehen, war er ideal für die defensive Rolle der Panzerstreitmacht ab 1943. Nach Charkow setzte an der Ostfront eine Phase der Ruhe ein, die den erschöpften Deutschen Zeit zur Erholung ließ. Die meisten Generäle Hitlers waren der Meinung, daß offensive Operationen frühestens 1944 wiederaufgenommen werden könnten, und Manstein bemerkte: „Die Frage war jetzt, wie die Deutschen den Kampf im folgenden Sommer weiterführen sollten. Nach dem Verlust so vieler wichtiger Formationen würden offensichtlich die nötigen Kräfte für eine weitere entscheidende Offensive vom Ausmaß der Jahre 1941 und 1942 nicht verfügbar sein.“ Doch der Erfolg der SS in Charkow versetzte Hitler in den Glauben, daß er die Initiative 1943 wieder an sich reißen könne.

RECHTS: Tiger des *Totenkopfs* direkt vor der Kursk-Offensive. Für den Versuch, die Frontausbuchtung von Kursk zu zerstören, hatte das 2. SS-Panzerkorps mit den Divisionen *Leibstandarte, Das Reich* und *Totenkopf* über 340 Panzer und 195 motorisierte Geschütze. Jede Waffen-SS-Division besaß ihre eigene Tiger-Einheit. Sie sollten als Teil der 4. Panzerarmee Generaloberst Hoths eine gepanzerte Speerspitze des Angriffs bilden, um die sowjetischen Reserven auszuschalten. Doch in der Frontausbuchtung warteten 1,300.000 russische Soldaten und 3300 Panzer.

LINKS: Ein Mk V Panther, Deutschlands neuer mittlerer Panzer für die Kursk-Offensive. Bestückt mit einer 7,5-cm-Kanone, gewährte ihm die schräge Panzerung guten Schutz gegen Panzerabwehr-Salven. Der Panther und der Tiger verliehen der deutschen Panzerstreitmacht erstmals seit 1939 Überlegenheit über ihre Feinde, die in den Händen erfahrener Mannschaften einen Großteil der zahlenmäßigen Unterlegenheit der Wehrmacht wettmachen sollte. Unglücklicherweise litten die Panther bei Kursk an Kinderkrankheiten, wie etwa der, daß sie Feuer fingen!

UNTEN: Eines der vielen Sturmgeschütze der deutschen Armee bei Kursk. Die Taktik des 2. SS-Panzerkorps, die für den Durchbruch durch die dichten russischen Verteidigungsstellungen überall in der Frontausbuchtung angewendet wurde, bestand in einem Panzerkeil. Dieser wurde von Tigern, flankiert von Panthern, gebildet, während die Panther selbst von Panzern III, IV und StuG-III-Sturmgeschützen flankiert wurden. Der Panzerkeil war auf dem Kampffeld ein furchteinflößender Anblick, doch bei Kursk litt er an zwei Hauptschwächen: der Unzuverlässigkeit des Panthers und der Langsamkeit des Tigers. Das Schlachtfeld war für den Panzerkrieg ideal: eine riesige Ebene, bedeckt mit Getreide oder hohen Steppengrasgürteln. Unglücklicherweise verwandelten sich die Sandstraßen bei Regen in Schlamm, und die Russen besaßen den taktischen Vorteil, daß die Ebene nach Kursk leicht anstieg und ihnen einen vollständigen Überblick erlaubte. Daneben verfügten sie über die dichtesten Verteidigungsstellungen, die die Welt je gesehen hatte.

KURSK

Am 5. Juli 1943 begann die Schlacht bei Kursk. Fast eine Million deutsche Soldaten versuchten, in einer Materialschlacht sechs sowjetische Linien zu durchbrechen.

UNTEN: Mitglieder des 2. SS-Panzerkorps machen während der Schlacht bei Kursk auf Panzern III einen Ritt. Haussers Truppen begannen den Kampf am 5. Juli um 4 Uhr und passierten leicht den ersten russischen Minengürtel, um den sich SS-Pioniere gekümmert hatten. Die Waffen-SS drang am ersten Tag 19 km weit in die Frontausbuchtung ein. Panzer und Geschütze der Roten Armee wurden zerstört (wobei ein gewisser Michael Wittmann am ersten Tag acht Tanks ausschaltete), doch dann nahm der russische Widerstand zu, und die Verluste stiegen. Allein die *Leibstandarte* verlor am ersten Tag 97 Mann.

RECHTS: SS-Untersturmfüh-rer Walter Otto, ein Panzerkommandant bei Kursk. Die Führung durch die jüngeren Kommandanten der Waffen-SS war während der Schlacht beispielhaft. SS-Unterscharführer Kurt Sametreiter etwa, ein Zugführer im Sturmgeschütz-Bataillon der *Leibstandarte,* schaltete mit seinen vier Panzerabwehr-Geschützen nahe dem Dorf Stalinsk 24 russische Tanks aus. Hierauf schlugen er und seine Männer einen Infanterieangriff zurück. Dafür erhielt er das Ritterkreuz. Doch das 2. SS-Panzerkorps verlor immer noch Männer: Am zweiten Tag verzeichnete die *Leibstandarte* 181 Gefallene.

LINKS: Grenadiere der Waffen-SS warten, bis eine Artillerie-Sperre beseitigt wird, ehe sie ihren Vorstoß nach Kursk fortsetzen. Am 12. Juli befand sich Haussers Korps westlich von Prochorowka, wo es auf die sowjetische 5. Garde-Panzerarmee traf. In den folgenden Tagen verloren die Deutschen über 300 Tanks, während die Russen etwa die Hälfte ihrer Panzer verloren.

UNTEN: Ein Tiger greift Ziele bei Kursk an. Viele Tiger der Waffen-SS erzielten während der Schlacht hohe Abschußraten. Die mit Tigern ausgerüstete Kompanie Nr. 13 vom 1. SS-Panzerregiment der Division *Leibstandarte* etwa schaltete während eines zweistündigen Kampfes am 7. Juli zwanzig russische T-34 aus, und bis zum 14. Juli verbuchte die Division 500 zerstörte Tanks.

UNTEN: Das Scheitern des Durchbruchs bei Prochorowka war praktisch das Ende der Operation „Zitadelle"; sie hatte 100.000 Deutschen das Leben gekostet. Die Russen hatten weit höhere Verluste – 250.000 Tote, 600.000 Verwundete und die Hälfte ihrer gesamten Panzerstreitmacht, doch sie konnten ihre Verluste ersetzen. Das 2. SS-Panzerkorps befand sich in einem verzweifelten Zustand, es besaß nur noch 183 Panzer und 64 Geschütze mit Eigenantrieb. Wie Guderian sagte: „Die gepanzerten Formationen, mit großer Mühe neu gebildet und ausgerüstet, haben schwer an Männern und Ausrüstung verloren."

KAPITEL 12

Italienisches Abenteuer

Gegen Alliierte und Partisanen in Italien

Im Jahr 1943 sah Hitler besorgt, wie Mussolinis Regime abbröckelte. Im Juni wurde der Duce zum Rücktritt aus dem Faschistischen Großen Rat gezwungen, und im Juli landeten die Alliierten in Sizilien. Zusätzlich kämpften Banden von Partisanen gegen die deutschen und italienischen Faschisten. Nach Hitlers Ansicht konnten nur seine Elitedivisionen der Waffen-SS die italienische Front stärken. In der letzten Juliwoche 1943 sollten sich die Befürchtungen des Führers bestätigen. Der König entließ Mussolini.

LINKS: Ein Maschinengewehr-Schütze der 24. SS-Gebirgsdivision *Karstjäger* eröffnet in Norditalien das Feuer auf eine Partisanenstellung.

GEGENÜBER: Gemischte Truppen der Waffen-SS und der deutschen Armee Ende 1943 in Italien. Der schwere Panzer im Hintergrund ist ein PzKpfw VI Tiger, Ausf B, ein Königstiger.

DIE SS BEFREIT MUSSOLINI

Die neue Regierung unter Marschall Badoglio wurde bereits nach sechs Wochen durch eine deutsche Militärregierung ersetzt. Hitler entwarf unverzüglich Pläne zur Rettung des Duce und zur Verstärkung des deutschen Zugriffs auf Italien. Zunächst wollte er das 2. SS-Panzerkorps von der Heeresgruppe Süd nach Italien verlegen, doch schließlich wurden nur das Korpskommando und die Division *Leibstandarte* bis auf einige ihrer Panzer im Juli 1943 von der Ostfront verlegt.

Am Nachmittag des 12. September 1943 befreiten Segelflugzeuge mit deutschen Stoßtruppen unter SS-Hauptsturmführer Otto Skorzeny an Bord Mussolini aus der Gefangenschaft im Hotel Gran Sasso. Nach einem eiligen Treffen mit Hitler kehrte Mussolini nach Italien zurück, um im Norden seine neue Republikanisch-Faschistische Regierung zu errichten. Doch es war zu spät. Im Oktober wurde er von den Deutschen aus der Romagna an den Gardasee zurückgedrängt. Er ernannte Marschall Graziani zu seinem Verteidigungsminister, doch in Wirklichkeit war die deutsche Armee mit Hauptquartier in Belluno nunmehr eine Besatzungsmacht. Zunächst war Feldmarschall Erwin Rommel ihr Oberbefehlshaber, ab November 1943 Feldmarschall Albert Kesselring. Der deutsche Botschafter Rudolf Rahn vertrat Ribbentrop und das Außenamt, und es gab ein Netz von SS-Behörden mit Tausenden SS-Männern verschiedener Nationalitäten: Volksdeutschen, Tschechen, Slowaken und Ukrainern. Das Haupt des Reichsicherheitshauptamts, SS-Obergruppenführer und General der Polizei Dr. Ernst Kaltenbrunner, wurde durch Wilhelm Harster vertreten – und Himmler durch SS-Ober-gruppenführer Karl Wolff und SS-Standartenführer Dr. Eugen Dollmann.

BRUTALE VERGELTUNGSMAẞNAHMEN

Im Juli 1943 bereitete Wolff in München den Stab für ein operationales SS- und Polizeikommando in Italien vor – falls Badoglio abfallen sollte. Zu seinen Aufgaben gehörte auch die Bekämpfung der Partisanen. Diese war nicht gerade einfach, besonders als im Juni 1944 die Alliierten Rom einnahmen und die Deutschen bis zur Gotenlinie zurückfielen. Wie voraussehbar, waren die deutschen Vergeltungsmaßnahmen bei Partisanenaktionen brutal. Einheiten der *Leibstandarte* etwa spielten in Norditalien eine führende Rolle bei der Ermordung der Einwohner von Boves und der Zerstörung der Stadt im September 1943, einer sogenannten SS-Operation gegen antifaschistische Partisanen. Die Division *Leibstandarte* nahm nach dem Sturz des Regimes Mussolinis im Septem-

LINKS: Eine 5-cm-Pak 38 der Waffen-SS, getarnt in einem Obstgarten in Norditalien. Die Mannschaft der Panzerabwehrkanone wird vom Batterie-Kommandanten instruiert, wohl über den alliierten Panzerangriff. Die Pak 38, die 1940 in Dienst genommen wurde, war eine gute Waffe, beweglich, leicht und niedrig.

ber 1943 an der Entwaffnung italienischer Armee-Einheiten teil, ehe sie im Herbst an die Ostfront zurückkehrte.

Die wichtigste Einheit der Waffen-SS, die in Italien diente, war die Elitedivision *Leibstandarte*, doch im Sommer 1943 wurde die neue Waffen-SS-Panzergrenadierdivision *Reichsführer SS* gebildet. Zusätzlich gab es einige Einheiten der Waffen-SS aus Italienern, und diese wurden bei den Kämpfen mit Partisanen eingesetzt, die an der Adriaküste tobten. Bei Anzio marschierten diese Einheiten auch gegen die Alliierten.

ITALIENISCHE SS-EINHEITEN

Die ersten Schritte zur Bildung einer „italienischen Legion" gingen von Major Fortunato aus, einem Bersaglieri-Offizier des ehemaligen italienischen Expeditionskorps in Rußland. Bis Ende 1943 war es den Deutschen gelungen, im Trainingslager bei Münsingen im Schwarzwald etwa 15.000 Mussolini-Anhänger zu versammeln. Aus diesen formten sie eine Sturmbrigade, die *Prima Brigata d'Assalto della Legione SS Italiana* (1. Sturmbrigade der italienischen SS-Legion). In Deutschland hieß sie *1. Sturmbrigade Italienische Freiwilligen-Legion*. Im Januar 1944 wurde diese Brigade nach Italien gesandt und in einige kleinere Gefechte gegen die Partisanen verwickelt. Den ersten größeren Kampf erlebte sie im Mai 1944 in der Schlacht beim Brückenkopf Anzio. Im September 1944 wurde sie auf Divisionsstärke erweitert und erhielt die Divisionsnummer 29. Die Italiener wurden nun zur 29. Waffen-Grenadierdivision der SS (Italienische Nr. 1). Das 2. Bataillon des 1. Regiments erlitt in der dreiwöchigen Schlacht bei Anzio schwere Verluste. Es verlor 340 von seinen insgesamt 650 Männern. Am 23. November 1944 hielt Marschall Graziani, Mussolinis Verteidigungsminister, in Mariano Comense eine Ansprache vor den Legionären der Division. Das 2. Bataillon wurde mit einem Regiments-Wimpel ausgezeichnet, der das Wort „Vendetta" trug. Ebenfalls bei Anzio war das Füsilier-Bataillon *Debica* eingesetzt, das gleichfalls schwere Verluste erlitt. Diese Einheiten waren die ersten, denen die Ehre gewährt wurde, ihre roten Kragenspiegel durch jene der Waffen-SS zu ersetzen.

DIE KARSTJÄGER-DIVISION

Die 24. SS-Gebirgsdivision *Karstjäger* war eine weitere italienische Division, obwohl sie sich aus profaschistischen Italienern und Volksdeutschen zusammensetzte. Sie wurde um die SS-Karstwehr-Kompanie herum gebildet, eine spezielle Antipartisanen-Gebirgskampf-Kompanie, die im Sommer 1942 aufgestellt worden war, um Titos Partisanen im Karst und in den Julischen Alpen zu bekämpfen. Nach dem Fall Mussolinis ließ Hitler das Karstwehr-Bataillon durch Südtiroler „Treugesinnte" und später auch durch italienische faschistische Loyalisten erweitern. Die Division umfaßte nun zwei Gebirgs-Infanterieregimenter und ein Gebirgs-Artillerieregiment. In Moggio in der Provinz Udine wurde das Divisions-Hauptquartier eingerichtet. Fast alle Aktionen dieser Einheit richteten sich gegen Partisanen, sieht man einmal von einem kurzen Scharmützel mit Briten in einer späteren Kriegsphase ab.

Die Ursprünge der 16. SS-Panzergrenadierdivision *Reichsführer SS* gehen bis zum Begleitbataillon *Reichsführer SS*, das am 15. Mai 1941 innerhalb von Himmlers Kommandostab RFSS geschaffen wurde, zurück. Im Februar 1943 befahl Hitler, dieses Begleitbataillon, das sich im Kampf bewährt hatte, zum Rang einer Sturmbrigade zu befördern. So wurde die SS-Sturmbrigade *Reichsführer SS* gebildet. Sie wurde im Sommer 1943 auf Korsika stationiert. Im Oktober 1943, als die Alliierten Sardinien und Korsika einnahmen, verlegte man sie auf das italienische Festland.

Die Panzergrenadierdivision *Reichsführer SS* wurde um einen Kader aus Angehörigen der SS-Sturmbrigade *Reichsführer SS* herum aufgebaut, und der Kommandant der neuen Di-

OBEN: Ein deutsches 8,8-cm-Panzerabwehr-Geschütz feuert im Februar 1944 auf russische Tanks. Zu Beginn des Rußlandfeldzugs hatte sich das deutsche 3,7-cm-Panzerabwehrgeschütz als völlig unbrauchbar gegen die russischen Panzer erwiesen. Die Schützen der Waffen-SS mußten entsetzt zusehen, wie ihre Granaten von feindlichen Tanks abprallten. Einige Geschütz-Mannschaften wurden unter den Panzerketten zermalmt oder einfach in Stücke geschossen. Das 8,8-cm-Geschütz jedoch war ein gewaltiger Panzer-Stopper.

LINKS: StuG-III-Sturmgeschütze voller Grenadiere, die im Januar 1944 von einem Angriff an der Ostfront zurückkehren. Die Deutschen konnten immer wieder örtliche Erfolge erringen, doch hatte die deutsche Armee Anfang 1944 Tausende Quadratkilometer russischen Gebiets aufgegeben. Gegen die geschwächte Heeresgruppe Süd hatte die Rote Armee 2,000.000 Mann, 51.000 Artillerie-Geschütze, 2400 Panzer und Sturmgeschütze und 2850 Flugzeuge versammelt. Manstein stand bloß die Hälfte dieser Mannschaftsstärke zur Verfügung.

DER TSCHERKASSY-KESSEL

Im Februar 1944 wurden erstmals seit Stalingrad große deutsche Formationen umzingelt, gefangen im Tscherkassy-Kessel. Sie wurden von der Waffen-SS gerettet.

UNTEN: Ein deutscher Panzer IV wird von russischen Soldaten der Ersten Ukrainischen Front Anfang 1944 zerstört. Anfang Februar 1944 werden Teile der 1. Panzer- und der 8. Armee, die die Division *Wiking* und die Sturmbrigade *Wallonie* umfaßten, bei Korsun und Tscherkassy umzingelt – insgesamt 75.000 Mann mit ihrer gesamten Ausrüstung. Im Wissen, daß die Waffen-SS 1942 im Kessel von Demyansk ausgehalten hatte, verbot Hitler jeden Ausbruchsversuch nach Westen – General Stemmermann, der Kommandant, würde ausharren, bis Feldmarschall Manstein ein Entsatzheer organisiert hätte. Doch bald wurde klar, daß Mansteins Einheiten nicht imstande waren, eine solche Streitmacht zu bilden, und so erlaubte Hitler überraschenderweise den gefangenen Einheiten, aus dem Kessel auszubrechen. Die Division *Wiking* als einzige gepanzerte Einheit im Kessel erhielt die Aufgabe, den Stoß gegen die russischen Linien anzuführen, während die Sturmbrigade *Wallonie* unter Lucien Lippert die Nachhut bildete. Die Russen hatten zusätzlich zu den gepanzerten Einheiten der Roten Armee rund um den Kessel zwei ganze Panzerarmeen zwischen dem Kessel und den deutschen Entsatz-Einheiten im Westen aufgestellt. Der Ausbruchsversuch begann Mitte Februar, obwohl er fast in einem sofortigen Fehlschlag endete, als russische Panzer in den Bereich zwischen der 57. und 88. Infanteriedivision eindrangen. Um eine Bresche zu schlagen, wandten sich die wenigen verbliebenen Panzer der Division *Wiking* zurück und warfen sich gegen die russische Streitmacht. So wurde wertvolle Zeit gewonnen, und Tausende deutsche Soldaten konnten westwärts entkommen, doch keiner der Panzer der Waffen-SS überlebte das Treffen – ein weiteres Beispiel für die verwegene Tapferkeit der Soldaten der Waffen-SS in der Schlacht. Während der Nachhut-Kämpfe war Lippert getötet worden. Er wurde als Kommandant der *Wallonie* durch SS-Hauptsturmführer Léon Degrelle ersetzt. Zu dieser Zeit waren alle Fahrzeuge zerstört und alle Feldgeschütze verloren.

OBEN: Bei Tscherkassy ließen die Deutschen ihre Fahrzeuge zurück, als die Straßen überschwemmt wurden und der Schlamm alles verschlang. Als der Schnee kam und der Boden hart wurde, konnte man Karren verwenden, doch dann wurden die Pferde durch feindliches Gewehrfeuer und Granaten getötet, und die Truppen mußten ihren Weg zu Fuß fortsetzen. Die Schneestürme, die das Gebiet am 16. Februar peitschten, verbargen Tausende von Männern und die weiblichen Fernmeldehelfer, die mühsam westwärts stapften.

RECHTS: Ein brennendes Dorf im Tscherkassy-Kessel. Gegen jede Wahrscheinlichkeit gelang es den Deutschen, nach Westen auszubrechen, doch grausamerweise hatte sich durch schweren Regen und Schnee der Strom bei Gniloi-Tilkitsch in eine reißende Flut verwandelt. Während sie den Übergang erzwangen, bombardierten die Russen die deutschen Truppen. Nach hartem Kampf erreichten nur 34.000 Mann den Schutz der deutschen Linien. Die Division *Wiking* umfaßte nur noch 4000 Mann, während die Sturmbrigade *Wallonie* fast 1400 Mann verloren hatte.

UNTEN: Spezielles Abzeichen für die Zerstörung eines Panzers im Alleingang, Silberne und Goldene Klasse. Es wurde am 9. März 1942 eingeführt. Es war nicht für Panzerabwehr-Truppen gedacht, sondern für andere Soldaten, die ein feindliches gepanzertes Fahrzeug mit einer Rakete oder Granate im Alleingang zerstörten.

RECHTS: SS-Obersturmbannführer Vincenz Kaiser vom Regiment *Der Führer.* Er war ein Panzer-Killer *par excellence* (beachten Sie die Panzerzerstörungs-Abzeichen an seinem Ärmel) und focht an der Ostfront. Am 20. April 1945 wurde er in der Nähe von Nürnberg im Kampf getötet.

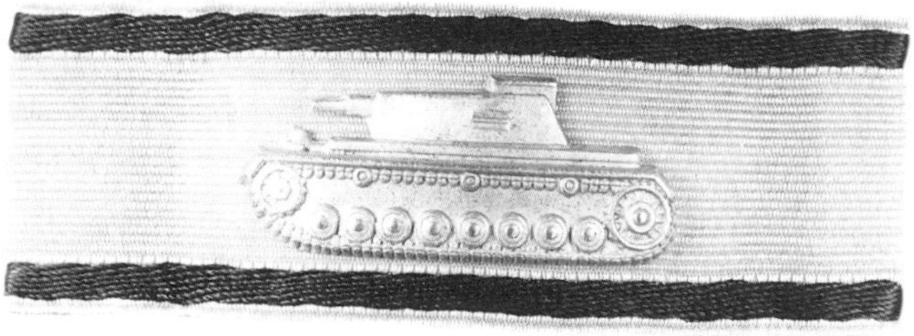

UNTEN: Ein ausgeschalteter deutscher Panther an der russischen Front. Die Wehrmacht konnte sich solche Verluste Anfang 1944 kaum leisten. Im März 1944 hatte ein durchschnittliches russisches Panzerkorps 50 bis 100 Tanks, während ihr Gegenspieler, die Panzerdivision, nicht mehr als 30 kampftaugliche besaß. Sowohl an Männern als auch an Ausrüstung waren die Sowjets in der Überzahl.

OBEN: Eine Kolonne von Waffen-SS-Soldaten beobachtet einen russischen T-34-Panzer in deutschem Dienst (achten Sie auf das große Balkenkreuz an der Seite als Erkennungsmerkmal). Der Krieg in Rußland blutete die Waffen-SS aus, doch Himmler konnte bloß leere Phrasen bieten: „Es ist wichtig, daß wir alle vor uns eine unendlich wichtige Aufgabe sehen, nämlich niemals zuzulassen, daß die Front der Waffen-SS und der Polizei auf irgendeine Weise ausstirbt. Und wenn wir einmal die Sechzehnjährigen, die Fünfzigjährigen an die Waffen stellen müssen, werden wir dies tun. Es zählt nicht, ob ein Jahrgang mehr oder weniger blutet, wenn es um das Leben eines ganzen Volkes geht. Sie können mir glauben, in jedem einzelnen Fall bereiten die vielen, vielen Menschen unserer wertvollen Jugend, die Führer und die Männer, die man kannte und die man selbst aufzog, bittere Sorge und Schmerz. Doch Krieg ist keine Frage der Sentimentalität. Der Krieg wird gewonnen werden; es ist der Kampf zwischen Europa und Asien – und wir werden siegen."

RECHTS: Deutsche Panzerschlacht-Abzeichen (die Ziffern geben die Zahl der Kämpfe, an denen der Empfänger beteiligt war, an). Zunächst wurde es ohne Zahl für die Teilnahme an drei Panzerangriffen an drei aufeinanderfolgenden Tagen, für erlittene Verwundung oder für den Gewinn einer Auszeichnung bei einem Angriff vergeben. Im Laufe des Kriegs mußten immer mehr Treffer belobigt werden; so gab es Auszeichnungen für 25 und 50, sodann 75 und 100 Kämpfe.

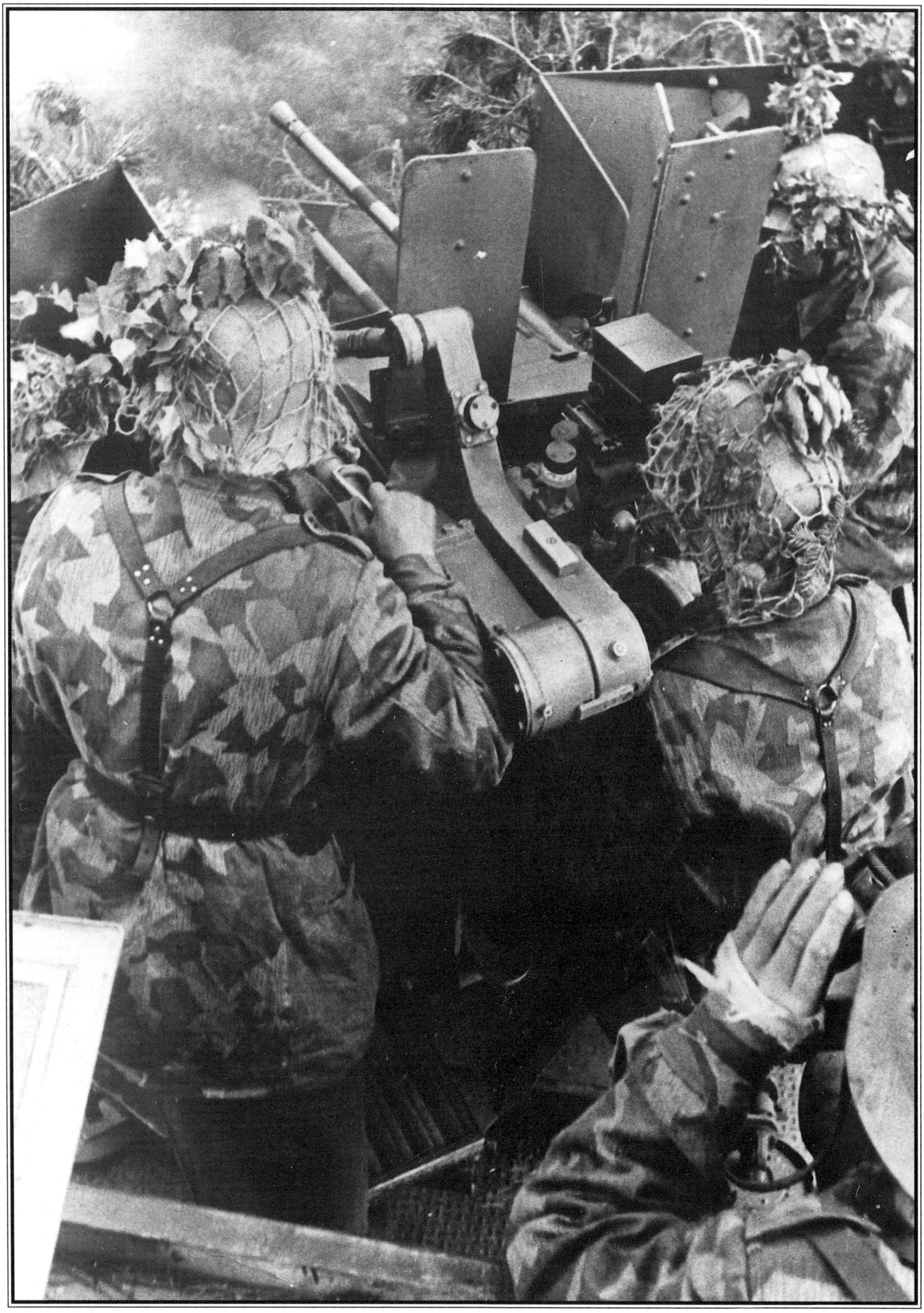

Kapitel 14

Stahlregen

Die Waffen-SS im Westen 1944-45

Links: Ein bei Hitlers Ardennen-Offensive zerstörtes amerikanisches Treibstofflager. Die deutschen Streitkräfte litten Ende 1944 an ernster Benzinknappheit und hatten Schläuche, um aus erbeuteten oder außer Gefecht gesetzten Fahrzeugen Benzin abzusaugen.

Gegenüber: Eine deutsche 3-cm-Fliegerabwehrkanone (Flak) unterstützt im Juni 1944 in der Normandie einen Infanterieangriff.

Am Vorabend der alliierten Invasion in der Normandie waren vier von zehn deutschen Panzerdivisionen in Frankreich und Belgien solche der Waffen-SS. Die Division *Das Reich,* die in Südfrankreich bei Toulouse stationiert war, wurde bald nach dem D-Day nach Norden befohlen und traf am 10. Juli an der Invasionsfront bei Périer ein.

Anfangs hielten die Alliierten den Druck am Ostende ihres Brückenkopfs aufrecht. Eines der Hauptziele der britischen 21. Heeresgruppe unter General Montgomery war die Stadt Caen. Der erste Versuch, sie einzunehmen, war ein direkter Angriff am 6. und 7. Juni. Die 12. SS-Panzerdivision *Hitlerjugend* bezog am 7. Juni Stellungen rund um Caen und bildete Sturmeinheiten, um die Briten abzufangen. Unter dem Kommando von SS-Standartenführer Kurt „Panzer" Meyer hielt eine Schlachtgruppe von drei Infanterie- und Panzer-IV-Bataillons vom Panzerregiment der Division den alliierten Sturm auf. Doch der Erfolg hielt nur kurz - die Deutschen waren nicht stark genug, um die britische Infanterie und ihre Panzer zum Rückzug zu zwingen.

Montgomery wird vor Caen enttäuscht

Bis zum 9. Juni waren auch Generalmajor Fritz Bayerlein und seine Panzerdivision *Lehr* bei Caen in Stellung, so daß die Stadt und das lebenswichtige Carpiquet-Flugfeld nunmehr von drei mächtigen Panzerdivisionen verteidigt wurden.

Montgomery beschloß jetzt, zwei seiner erfahrensten Einheiten einzusetzen: die 51. (Highland) Division und die 7. Panzerdivision. Die Schotten sollten die Stellungen der 6. Luftlandedivision östlich der Orne umgehen, während die 7. Panzerdivision vom Nordosten aus gegen Caen vorrückte. Bei drei Tage andauernden Kämpfen machten die Briten jedoch wenig oder gar keinen Fortschritt, und der Angriff lief sich schließlich tot.

Wittmann bei Villers-Bocage

Am 10. Juni versuchte die 7. Panzerdivision, sich westlich von Caen den Weg hinter die britische 50. Division zu erzwingen, machte aber gleichfalls wenig Fortschritte. Zwischen Caumont und Villers-Bocage hatten die Briten eine Lücke in den deutschen Verteidigungsstellungen erspäht, und die 7. Panzerdivision versuchte sofort, sie auszunützen. Britische Panzer fuhren am Morgen des 13. Juni in Villers-Bocage ein. Doch zur selben Zeit drang auch Michael Wittmann, Kommandant der 2. Kompanie, schwere SS-Panzerabteilung 101, mit vier Tiger-Panzern und einem Panzer IV in das Dorf ein. Wittmann selbst traf auf vier britische Cromwell-Panzer, die gerade ins Dorf einfuhren, und schaltete in einem kurzen Gefecht drei von ihnen aus, während der vierte ihn von der Flanke her angriff. Doch auch dieser fiel seinem tödlichen 8,8-cm-Geschütz zum Opfer. Wittmann vereinigte sich hierauf wieder mit den anderen Tigern und ging daran, eine britische Panzerkolonne der 22. Panzerbrigade anzugreifen. An der Seite der Kolonne entlangfahrend, schaltete er im Kernschuß-

LINKS: Der Rest eines Tiger-Panzers der Waffen-SS, der während der Kämpfe in der Normandie ausgeschaltet wurde. Die deutschen Einheiten erlitten verheerende Verluste gegen einen Feind, der fast völlige Luftüberlegenheit und eine überwältigende Zahl von Panzern und Artillerie besaß. Deutsche Fahrzeuge fuhren meist nachts, um nicht aufgespürt zu werden.

bereich weitere 23 britische Tanks und dieselbe Zahl von Halbketten- und leichten gepanzerten Fahrzeugen aus. Die Granaten der britischen Tanks prallten sogar auf diese kurze Distanz einfach von den massiven Panzerplatten der Tiger ab.

Als die vier Tiger und der Panzer IV jedoch durch das Dorf zurückfuhren, warteten schon britische Tanks und ein 6-Pfünder-Panzerabwehrgeschütz auf sie. Alle fünf wurden durch Schüsse aus kurzer Distanz durch ihre dünnere Seitenpanzerung hindurch ausgeschaltet. Die Mannschaften der Panzer entkamen. Doch Wittmanns Aktion hatte die Flanken der Panzerdivision *Lehr* gerettet, und für seine Leistung wurde er verdientermaßen mit den Schwertern und dem Eichenlaub zu seinem Ritterkreuz ausgezeichnet.

DIE OPERATIONEN „EPSOM" UND „GOODWOOD"

Bis zum 14. Juni war die Lücke in den deutschen Linien geschlossen, und die 9. SS-Panzerdivision *Hohenstaufen* und die 10. SS-Panzerdivision *Frundsberg* wurden von Polen in die Normandie befohlen. Sie trafen am 25. Juni ein und wurden an der Linie zwischen Caen und Villers-Bocage positioniert. Ihre Ankunft kam gerade zur rechten Zeit, da sie mit Montgomerys Operation „Epsom" (seinem Sturm auf Caen) zusammenfiel. Das britische 8. Korps griff entlang einer 6 km langen Front zwischen Carpiquet und Rauray an. Am 27. Juni führten die Deutschen einen Gegenangriff, doch ihr Sturm wurde schon zu Beginn von der 11. Panzerdivision gestoppt, die am 29. Juni den entscheidenden Hügel 112 einnahm.

Als Antwort unternahm SS-Obergruppenführer Paul Hausser mit *Hohenstaufen* und *Frundsberg* einen Gegenangriff, doch die Soldaten der Waffen-SS wurden zurückgeschlagen. Zum Glück für die Deutschen hatten die Alliierten einen noch schwereren Angriff erwartet und die 11. Panzerdivision über den Odon zurückgezogen, so daß Hügel 112 bald wieder in deutscher Hand war.

In Caen harrten die Soldaten der Division *Hitlerjugend* verzweifelt aus, doch die Briten erreichten schließlich die Orne, die durch das Zentrum Caens fließt. Da erreichte die *Leibstandarte* die Front und übernahm in Caen die Position der *Hitlerjugend*. Am 18. Juli begannen die Briten die Operation „Goodwood", doch die Deutschen erholten sich schnell von dem dreistündigen Bombardement. Panzer- und Panzerabwehrfeuer forderten bald ihren Zoll unter den Alliierten. Obwohl die Leibstandarte den größten Teil Caens aufgeben mußte, verloren die Alliierten über 400 Panzer, und die deutsche Verteidigungslinie war immer noch relativ intakt.

DER FALAISE-KESSEL

Die Kämpfe in den anderen Abschnitten waren genauso heftig, doch langsam begann sich die zahlenmäßige Überlegenheit der Alliierten auszuwirken. Die *Leibstandarte* und die 2. Panzerdivision erreichten am 13. August Argentan, während *Frundsberg* versuchte, die Amerikaner bei Domfront aufzuhalten. Bald zeige sich, daß nur ein sofortiger Rückzug durch die Falaise-Argentan-Lücke die deutschen Kräfte in der Normandie retten konnte.

Die Division *Hitlerjugend* kämpfte verzweifelt darum, den Korridor offenzuhalten. *Das Reich* und *Hohenstaufen*, die die Lücke bereits passiert hatten, wandten sich herum und ließen Gegenangriffe auf die Alliierten los, um für ihre im Kessel gefangenen Kameraden Zeit zu gewinnen. Am Nachmittag des 21. August 1944 war die Schlacht um den Falaise-Kessel vorbei.

Nach der deutschen Niederlage in der Normandie überredete Montgomery Eisenhower zu einem kombinierten Boden-Luftangriff durch Holland unter dem Namen „Market Garden". Dieser Plan erforderte die Einnahme der Brücken bei Eindhoven und Nijmegen durch US-Luftlandetruppen, während die Briten die Brücke bei Arnhem erobern sollten. Der Sturm begann am 17. September, und das 2. SS-Panzerkorps unter SS-Obergruppenführer Willi Bittrich wurde zur Bewachung aufgestellt. Es bestand aus den traurigen Resten der einst mächtigen 9. und 10. SS-Panzerdivisionen, die beide in der Schlacht um die Normandie dezimiert worden waren. Trotzdem enthielten sie erstklassige Truppen, und ihre Anwesenheit sollte für die britische 1. Luftlandedivision, die bei Arnhem landete, ein Schock sein.

Arnhem sah bald einen Kampf von Haus zu Haus und Mann gegen Mann. Am Morgen des 19. September wehrten deutsche Einheiten den Vorstoß der britischen 1. Fallschirmjäger-Brigade zur Brücke ab. Generalmajor Stanislaw Sosabowski landete mit seiner 1. Polnischen Fallschirmjäger-Brigade bei Driel und sah sich einer deutschen Streitmacht gegenüber, die bis jetzt entscheidend Oberhand hatte. Den Resten der britischen Angriffstruppe wurde in der Nacht vom 25. auf den 26. September der Rückzug befohlen. Die böse zugerichteten Überlebenden wichen über den Unterrhein bei Oosterbeck zurück und wandten sich nach Süden.

DIE ARDENNEN-OFFENSIVE

Gegen Ende 1944 sammelte Hitler seine Truppen für seinen letzten Versuch, die militärische Initiative im Westen wiederzuerlangen: die Ardennen-Offensive, einen dreiteiligen Vorstoß auf Antwerpen. Den wichtigsten Teil des Schlages sollte die 6. Panzerarmee unter SS-Oberstgruppenführer „Sepp" Dietrich durchführen, die durch die Wälder der Ardennen angreifen, zwischen Liège und Huy einen Übergang über die Meuse erzwingen und dann Richtung Antwerpen ziehen sollte. General Hasso von Manteuffel sollte sich entlang der Südflanke Dietrichs nach Nordwesten wenden, zwischen Namur und Dinant die Meuse überqueren und nach Brüssel stoßen, während die 7. Armee unter General Erich Brandenberger an die Meuse stürmen sollte.

Dietrichs 6. Panzerarmee enthielt das 1. SS-Panzerkorps, dessen wesentliche Elemente die Division *Leibstandarte* und die 12. SS-Panzerdivision *Hitlerjugend* waren. In Reserve stand das 2. SS-Panzerkorps mit der 2. SS-Panzerdivision *Das Reich* und der 9. SS-Panzerdivision *Hohenstaufen*. Die Infanterie umfaßte die 12., 272., 277. und 326. Volksgrenadier-Division und die 3. Fallschirmdivision.

Das 1. SS-Panzerkorps bildete die Speerspitze der 6. Panzerarmee. Es sollte die amerikanischen Linien zwischen Hollerath und Krewinkel durchbrechen und mit der *Hitlerjugend* an der rechten und der *Leibstandarte* an der linken Flanke durch den Liège-Huy-Abschnitt stürmen. Die Führung dieses Angriffs wurde einer besonders kraftvollen Kampfgruppe übertragen. Diese führte ein Offizier an, der sich bei zahllosen Gelegenheiten im Kampf bewährt hatte: SS-Obersturmbannführer Joachim Peiper.

Die Offensive begann am 16. Dezember 1944, doch kam sie auf den überschwemmten Straßen nur langsam voran. Die Kampfgruppe Peiper wurde von langsameren Einheiten aufgehalten. Am 19. Dezember erreichte Peiper Stoumont, doch nun erholten sich die Alliierten vom ersten Schrecken über den Angriff, und der Widerstand wurde härter. *Hitlerjugend, Das Reich* und *Hohenstaufen* griffen am 27. Dezember im Manhay-Sektor an, konnten aber die amerikanischen Linien nicht durchstoßen. Bis zum 24. Januar hatte sich die Lage in Ungarn so verschärft, daß alle Divisionen der Waffen-SS, die der Ardennen-Offensive zugeteilt waren, zurückgezogen und an die bröckelnde Ostfront verlegt wurden. Am 10. Februar 1945 waren die letzten deutschen Einheiten über den Rhein zurückgeworfen worden, und die Amerikaner, Kanadier, Franzosen und Briten marschierten weiter ins Reich hinein.

RECHTS: Eine amerikanische Kolonne rattert im August 1944 in der Schlußphase der Kämpfe in der Normandie an zerstörten deutschen Fahrzeugen vorbei. Die Original-Unterschrift dieses Photos lautete: „Unser Vormarsch war beängstigend. Hier versuchten sie uns aufzuhalten, und wir bliesen sie von der Straße."

LINKS: SS-Oberscharführer Ernst Barkmann, der am 1. April 1939 der Waffen-SS beitrat und dem Regiment *Germania* zugeteilt wurde. Er kämpfte in Polen und Rußland, wurde dort verwundet und meldete sich 1942 freiwillig zum Dienst bei der Panzerwaffe. Er wurde dem SS-Panzerregiment 2 von *Das Reich* zugeteilt. Anfang 1944 wurde die Division zur Erholung und Neuausstattung von Rußland nach Bordeaux verlegt. Als die Alliierten in der Normandie landeten, wurde *Das Reich* ins Kampfgebiet verlegt. Barkmann und seine Mannschaft zerstörten mit ihren Panthern etwa 50 feindliche Tanks. Für seine Tapferkeit in der Normandie wurde er mit dem Ritterkreuz ausgezeichnet. Barkmann focht auch in der Ardennen-Offensive.

RECHTS: Getarnt und schwer bewaffnet rasen vier Angehörige der 12. SS-Panzerdivision *Hitlerjugend* an die Front in der Normandie. Kurt „Panzer" Meyer, der die Division in der Normandie befehligte, sagte über seine jungen SS-Soldaten: „Die Jungen sind zu Verantwortungsgefühl, Sinn für die Gemeinschaft, zu Opferbereitschaft, zu Entschlossenheit, Selbstdisziplin, Kameradschaftsgeist und Aufmerksamkeit erzogen ... Alles war auf die Schulung für den Kampf ausgerichtet."

LINKS: Truppen der 1. SS-Panzerdivision *Leibstandarte* schleppen ihre Ausrüstung in der Normandie vorwärts. Die SS war von der Heftigkeit und Länge des Artillerie- und Luftbombardements überrascht, das sie von seiten der Alliierten erdulden mußte, schwerer als alles, was sie von der Ostfront her kannte. Solch ein Einhämmern forderte seinen Zoll: Während eines Gegenangriffs am 18. Juli bei Caghy konnte die *Leibstandarte* nur 46 gepanzerte Kampffahrzeuge und selbstfahrende Geschütze aufbieten.

RECHTS: Zuversichtliche Mitglieder der Mannschaft eines Panzer IV der *Hitlerjugend* in der Normandie. Die Jungen der Division kämpften voller Fanatismus, eine Folge der nationalsozialistischen Indoktrination der Hitlerjugend. Einer der 18jährigen Angehörigen der Division schrieb: „Wir wußten, daß wir schnell, behende und zuversichtlich waren. Wir vertrauten unseren Offizieren und Unteroffizieren, die kampferprobt waren. Wir kannten sie seit Beginn unserer Ausbildung. Beim Kampftraining mit scharfer Munition hatte es uns gefreut, sie zusammen mit uns im Schlamm zu sehen.“

UNTEN: Ein Panzer IV der *Hitlerjugend* in der Normandie in Aktion. Die Division enttäuschte nicht, als sie in die Schlacht geführt wurde. Ihr erster Einsatz fand bei Caen statt, wo sie sich mit kanadischen Truppen eine Reihe wilder Schlachten lieferte. Bei diesen Treffen waren die Verluste auf beiden Seiten hoch. Meyers Regiment beklagte innerhalb weniger Kampfstunden 300 Opfer.

OBEN: SS-Hauptsturmführer Michael Wittmann, Panzer-As *par excellence*, und seine Mannschaft während der Normandie-Kämpfe. Zu dieser Zeit war Wittmann Kommandant der 2. Kompanie, schwere SS-Panzerabteilung 101. Seine Einheit zerstörte am 13. Juni 1944 bei Villers-Bocage eine britische Panzerkolonne, indem sie 27 Tanks und ebensoviele Halbketten- und andere gepanzerte Fahrzeuge ausschaltete. Wittmann und seine Manschaft wurden am 8. August 1944 nahe Gaumesnil, südlich von Caen, getötet. „Panzer" Meyer schrieb über ihn: „Wittmann starb, wie er gelebt hatte – tapfer, schneidig und ein Vorbild für seine Grenadiere."

LINKS: Gut getarnte Grenadiere der Division *Hitlerjugend* im Juni 1944 in der Normandie (beachten Sie das Scharfschützengewehr). Feldmarschall Rommel faßte das Problem der Waffen-SS und der Armee nach dem D-Day im Westen so zusammen: „Hier stürmen keine fanatischen Horden gegen unsere Front ... wir haben es hier mit einem Feind zu tun, der all seine natürliche Intelligenz beim Einsatz seiner vielen technischen Hilfsmittel benutzt ... Kühnheit und Hartnäckigkeit sind für einen Soldaten nicht länger entscheidend."

LINKS: Zwei Männer der Division *Leibstandarte* während der Kämpfe in der Normandie im Juni 1944 mit ihrem 8-cm-Mörser. In den 30er Jahren hatte die deutsche Armee Mörser eingeführt, die nach den Prinzipien von einem britischen Ingenieur, Sir Wilfred Stokes, entworfen waren. Im Zweiten Weltkrieg konnten die deutschen Mörser-Mannschaften einschließlich jener der SS ihre Waffe schnell aufstellen, das Feuer auf den Feind richten, und sich rasch davonmachen, ehe dieser ein Gegenfeuer organisieren konnte.

UNTEN: Ein deutscher Panzerabwehr-Schütze liegt neben seiner zerstörten Kanone. Im Hintergrund befinden sich drei deutsche Panzer, die ein ähnliches Geschick traf. Die Waffen-SS beklagte in der Normandie schwere Opfer, und am Ende des Feldzugs bestand *Das Reich* noch aus 450 Mann und 25 Panzern, während die *Hitlerjugend* noch 300 Mann, 10 Tanks und keine Artillerie mehr hatte.

OBEN: Drei Männer der Waffen-SS sitzen nach ihrer Gefangennahme während des Feldzugs in Nordfrankreich 1944 auf einem britischen Jeep. Die Gesichter der beiden SS-Jungen zeigen Ungläubigkeit bezüglich ihrer Lage, während der ältere Mann in der Mitte den Ausdruck dankbarer Erleichterung zeigt. Beachten Sie sein Band des Eisernen Kreuzes Zweiter Klasse.

RECHTS: Kämpfe in Arnhem. Eine Schwadron deutscher Panzer schwenkt auf der Straße herum, während sie eine Patrouille von Männern der Waffen-SS deckt. Truppen der 9. SS-Panzerdivision *Hohenstaufen* und der 10. SS-Panzerdivision *Frundsberg* nahmen an den Schlachten in und um Arnhem teil. Trotz ihrer Schwächung nach Kämpfen in der Normandie fochten sie wacker. Entgegen einem Vorurteil verhielten sich die Soldaten der Waffen-SS nach dem Kampf ritterlich gegenüber ihren britischen Gefangenen.

LINKS: Männer der 6. Panzerarmee rücken während der Ardennen-Offensive im Dezember 1944 vor. Zu dieser Zeit hatte die Abnutzung bei der Waffen-SS ihren Zoll gefordert. Dietrich sagte nach dem Krieg folgendes über seine Armee: „Ersatz kam größtenteils von der Luftwaffe, Marine und anderen Armee-Einheiten. Die meisten von ihnen waren junge Männer, zwischen 18 und 25 Jahre alt. Für die Einheiten wurde die Schulung bis zum Bataillon hinauf durchgeführt, doch nicht höher, sie erhielten nur ein allgemeines Training. Das Hauptproblem war der Mangel an Benzin."

UNTEN: Männer der 6. Panzerarmee greifen in den Ardennen an. Der deutsche Plan sah vor, die Ardennen zu durchstoßen, die Meuse zu überqueren und dann nach Antwerpen zu stürmen. Die Divisionen *Leibstandarte* und *Hitlerjugend* waren die Speerspitze. Zusammen mit der 6. Panzerarmee sollten auch die 5. und 7. Panzerarmee angreifen. Oberstes Ziel war, die Front der Alliierten zu durchbrechen, ihre Nachschublinie von Antwerpen abzuschneiden und das Dritte Reich zu retten. Wie Hitler bemerkte: „Die Zeit arbeitet gegen uns, nicht für uns." Was er nicht wußte, war, daß sie für ihn und sein Reich bereits abgelaufen war.

RECHTS: Eine Kolonne deutscher Gefangener wird unter den wachsamen Augen amerikanischer GIs weggebracht. Die Ardennen-Offensive war von Anfang an von Schwierigkeiten verfolgt. Das 1. SS-Panzerkorps etwa sah sich bloß einer Handvoll unerfah-rener amerikanischer Truppen gegenüber, doch diese schafften es, den Vormarsch der Angreifer wesentlich zu verzögern. Die amerikanische Linie wurde zurückgedrängt, doch sie zerriß nicht, und so war Dietrich gezwungen, die Division *Hitlerjugend* verfrüht einzusetzen.

UNTEN: Die Soldaten der Waffen-SS kämpften mit großem Einsatz. Sie wollten Hitlers Wünsche in den Ardennen erfüllen, doch es war unmöglich. Am Ende des ersten Tages der Offensive hatten die Deutschen das wesentliche Überraschungsmoment eingebüßt. Zusätzlich wirkte sich das Wetter, das während des Sammelns der Kräfte auf ihrer Seite gewesen war, nun gegen sie aus, ebenso die Vernachlässigung der Luftdeckung zugunsten der Alliierten. Schnee und Regen erschwerten das Fortkommen, wie Dietrich erklärte: „Die 12. SS-Panzerdivision griff auf schlammigem Boden an, und sie besaß nur 100 Liter pro Panzer. Wir dachten, das würde für 50 bis 60 km reichen, doch im schlammigen Gelände mußten oft die niedrigen Gänge verwendet werden, und das Benzin reichte nicht. Die Division blieb in diesem Gebiet [dem Elsenborn-Kamm] drei Tage lang stecken und konnte nicht wieder flottgemacht werden. Auch hatten die Amerikaner hier viele Panzer-Abwehrstellungen und Panzerfallen." Und über die *Leibstandarte:* „Die Division hatte nicht das Benzin, das sie brauchte. Sie wartete darauf vom 17. bis zum 19. Dezember, doch sie erhielt keines."

LINKS: SS-Standartenführer Joachim Peiper, Kommandant der Kampfgruppe Peiper während der Ardennen-Offensive. Er diente 1940 im Westen in der *Leibstandarte* und errang 1943 in Charkow das Ritterkreuz. Im Herbst dieses Jahres übernahm er den Befehl über das Panzerregiment der *Leibstandarte* und wurde mit dem Eichenlaub ausgezeichnet. Während der unglücklichen Ardennen-Offensive massakrierten seine Männer in Malmédy 74 amerikanische Gefangene, ein Verbrechen, für das Peiper und 42 seiner Männer nach dem Krieg zum Tode verurteilt wurden. Doch sein Urteil wurde in lebenslange Haft umgewandelt, und 1956 kam er frei. Er änderte seinen Namen und ließ sich in Frankreich nieder. Doch solche Menschen entkommen nur schwer ihrer Vergangenheit: Am 13. Juli 1976 wurde er von ehemaligen Mitgliedern der Résistance ermordet.

RECHTS: Gefangene Mitglieder der Waffen-SS im Januar 1945. Die Ardennen-Offensive ist vorüber, die Deutschen haben verloren. Fast 100.000 ihrer Soldaten sind getötet, verwundet oder gefangen worden. Die 5. und 6. Panzerarmee hatten 600 Tanks verloren, einige Divisionen besaßen nun weniger als 20 Panzer. Die meisten Infanteriedivisionen waren übel zugerichtet, und die Munition war so knapp, daß für jedes Geschütz im Westen pro Tag nur fünf Schuß möglich waren. Diese Verluste wurden dadurch noch schlimmer, daß sie nicht ersetzt werden konnten. Die Alliierten ersetzten die ihren innerhalb von 14 Tagen.

Kapitel 15

Der Feuerkreis

Das Ende des Dritten Reichs

Links: Kämpfe in Berlin am Ende des Kriegs. Die Leiche eines Mitglieds des Reichsarbeitsdienstes (RAD) liegt am Boden. Männer der Roten Armee laufen an ihr vorbei, ohne sie weiter zu beachten.

Gegenüber: Das abgezehrte Gesicht eines Grenadiers der Waffen-SS. Er hat viele seiner Kameraden beim Versuch, die Rote Armee aufzuhalten, fallen sehen – ohne jeden Erfolg.

Im August 1944 verließen Rumänien und Bulgarien das Achsenbündnis und schlugen sich auf die Seite der Sowjets. Die Heeresgruppen E und F unter Feldmarschall von Weichs wurden durch Jugoslawien zurückgedrängt, die ethnischen Freiwilligen-Divisionen der SS, *Prinz Eugen, Skanderberg* und *Kama,* wurden im Januar 1945 südlich von Vukovar von der Roten Armee dezimiert.

Die ungarische Hauptstadt Budapest wurde unter den Schutz der Heeresgruppe Süd unter General Otto Wöhler gestellt. Die für die Verteidigung der Stadt abgestellten Einheiten schlossen die 8. SS-Kavalleriedivision *Florian Geyer*, die 22. SS-Freiwilligen-Kavalleriedivision *Maria Theresia* und die 18. SS-Freiwilligen-Panzergrenadierdivision *Horst Wessel* ein.

Die Verteidigung Budapests

Im Oktober 1944 stand das ungarische Staatsoberhaupt, Admiral Horthy, kurz davor, wie die Rumänen und Bulgaren die Achse zu verlassen, doch in einem Staatsstreich wurde er gestürzt und eine den Nazis loyale Marionettenregierung eingesetzt. Anfang des Monats jedoch hatte die Rote Armee die ungarische Grenze überschritten und stürmte zur Donau, die sie südlich von Budapest erreichte.

Im Südwesten der Stadt liegt der Plattensee; zwischen ihm und Budapest hatten die Deutschen starke Verteidigungsstellungen errichtet. Am 20. Dezember hatten die Sowjets die Donau überquert und erreichten den Südrand des Plattensees. Marschall Tolbukhin lenkte den Hauptstoß seines Angriffs hinter den Ostrand Budapests, und durch die 6. Garde-Panzerarmee, die vom Nordosten aus angriff, und die 46. Armee von Süden wurde die Stadt schließlich in eine massive Zange genommen und umzingelt. Die Kämpfe tobten; die Sowjets konnten die Deutschen nicht entscheidend schlagen, und diese konnten die Angreifer nicht zurückwerfen.

Am 26. Dezember wurde das 4. SS-Panzerkorps, das die 3. SS-Panzerdivision *Totenkopf* und die 5. SS-Panzerdivision *Wiking* umfaßte, von Warschau herangeholt, um Budapest zu entsetzen, doch vergebens. Die belagerte Garnison kämpfte bis zum 11. Februar 1945, dann versuchten 30.000 der in der Stadt verbliebenen Männer einen Ausbruch nach Westen. Bei den folgenden Kämpfen wurden die fliehenden Deutschen in Stücke gehauen. *Florian Geyer* und *Maria Theresia* wurden ausgelöscht, und Budapest kapitulierte am 12. Februar.

Operation „Frühlingserwachen"

Der Fall Budapests setzte eine große Zahl sowjetischer Truppen für eine neue Offensive gegen die deutsche Armee frei. Die von den Deutschen gehaltenen Ölfelder Nagykanizsas in Ungarn liefen Gefahr, von sowjetischen Streikräften überrannt zu werden, die jetzt nur noch 80 km entfernt standen. Um dies zu verhindern, plante Hitler eine neue Offensive, welche die Heeresgruppe Süd im Südosten einschloß. Diese, die die 6. SS-Panzerarmee, die 8. Armee, die 6. Armee und die ungarische 3. Armee enthielt, sollte unter General Wöhler von den Margarethe-Verteidigungsstellungen nach Süden stoßen, während die 2. Armee der Heeresgruppe Südost von

Westen her die sowjetischen Linien attackieren würde. Diese Zangenbewegung sollte Tolbuchins 3. Ukrainische Front mit der 4. Gardearmee, der 26. und 27. Armee und der 1. Bulgarischen Armee zerschlagen. Das IV. SS-Panzerkorps bliebe so lange in den Margarethe-Stellungen um den Plattensee.

Unter dem Kommando von SS-Oberstgruppenführer „Sepp" Dietrich bestand die 6. SS-Panzerarmee aus der 1. SS-Panzerdivision *Leibstandarte,* der 2. SS-Panzerdivision *Das Reich*, der 9. SS-Panzerdivision *Hohenstaufen* und der 12. SS-Panzerdivision *Hitlerjugend.* Alle kamen von der fatalen Ardennen-Offensive und waren substantiell geschwächt. Als Vorspiel hatte das 1. SS-Panzerkorps ohne Probleme den sowjetischen Brückenkopf von Estergom zerschmettert. Als die Sowjets merkten, daß sich ein großer Truppenkörper der Elite-Waffen-SS in der Gegend aufhielt, realisierten sie schnell, daß tatsächlich eine größere Offensive bevorstand, und verstärkten ihre Verteidigungsstellungen entsprechend. Sie füllten die Minenfelder auf und bereiteten Panzerabwehrstellungen vor.

Der russische Hammerschlag

Die Offensive begann am 6. März. Das 1. SS-Panzerkorps war bestens plaziert, die Männer hatten ihre Stellungen rechtzeitig erreicht, doch das 2. SS-Panzerkorps stolperte immer noch im Schlamm herum, für seine Fahrzeuge war ein Fortkommen fast unmöglich. Der deutsche Angriff führte fast von Beginn an zu schweren Verlusten. Trotzdem warfen sich die Truppen der Waffen-SS mit ihrem gewohnten Elan und ihrer üblichen Entschlossenheit in die Schlacht und trieben die Russen zurück, um bis zu 40 km.

Die sowjetische Gegenoffensive begann am 16. März entlang des gesamten Westsektors Budapests. Dietrich gruppierte seine Truppen verzweifelt um, um die am meisten gefährdeten Zonen zu verstärken, doch die Sowjets überschwemmten bald die Gegenden, aus denen er diese abgezogen hatte. Die 6. SS-Panzerarmee drohte völlig abgeschnitten zu werden, das 4. SS-Panzerkorps kämpfte darum, die deutsche Grundlinie zu halten. *Das Reich* focht verzweifelt, um einen Korridor für die Flucht seiner Kameraden offenzuhalten, doch der Abfall der ungarischen Armee riß die Flanken des 2. SS-Panzerkorps weit auf. Bis zum 25. März hatten die Russen eine 100 km lange Lücke in die deutschen Stellungen gerissen.

Ebenso wie die vier Elite-Panzerdivisionen der 6. SS-Panzerarmee und die zwei Panzerdivisionen des 4. SS-Panzerkorps wurde auch die 16. SS-Panzergrenadier-Division *Reichsführer-SS* am Plattensee in Kämpfe verstrickt. Die Division *Horst Wessel* zog sich in die Slowakei zurück. Zehn Tage nach ihrem Beginn war die Offensive völlig ausradiert worden.

Hitler wendet sich gegen die Waffen-SS

Hitler war erbost über diesen „Verrat" der Elitedivisionen der Waffen-SS, die ihre Stellungen nicht halten konnten, und er verlangte zur Strafe die Entfernung der Armbinden, die von diesen SS-Divisionen getragen wurden. Dietrich, erzürnt über diese Beleidigung der Tapferkeit und Aufopferungsbereitschaft seiner Männer, berief eine Versammlung seiner Divisionskommandanten ein, auf der er ihnen die Anweisungen Hitlers mitteilte und dann sogleich befahl, sie zu mißachten.

Der sowjetische Vormarsch ging in einer zweizinkingen Bewegung Richtung Pápa und Gyór weiter. Am 2. April hatte die Rote Armee den Neusiedler See an der Grenze zwischen Ungarn und Österreich erreicht, und zwei Tage später war der letzte deutsche Soldat aus Ungarn vertrieben. Von den Divisionen der Waffen-SS, die in Ungarn gekämpft hatten, waren die meisten nach Österreich zur Verteidigung Wiens gezogen. *Hohenstaufen* war in Ungarn so zerschlagen worden, daß ihre Reste kleine Kampfgruppen bildeten, die während des Rückzugs Richtung Wien Nachhut-Aktionen ausfochten. Auch der *Totenkopf* kämpf-

LINKS: Offiziere der Roten Armee überwachen Anfang 1945 ihre Männer bei einer behelfsmäßigen Flußüberquerung. Rauch und explosive Granaten erfüllen die Luft rund um die Soldaten, doch nichts scheint den sowjetischen Vormarsch ins Dritte Reich aufhalten zu können. Damals sprach Guderian von der „roten Flutwelle".

te bei der Verteidigung der österreichischen Hauptstadt, während die *Hitlerjugend* starke Verteidigungsstellungen im Wienerwald südwestlich der Stadt bezog. Doch sie wurde wenige Tage später durch den unerbittlichen sowjetischen Druck vertrieben. *Das Reich* verteidigte den Süden Wiens zäh, ehe es aus der Stadt vertrieben wurde. Die *Reichsführer-SS* zog sich nach Süden in die Untersteiermark zurück.

Bis zum Frühling 1945 führten die meisten „klassischen" Waffen-SS-Divisionen einen kämpfenden Rückzug durch Ungarn und Österreich durch, während die an den zentralen und nördlichen Abschnitten der Ostfront noch kämpfenden SS-Einheiten hauptsätzlich ost- und westeuropäische Freiwillige waren. Der Grad an Entschlossenheit, den diese bei ihren Versuchen zeigten, den sowjetischen Vorstoß aufzuhalten, war außergewöhnlich, wenn nicht völlig überraschend.

Am 1. April traf Stalin mit seinen höheren Kommandanten zusammen, um die Pläne für den Schlußsturm auf Berlin festzulegen. Im Norden stand Rokossowsky mit der 2. Weißrussischen Front, im Zentrum Schukow mit der 1. Weißrussischen Front und im Süden Koniew mit der 1. Ukrainischen Front. Die Demarkationslinien, die jeder Front zugeteilt waren, sollten etwa 65 km vor Berlin aufgehoben werden. Von da an sollte ein Wettlauf der Kommandanten auf die Hauptstadt des Reichs stattfinden.

Koniew befahl seiner 3. und 4. Garde-Panzerarmee am 20. April den Einbruch in die Stadt, doch am 23. erklärte Stalin, Schukows Truppen sollten den Hauptangriff durchführen. Hierauf hob er die Grenzen auf, innerhalb derer die Einheiten in Berlin operieren sollten, um Schukows Armeen die Ehre zu erweisen, das Gebiet um den Führerbunker und den Reichstag einzunehmen.

Der Endkampf

Bis zum 25. April war Berlin umzingelt, und am nächsten Tag strömte etwa eine halbe Million Soldaten der Roten Armee in die Stadt. Der Kampf war verzweifelt: An vielen Stellen gab es Mann-gegen-Mann-Kämpfe mit Messern, Gewehrkolben und Bajonetten, und die Waffen-SS nahm am letzten, apokalyptischen Kampf für das Dritte Reich teil. Ironischerweise waren die meisten, die SS-Uniformen trugen, nichtdeutsche Freiwillige. Abgesehen von vielen Hitlerjungen, Angehörigen des Volkssturms und zwei unterbesetzten Armeedivisionen des 57. Korps bestanden die regulären Truppen in Berlin aus Männern der Divisionen *Nordland* und *Charlemagne*, einem Bataillon von Letten der 15. Waffen-Grenadierdivision der SS und 600 Männern des Begleitkorps Himmlers.

Am 28. April durchbrachen die Sowjets die Verteidigungsstellungen der inneren Stadt und stürmten zum Reichstag. Wie üblich focht die SS mit großer Verwegenheit. Das böse zugerichtete Gebäude war mit schweren Maschinengewehren und Artillerie hinter behelfsmäßigen Schießscharten in eine Festung verwandelt worden. Der erste sowjetische

Oben: Deutsche Soldaten fallen Anfang 1945 durch den Schutt des einst blühenden Vororts einer deutschen Stadt zurück. Zu dieser Zeit besaß die Rote Armee eine Überlegenheit von 11:1 bei der Infanterie, 7:1 bei Panzern und 20:1 bei Artillerie-Geschützen. Und die Deutschen hatten ihre Reserven in den Ardennen vergeudet.

Angriff, unterstützt von Artillerie und Katjuscha-Raketenwerfern, begann am 30. April. Drei Infanteriebataillone stürmten unter schwerem Feuer vorwärts und schafften es, die Verteidigungsstellungen zu brechen. Innerhalb des Gebäudes artete das Gefecht in einen Kampf Mann gegen Mann aus. Die SS hatte den Keller in eine Festung verwandelt, und es dauerte zwei Tage, ehe sie besiegt waren. Etwa 2500 Verteidiger des Reichstags wurden getötet, weitere 2600 gefangengenommen. Zu dieser Zeit war Hitler tot und die Schlacht um Berlin vorüber. Am 2. Mai um 15 Uhr übergab Generalleutnant Weidling den Russen die Stadt. Obwohl ihr Führer tot und die deutsche Hauptstadt in sowjetischer Hand war, gab es immer noch Gruppen von Soldaten der Waffen-SS, die in verschiedenen Winkeln des verschwundenen Reichs kämpften. Sie setzten den Kampf fort, bis alle formellen Kapitulationsverhandlungen abgeschlossen waren.

Als das Dritte Reich in seinen Todeskampf eintrat, wurde Hitler immer ungerechter gegenüber denen, die ihn, wie er glaubte, „betrogen" hatten. Selbst die Waffen-SS hatte jedoch ihre Grenzen, und als sie – unterbesetzt, ohne genug Munition und Nahrung und ohne Winterkleidung – seine größenwahnsinnigen Aufgaben nicht mehr erfüllen konnte, fiel sie in Ungnade. Sein Zorn traf sogar seine eigene Leibwache.

Selbst in der Niederlage blieben sich die Divisionen treu. Am 9. Mai 1945 sandte das *Deutschland*-Regiment von *Das Reich* folgende Botschaft ans Hauptquartier: „Das Regiment Deutschland – völlig abgeschnitten, ohne Nachschub, mit Verlusten an Personal und Ausrüstung in Höhe von 70 Prozent, am Ende seiner Kräfte – muß kapitulieren. Morgen wird das Regiment hocherhobenen Kopfes in die Gefangenschaft marschieren." So endete der Krieg der Waffen-SS.

OBEN: Die Straßen haben sich wieder einmal in Schlammseen verwandelt, während sich deutsche StuG- III-Sturmgeschütze Anfang 1945 durch ein Dorf in Ostdeutschland zurückziehen. Als Armee und Waffen-SS die Russen nicht hatten aufhalten können, war Himmler überzeugt, daß sein „Volk" sie stoppen könne: „Jedes Viertel, jedes Dorf, jeder Hof, jeder Graben, jedes Gebüsch, jeder Wald wird von Männern, jungen Burschen und Graubärten und – wenn es sein muß – von Frauen und Mädchen verteidigt werden."

LINKS: Grenadiere der Waffen-SS gehen in einem Graben in Deckung, während Ju- 87-Sturzkampfbomber einen Luftschlag gegen Panzer der Roten Armee ausführen. Im Hintergrund sieht man deutsche Tanks, die darauf warten, nach dem Luftschlag einen Gegenangriff durchzuführen (die Luken der Panzertürme sind geöffnet). Die kurze Ruhe an der Ostfront Ende 1944 wurde im Januar 1945 erschüttert, als die Rote Armee aus ihrem Brückenkopf über die Weichsel stürmte und westwärts auf die Grenze des Dritten Reichs drängte.

LINKS: Zwei deutsche Soldaten warten in ihrem Bunker auf den nächsten russischen Angriff. Ihre Sturmgewehre sind MP- 44-Maschinenpistolen, auf dem Boden liegen zwei Stabgranaten. Die MP 44 hatte ein Magazin mit 30 Schuß und eine Feuerrate von etwa 800 Schuß pro Minute. Sie wurde nach den ersten Rußlandfeldzügen entwickelt, als das Bedürfnis nach einer guten Sturmwaffe offenkundig wurde, doch kam sie zu spät, um den Ausgang des Kriegs zu beeinflussen. Viele Soldaten der Waffen-SS waren in den letzten Schlachten des Dritten Reichs 1945 mit der MP 44 ausgerüstet.

UNTEN: Deutsche Raketenwerfer vom Typ Nebelwerfer auf gepanzerten Wagen im Januar 1945 im Südabschnitt der Ostfront. Die gepanzerte Version des Maultier-Halbkettenfahrzeugs, die man hier sieht, trägt zehn 15-cm-Nebelwerfer-Raketenrohre. Pferd und Wagen spielten als Transportmittel bei militärischen Operationen im Osten immer noch eine wichtige Rolle. Der sowjetische Ring um Budapest veranlaßte Hitler zu dieser Zeit, einen Befreiungsschlag zu befehlen, den die Divisionen *Totenkopf* und *Wiking* durchführen sollten. Der Angriff war für Neujahr geplant, doch Guderian war skeptisch: „Hitler erwartete sich von diesem Angriff große Ergebnisse. Ich war skeptisch, da für seine Vorbereitung nur sehr wenig Zeit blieb und weder die Soldaten noch ihre Kommandanten denselben Schwung wie in früheren Tagen hatten." Guderian hatte recht, denn obwohl die beiden Waffen-SS-Divisionen zehn Tage lang gegen die sowjetische 4. und 6. Garde-Panzerarmee kämpften, erlitten sie so starke Verluste, daß der Angriff abgebrochen wurde.

LINKS: Die Rote Armee unterwegs nach Deutschland. Für die Waffen-SS war der Krieg im Osten ein Kreuzzug gewesen: Nationalsozialismus gegen Bolschewismus, Herrenvolk gegen Untermenschen. 1945 war das Undenkbare eingetreten: Die Übermenschen verloren den Krieg. Die sowjetische Offensive im Januar 1945 war an Intensität und Umfang massiv. Sie war eine Wiederholung des deutschen Blitzkriegs, doch unter umgekehrten Vorzeichen, und mit solchen Ressourcen geführt, wie sie die Deutschen nie zur Verfügung gehabt hatten. Innerhalb von 14 Tagen hatte sie Deutschland erreicht.

RECHTS: Ein Beobachter der Waffen-SS funkt Informationen an den Kommandanten der Panzerschwadron. Zwei Panzer V „Panther" sieht man im Hintergrund. Im Januar 1945 wollte die Rote Armee zunächst die Deutschen aus Polen vertreiben, was nach schweren Kämpfen gelang. Als sich die Deutschen nach Ostpreußen zurückzogen, verfügten sie immer noch über fast 1,000.000 Mann, doch ihnen gegenüber standen über 2,000.000 russische Soldaten, 14.000 Panzer und über 60.000 Artilleriegeschütze.

LINKS: Zwei SS-Männer gehen in Belgien nahe der deutschen Grenze durch einen Wald, der bald von den Alliierten erobert werden wird. Die Front bröckelte im Osten und im Westen. Verzweifelt organisierte SS-Obergruppenführer Hans Prützmann, der 1942–1944 SS-Polizeichef in der Ukraine gewesen war, im Auftrag Himmlers sogenannte „Werwolf"-Einheiten. Diese sollten Sabotage-Operationen gegen die Alliierten ausführen, doch die Idee konnte nie verwirklicht werden. Trotzdem zeigt sie, wie weit sich die Nazi-Hierarchie in den letzten Tagen des Reichs von der Realität entfernt hatte. Das einige greifbare Ergebnis bestand darin, daß die alliierten Soldaten zu einer feindlicheren Haltung der deutschen Bevölkerung gegenüber bewegt wurden.

LINKS: Eine Patrouille der Waffen-SS an einem Ort, der früher einmal ein eleganter deutscher Stadtplatz war. Zu dieser Zeit hatte Himmler einen neuen Eid für die SS, um sie zu noch größeren Anstrengungen anzuspornen. „Zuerst müssen wir schwören, daß wir wie unsere Väter treu sein wollen, treu dem Führer, den uns der Herrgott gesandt hat, treu dem Reich, das alle Deutschen vereint ... treu dem Volk und daher uns selbst, weil wir die wertvollsten Elemente sind; das ewige Leben der germanischen Völker zu verteidigen und zu bewahren, ihre Frauen und Kinder, und so ihr Blut."

UNTEN: Ein Soldat der Waffen-SS, die MP 40 in der Hand, späht während der Straßenkämpfe im April 1945 in Ostdeutschland um eine Hauswand. Sein Kamerad ist mit einem Einstoßflammenwerfer 46 aus einem hohlen Rohr bewaffnet, das Benzin und eine Gaspatrone für eine einzige Entladung enthielt.

RECHTS: SS-Männer stapfen durch die ausgebrannte Straße einer weiteren zerstörten Stadt in Ostdeutschland. Je näher die Rote Armee Berlin kam, desto unrealistischer wurde Hitler, der geiferte: „Was auch immer der Feind macht, er kann niemals mit einer Kapitulation rechnen. Niemals! Niemals! Niemals!"

RECHTS: Sogar nach dem Ende des Dritten Reichs ehrte die Waffen-SS jene in ihren Reihen, die sich durch Tapferkeit ausgezeichnet hatten. Hier bestätigt SS-Standartenführer Léon Degrelle, Kommandant der 28. SS-Freiwilligen-Panzergrenadierdivision *Wallonie,* dem SS-Untersturmführer Jacques Leroy den Erhalt des Ritterkreuzes am 20. April 1945. Im Januar 1945 wurde die Division (die nie über Regimentsstärke hinauskam) an die Front bei Stettin verlegt, wo sie nach heftigen Kämpfen nur noch 700 Mann umfaßte. Die Reste der Division erlebten das Kriegsende in Dänemark.

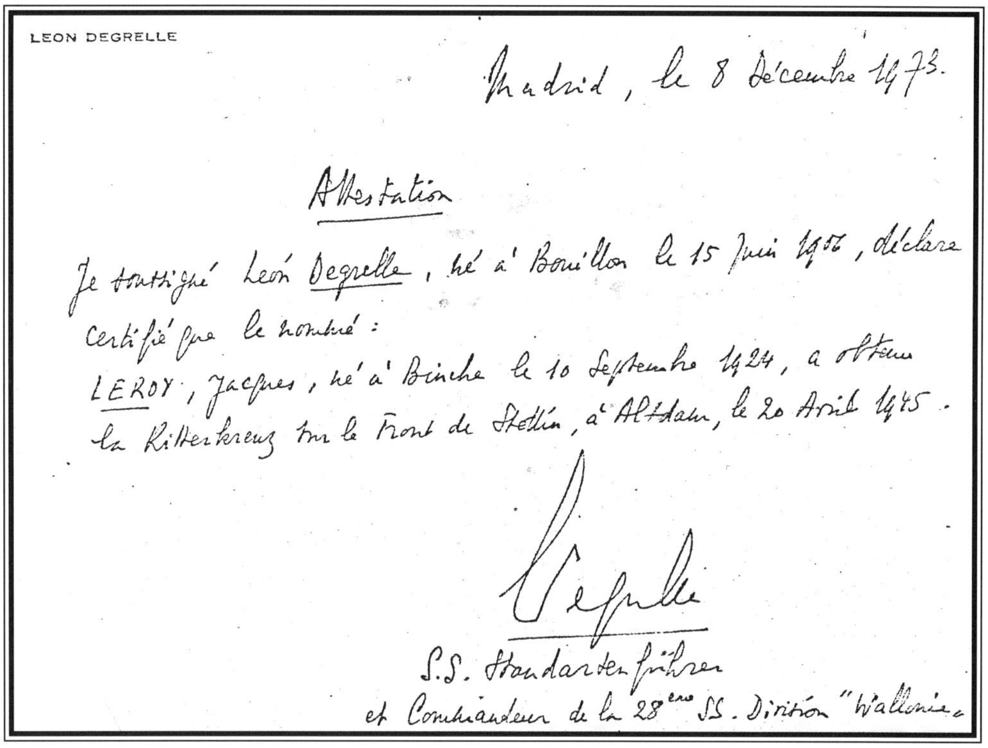

LEON DEGRELLE

Madrid, le 8 Décembre 1973.

Attestation

Je soussigné Léon Degrelle, né à Bouillon le 15 Juin 1906, déclare certifier que le nommé:
LEROY, Jacques, né à Binche le 10 Septembre 1924, a obtenu la Ritterkreuz sur le Front de Stettin, à Altdam, le 20 Avril 1945.

Degrelle

S.S. Standartenführer
et Commandeur de la 28ème SS. Division "Wallonie"

UNTEN: SS-Unterscharführer Thomas Hellor Cooper, ein Brite, der Mitglied der Waffen-SS war. Er war der einzige Engländer, der an der Ostfront mit einer Kampfauszeichnung belohnt wurde. Nach dem Krieg wurde ihm wegen Verrats am Old Bailey der Prozeß gemacht, doch sein Todesurteil wurde umgewandelt.

UNTEN: Das übel zugerichtete Gesicht der Waffen-SS 1945: SS-Un-tersturmführer Jacques Leroy. Er wurde für seine Tapferkeit mit dem Ritterkreuz ausgezeichnet (siehe oben), doch erhielt der Wallone erst am 8. Dezember 1973 die schriftliche Bestätigung als Ritterkreuzträger von seinem Divisionskommandanten Léon Degrelle.

RECHTS: Dokument, in dem am 20. Mai 1957 Roger Wastiau SS-Untersturmführer Jacques Leroys Auszeichnung mit dem Ritterkreuz bekräftigt (Wastiau war der Adjutant der Division *Wallonie*). Wie viele durchschnittliche Soldaten der Waffen-SS hatte Leroy die Auszeichnung erhalten, als er im Kampf ein Auge verloren hatte. Entsetzlich verwundet, verließ er trotzdem das Krankenlager und kämpfte wieder mit seiner Einheit an der Ostfront. Doch im April 1945 waren solche übermenschlichen Anstrengungen vergeblich.

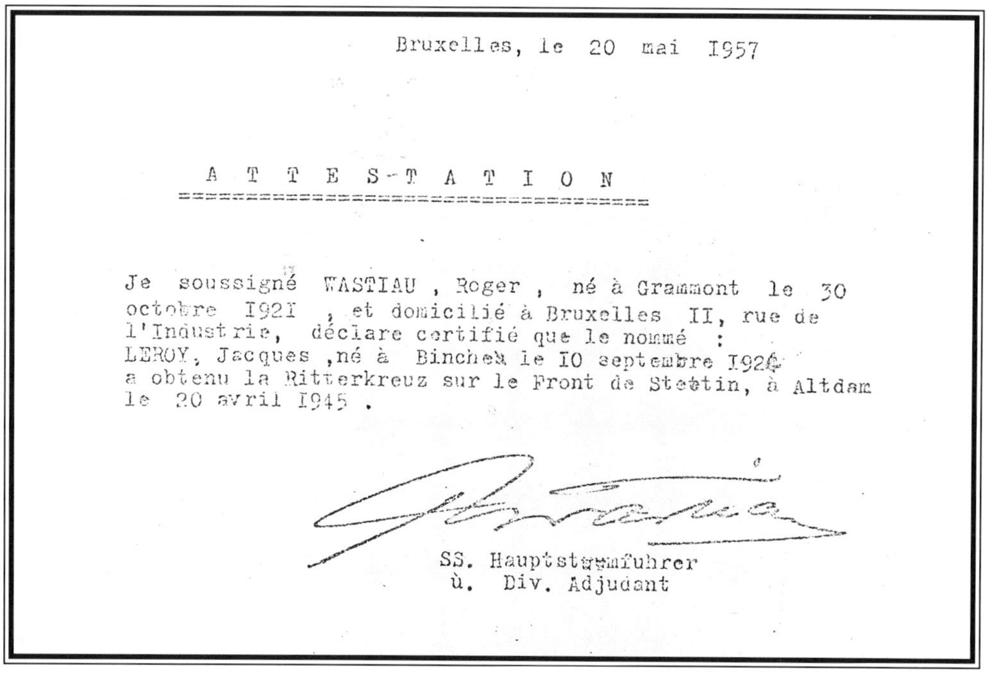

Bruxelles, le 20 mai 1957

A T T E S T A T I O N

Je soussigné WASTIAU , Roger , né à Grammont le 30 octobre 1921 , et domicilié à Bruxelles II, rue de l'Industrie, déclare certifié que le nommé : LEROY, Jacques ,né à Binche le 10 septembre 1926 a obtenu la Ritterkreuz sur le Front de Stettin, à Altdam le 20 avril 1945 .

SS. Hauptsturmführer
ü. Div. Adjudant

LINKS: Eine andere Welt. Die glücklichen Tage von Himmlers Reich: Ein Mann der Allgemeinen SS 1935 mit vier Mitgliedern der Britischen Faschistischen Liga. Zehn Jahre später war sogar die SS demoralisiert. Im Januar 1945 sandte die SS-Propagandaeinheit folgenden Bericht an Himmler: „Die Stimmung der kämpfenden Truppe ist wegen der Ereignisse an der Ostfront gedrückt ... Sollte sich die Lage in den nächsten Tagen weiter verschlechtern, so ist zu erwarten, daß die Truppen die Angst nicht länger ertragen und ihr Kampfgeist erlahmt ...Die Stimmung der örtlichen Bevölkerung, sieht man von Nichtdenkenden ab, ist ähnlich." Himmlers lächerliche Antwort lautete: „Den Truppen muß gesagt werden, daß sie, so bitter es auch sein mag, jetzt mehr denn je ihre Pflicht tun müssen, und nur wenn der Westen nun geschützt ist, werden die deutschen Kräfte im Osten in der Lage sein, zunächst den Sturm abzuwehren und sodann wieder aktiv zu werden."

DER KRIEG EINES MANNES

SS-Untersturmführer Georg Müller, ein frühes Mitglied der SS, das den ganzen Krieg hindurch diente. Er war nur einer von Tausenden, die im Schwarzen Korps dienten.

LINKS: Müllers SA-Wehrsport-abzeichen-Urkundenbuch. Sport war bei der SS sehr wichtig. Himmler glaubte, daß Sport „die Elite erkennbar macht und die Schwachen aussondert".

OBEN: Georg Müller in seiner schwarzen Uniform der Allgemeinen SS. Seine Kappe trägt die frühe Version des Adlers. Müller diente der Nazi-Partei fast zwanzig Jahre lang. Er verlor in Rußland ein Bein.

RECHTS: Die Rückseite der NSDAP-Mitgliedskarte Müllers. Die Karte, ausgestellt am 15. November 1931, bezieht sich auf seine besondere Zelle der Organisation, die Ortsgruppe Duisburg. Es sind nur sehr wenige Dokumente und Photographien der Art, wie sie auf diesen beiden Seiten gezeigt werden, intakt erhalten. Daß sie erhalten blieben, ist der Tatsache zu verdanken, daß Müller sie am Ende des Kriegs in seiner Beinprothese versteckte. Er war entschieden ein Produkt des Nazi-Systems, einer jener „zähen Jungen", von denen Hitler ständig sprach und die er bewunderte.

NATIONAL-SOZIALISTISCHE
BETRIEBSZELLEN-ORGANISATION
* Hauptgeschäftsstelle: München, Brienner Str. 45 *

Mitgliedskarte Nr. 45097 *

für: Georg Müller, Schmelzer,

Wohnung: ..., ... Straße ~~Platz~~ 72.

Eingetreten am 15. XI. 1931.

MÜNCHEN, den 31. Dez. 1931 19 ...

Reichsleitung der N.S.D.A.P. — Reichs-Betriebszellen-Abteilung

IM NAMEN DES FÜHRERS
UND
OBERSTEN BEFEHLSHABERS
DER WEHRMACHT
IST DEM
Leutnant
Georg M ü l l e r

AM 5.9.1942

DIE MEDAILLE
WINTERSCHLACHT IM OSTEN
1941/42
(OSTMEDAILLE)
VERLIEHEN WORDEN.

FÜR DIE RICHTIGKEIT:
Gren.-Ers.- Btl. 107
Klaus
Major u. Btl.-Kommandeur

Schutzstaffeln der N.S.D.A.P.

SS-Führer-
Ausweis Nr. 4 700

Pg. M ü l l e r , Georg

Mitglieds-Nr. 46 581

ist SS-Untersturmführer
in der Stammabt.West Bez.25

Eigenhändige Unterschrift
Georg Müller

OBEN: Auszeichnungsurkunde für die Ostmedaille, errungen von Leutnant Georg Müller während der Kämpfe in Rußland im Winter 1941–1942. Müller hatte Verbindungen zu verschiedenen Zweigen der Nazi-Partei, unter anderem war er Mitglied der Allgemeinen SS. Er trat während des Kriegs in die Reichswehr ein und errang eine Reihe von Auszeichnungen für sein Verhalten in der Schlacht. Diese Urkunden zeigen die starke Reglementierung von Nazi-Deutschland, seine Besessenheit von Dokumenten und amtlichen Papieren. Ironischerweise sollten die umfassenden Berichte und Feststellungen viele SS-Mitglieder enttarnen, als diese nach der Niederlage im Mai 1945 verkleidet aus Deutschland zu fliehen versuchten.

IM NAMEN DES FÜHRERS
VERLEIHE ICH
DEM
Oberleutnant
Georg Müller
I./F.A.Rgt.1308

DAS
KRIEGSVERDIENSTKREUZ
2. KLASSE
MIT SCHWERTERN

Div.Gef.Std., DEN 20.April 1945

(DIENSTSIEGEL)

Generalmajor u.Div.Kdr.
(DIENSTGRAD UND DIENSTSTELLUNG)

OBEN: Der SS-Offizier-Ausweis, ausgestellt 1936 auf Georg Müller. Der Ausweis ist auf weißem Karton mit einem grauen Adler und Hakenkreuz als Wasserzeichen gedruckt, eine Sicherheitsmaßnahme gegen Fälschungen. Er enthält grundlegende Daten des Besitzers, wie die Mitgliedsnummer in der Partei und den Rang.

LINKS: Auszeichnungsurkunde für das Kriegsbverdienstkreuz Zweiter Klasse mit Schwertern, das Müller an Hitlers Geburtstag (20. April 1945) erhielt, weniger als drei Wochen vor Kriegsende. Zu dieser Zeit war Müller zum Oberleutnant befördert worden. Ohne sein künstliches Bein,wäre er von den Russen um seine Dokumente „erleichtert“ worden.

LINKS: Eine Kolonne von Panzern der Roten Armee rattert im Mai 1945 durch Berlin. Ironischerweise wurde der Endkampf um Berlin von ausländischen Mitgliedern der Waffen-SS ausgefochten, die Hitler und seine Umgebung verteidigten: Es waren Angehörige der Divisionen *Nordland* und *Charlemagne* sowie ein Bataillon von Letten der 15. Waffen-SS-Division.

UNTEN: Dichter schwarzer Rauch über der Hauptstadt des Dritten Reichs. Sowjetische Soldaten laufen über einen schuttbedeckten Platz im Herzen Berlins. Die Russen schätzten die deutschen Verluste in den letzten drei Kriegsmonaten im Osten auf 1,000.000 Tote und 800.000 Gefangene, 12.000 eroberte Panzer und 23.000 erbeutete Geschütze.

Rechts: Russische Soldaten posieren nach der deutschen Kapitulation vor dem Brandenburger Tor in Berlin. Hitler ist tot, von eigener Hand erschossen, und große Teile Europas liegen in Trümmern. Die Waffen-SS ist geschlagen. Das deutsche Oberkommando war besorgt, wie sie auf die Befehle, sich zu ergeben, reagieren würde. Doch „Sepp" Dietrich beschloß zu gehorchen – es sollte kein letztes, ruhmreiches Standhalten geben. Für Tausende Soldaten der Waffen-SS bestand die Zukunftsaussicht aus langer Gefangenschaft.

Unten: „Es ist unwahr, daß ich oder irgend jemand anderer in Deutschland 1939 den Krieg wollte. Er wurde ausschließlich von internationalen Politikern gewünscht und provoziert, die entweder jüdischer Abstammung waren oder für jüdische Interessen arbeiteten. Nach all meinen Angeboten zur Abrüstung kann die Nachwelt nicht mich für diesen Krieg verantwortlich machen … Wenn der Krieg verlorengeht, wird das deutsche Volk untergehen. Es ist nicht nötig, die Grundbedürfnisse der Leute zu berücksichtigen. Die nach der Schlacht übrigbleiben, sind die Minderwertigen, denn die Guten werden gefallen sein." (Adolf Hitler, April 1945). Der von Schüssen zersiebte Reichstag liegt in Trümmern, dicht daneben lag der Führerbunker. SS-Oberführer Wilhelm Mohnke setzte diesen am Tag nach Hitlers Selbsttötung in Brand und floh. Er wurde von den Russen erwischt, als er sich in einem Keller versteckte.

KAPITEL 16

Folgen einer Ideologie

LINKS: Insassen des Konzentrationslagers verlassen Dachau, um Weihnachten zu Hause zu verbringen. Solche Menschenfreundlichkeit war bald vorbei.

GEGENÜBER: Ein Sowjet-Soldat, von der Waffen-SS aufgehängt wegen „Verbrechen gegen das Dritte Reich", eine Szene, die sich endlose Male wiederholte.

Viele frühere Mitglieder der Waffen-SS behaupteten nach dem Krieg, daß diese nicht mehr Grausamkeiten begangen habe als irgendeine andere Militäreinheit. Doch die Waffen-SS war viel zu groß und vielfältig, als daß eine solche Verallgemeinerung möglich wäre. Schon die frühen Divisionen der Waffen-SS waren nicht von gleich hohem Standard. Die 4. SS-Division *Polizei* etwa war weniger gut ausgerüstet als ihr Gegenstück, die 7. SS-Gebirgsdivison *Prinz Eugen*. Beide wurden vor allem für Antipartisanen-Aktionen verwendet und verfügten über teilweise veraltete oder erbeutete Ausrüstung.

Die wahre Elite der Divisionen der Waffen-SS kam tatsächlich aus der ersten Hälfte des SS-Kampfordens. Divisionen wie die *Leibstandarte, Das Reich, Wiking, Hohenstaufen, Frundsberg, Hitlerjugend* und *Götz von Berlichingen* errangen alle beneidenswerten Ruhm für ihre Tapferkeit, doch wie stand es um die Greueltaten, die sie ausführten?

DIE ERSTEN VERBRECHEN DER WAFFEN-SS

Die berühmteste Division der Waffen-SS war zweifellos die *Leibstandarte,* die zu einer der mächtigsten gepanzerten Formationen Deutschlands heranwuchs. Die militärische Schulung erfolgte mit neuesten Taktiken, und Offiziere und einfache Soldaten machten alles gemeinsam. Zu Kriegsbeginn war die *Leibstandarte* eine erstklassige Kampfformation - gut ausgerüstet, wohltrainiert, äußerst zuversichtlich und mit einer Moral, die hinter keiner anderen zurückstand.

Fast vom Beginn der Feindseligkeiten im September 1939 an galten die Soldaten der Waffen-SS als besonders verwegen. Von Anfang an wurden Grausamkeiten begangen. In Polen kam es am 19. September 1939 zur ersten belegbaren Greueltat der Waffen-SS. Ein SS-Soldat namens Ernst vom SS-Artillerieregiment und ein Militärpolizist trieben 50 Juden in einer Synagoge zusammen und erschossen sie. Der SS-Soldat wurde vor ein Kriegsgericht gestellt, der Ankläger verlangte die Todesstrafe. Doch der vorsitzende deutsche Richter annullierte das Todesurteil, da sich der SS-Soldat „als Folge der vielen Grausamkeiten von Polen gegen Volksdeutsche in einem Zustand der Erregtheit befunden habe. Als SS-Mann war er auf den Anblick von Juden und die feindliche Haltung des Judentums gegen die Deutschen besonders empfindlich. Und so handelte er ohne Vorbedacht aus jugendlichem Enthusiasmus."

DER WESTFELDZUG

Die *Leibstandarte* wurde für den Angriff im Westen 1940 erweitert und nahm am Zug durch Holland nach Frankreich teil. Bei Dünkirchen stieß sie zur Kanalküste vor. Am 27. Mai 1940 wurden britische Soldaten von der Waffen-SS gefangengenommen, beim Dorf Wormhoudt in eine Scheune getrieben und mit Granaten und Handfeuerwaffen getötet. Die Täter behaupteten, einer der Gefangenen hätte einen Revolver verborgen, mit dem er auf sie schoß und so das Feuer provozierte. Kein endgültiger Beweis für diese Version der Ereignisse wurde jemals erbracht, und so müssen die Tötungen ein Schandfleck auf dem Ansehen der *Leibstandarte* bleiben. Im Gegensatz dazu steht, daß britische Soldaten, die beim neuerlichen Aufeinandertreffen mit der *Leibstandarte* bei der deutschen Invasion in Griechenland 1941 gefangengenommen wurden, widerwillig von der ritterlichen Behandlung berichteten, die ihnen durch die Waffen-SS zuteil wurde.

LINKS: Gefangene eines Konzentrationslagers tragen Eisenbahnschienen, um eine neue Linie zu bauen – Mitglieder von Himmlers Sklavenreich. Noch sind sie in recht guter körperlicher Verfassung.

Der Krieg im Osten konfrontierte die jungen Grenadiere der Waffen-SS mit einer weit brutaleren Art der Kriegsführung. Die SS war gelehrt worden, die Russen als verachtenswerte kommunistische Feinde zu hassen, als Gegensatz für alle Werte des Nationalsozialismus. Andererseits haßten die Sowjets die Deutschen als faschistische Eindringlinge. Dies drückte sich auf dem Schlachtfeld in heftigen Kämpfen Mann gegen Mann aus, bei denen es kein Pardon gab. Doch was in der Hitze der Schlacht verständlich sein mag, ist außerhalb des Kampfes etwas völlig anderes, und die *Leibstandarte* wurde der kaltblütigen Ermordung einer großen Zahl sowjetischer Kriegsgefangener bei der Schlacht um Taganrog im Oktober 1941 beschuldigt. Der Kommandant der *Leibstandarte,* „Sepp" Dietrich, gab Befehl, daß als Vergeltung für sowjetische Grausamkeiten gegen seine Männer einige Tage lang keine Gefangenen gemacht werden sollten.

DAS MASSAKER VON MALMÉDY

Während der Ardennen-Offensive Ende 1944 verübte die Waffen-SS abermals eine Greueltat. Eine Reihe von amerikanischen Gefangenen waren nahe Malmédy gesammelt worden, als Speerspitzen des 1. SS-Panzerkorps vorbeiströmten. Sie wurden von zwei Panzern und ihren Mannschaften bewacht. Deutschen Quellen zufolge waren es 20 Gefangene, belgische Zeugen sprechen von 35, die Amerikaner von über 120. Wie dem auch sei, ein Mitglied der Mannschaft des Panzers Nr. 731, der rumänische Volksdeutsche Georg Fleps, feuerte aus seiner automatischen Pistole in die Gruppe der Gefangenen. Als diese auseinanderliefen, eröffneten auch die anderen Deutschen das Feuer, und die meisten Gefangenen wurden getötet. Dies war eindeutig ein Verbrechen, für das die Täter vor Gericht gehörten. Es kam aber zum Streit über die Art der Untersuchung. Die Amerikaner wollten zeigen, daß dieses Massaker Folge einer deutschen politischen Entscheidung, keine Gefangenen zu machen, gewesen sei. Der Befehl stammte angeblich von „Sepp" Dietrich.

Nach dem Krieg wurden etwa 500 Soldaten der Waffen-SS des 1. SS-Panzerkorps, darunter Dietrich, SS-Gruppenführer Hermann Priess, Kommandant der Leibstandarte, und SS-Obersturmbannführer Joachim Peiper, Kommandant der Speerspitzen-Einheit Kampfgruppe *Peiper*, inhaftiert.

WELCHES URTEIL FÜR DIE WAFFEN-SS?

Als sich Deutschlands Kriegsmaschine langsam auflöste, wurden stets die Eliteeinheiten der Waffen-SS losgeschickt, um die abbröckelnden Stellungen zu retten. Der fast ununterbrochene, kühne Einsatz verlangte hohe Opfer, doch der Korpsgeist der meisten Einheiten der Waffen-SS blieb unvermindert. Inzwischen waren viele der Soldaten der Waffen-SS zu bitteren Zynikern ohne wirkliche Loyalität für ihre politischen Herren oder den Reichsführer SS geworden. Ihre Loyalität galt ihren Kameraden und ihrer Einheit. In diesem Sinn ähnelten diese Grenadiere der Waffen-SS den Soldaten der Freikorps der 20er Jahre. Himmlers Fehlschlag als Heerführer – Hitler hatte ihn zum Befehlshaber der Heeresgruppe *Weichsel* ernannt – hatte ihn als völlig inkompetent für die Leitung einer Armee erwiesen, und er hatte ihm die Verachtung vieler seiner kampferprobten Waffen-SS-Soldaten eingetragen.

Was auch immer die Verdienste der Divisionen der Waffen-SS gewesen sein mögen – ihnen wird ein größerer Anteil an Kriegsverbrechen zugeschrieben als jedem anderen Teil der deutschen Armee. Zumindest was einige der sogenannten „klassischen" Divisionen betrifft, wurde der Großteil aller Exzesse, derer sie beschuldigt wurden, nur von einem kleinen Teil und in der Hitze des Kampfes begangen, oft als Antwort auf ähnliche Exzesse des Feindes. Selbst Simon Wiesenthal, der Verfolger der Nazi-Kriegsverbrecher, äußerte die Ansicht, daß sich ein Soldat der Waffen-SS zumindest in den ersten Kriegsjahren für nicht mehr und nicht weniger zu verantworten habe als jeder andere deutsche Soldat.

DAS URTEIL VON NÜRNBERG

Selbstverständlich gibt es für vieles der SS keine Entschuldigung. Das Internationale Militärtribunal von Nürnberg stellte fest, daß die SS „für Zwecke, die nach der Satzung [des Internationalen Militärtribunals] verbrecherisch waren, eingesetzt wurde, wie die Verfolgung und Vernichtung der Juden, die Grausamkeiten und Tötungen in den Konzentrationslagern, Exzesse bei der Verwaltung der besetzten Gebiete, die Durchführung des Zwangsarbeiter-Programms und die Mißhandlung und Ermordung von Kriegsgefangenen". Es wurde auch zu Protokoll genommen, daß die Waffen-SS „in Theorie und Praxis ebenso wie jeder andere Zweig der SS ein wesentlicher Teil der SS-Organisation" gewesen war, und daß sie „direkt an der Ermordung von Kriegsgefangenen und den Greueltaten in den besetzten Staaten beteiligt gewesen war. Sie stellte Personal für die Einsatzgruppen und hatte nach der Aufnahme der Totenkopf-SS den Befehl über die Konzentrationslager-Wachen". So wurde sie zum Komplizen der Ausrottung von sechs Millionen Juden, Hunderttausenden Zwangsarbeitern und einer unbekannten Zahl von Zivilisten in Osteuropa.

Niemand kann die Aktionen der Einsatzgruppen, der Gestapo, der SS-Totenkopfverbände und anderer rechtfertigen oder entschuldigen wollen. Und es ist undenkbar, daß die Geschichte je beschließt, sie habe einigen Einheiten der Waffen-SS unrecht getan wie den berüchtigten Moslemischen Freiwilligen oder den Ukrainischen Hilfstruppen, die bei den Polizeieinheiten oder als Konzentrationslager-Wachen dienten. Diese Einheiten müssen als ungeheuerliche Fehltritte in die Geschichte eingehen. Ihr Anspruch, sie seien Soldaten wie alle anderen gewesen, muß absolut zurückgewiesen werden.

Soldaten der Eliteeinheiten der Reichsdeutschen Waffen-SS und einiger der Germanischen Freiwilligen jedoch können wohl zu Recht verlangen, als Soldaten wie alle anderen betrachtet zu werden, auch wenn das nicht für die Waffen-SS insgesamt gilt. Diese Männer waren nicht am Völkermord oder an Verbrechen gegen die Menschlichkeit auf Divisionsbasis beteiligt, wenngleich sie Soldaten waren, die mit den Lehren des Nationalsozialismus und seinen haarsträubenden rassischen Theorien durchtränkt waren.

Anders bei Einheiten wie der Division *Totenkopf* mit ihrer unbarmherzigen weltanschaulichen Indoktrination und ihren Verbindungen zu den Konzentrationslagern. So gesehen, sind „klassische" Waffen-SS-Divisionen schuldig, wenn es um Greueltaten oder zumindest um stilles Einverständnis mit Mord geht. So assistierte etwa im April 1941 eine der Kompanien der Division *Das Reich* einem SS-Erschießungskommando bei der Erschießung von 920 Juden bei Minsk. Dieselbe Division war 1944 in Frankreich in die Morde in Oradour-sur-Glane verwickelt. Es gibt einfach zu viele solche Beispiele, als daß die Waffen-SS einer Verurteilung entgehen könnte.

RECHTS: Insassen eines Konzentrationslagers drängen sich in ihrem Block in blau-weiß-gestreiften Uniformen um einen Ofen. Theodor Eicke, Oberhaupt der Konzentrationslager-Wachen, hielt die Lager für das „wirkungsvollste verfügbare Mittel, um die Feinde des Nationalsozialismus zu vernichten".

RECHTS: „Wir haben sehr, sehr viele gegen uns, wie Sie als Nationalsozialisten sehr gut wissen. Das gesamte Kapital, das ganze Judentum, die ganze Freimaurerei, alle Demokraten und Spießbürger der Welt." (Heinrich Himmler) Hier wird ein Jude, einer der „Feinde", nach Wertgegenständen und Waffen durchsucht, ehe er in ein Ghetto gesandt wird, von wo aus er schließlich in ein Konzentrationslager gebracht wird, wenn er bis dahin nicht verhungert ist, sich zu Tode gearbeitet hat oder einfach von einer Wache ermordet wurde.

LINKS: Die Plakette des Zollfahndungsdiensts von Bremen. Die Organisation wurde von der Gestapo kontrolliert und war daher an der Aushebung von Juden und anderen Feinden des Nationalsozialismus beteiligt.

UNTEN LINKS: Die Marke der Staatlichen Preußischen Kriminalpolizei. Solche Gegenstände erscheinen heute harmlos, doch jeder, dem sie gezeigt wurde, wurde von Entsetzen bei dem Gedanken gepackt, daß er nun zum Verhör ins Polizeihauptquartier gebracht würde, eine Reise ohne Rückfahrkarte.

UNTEN: Drei jüdische Gefangene werden von einem Angehörigen des Sicherheitsdienstes (SD), des Erkennungsdienstes der Nazi-Partei, überprüft. Der SD wurde von Heydrich, einem fanatischen Antisemiten, geleitet, dessen Geist die „Endlösung der Judenfrage" entsprang.

RECHTS: Gouverneur Dr. Hans Frank, General-Gouverneur des besetzten Polen, umringt von Offizieren der Waffen-SS, während einer Inspektionstour 1942 an der Ostfront. Auf solchen Reisen wurde die endgültige Ruhestätte für die Juden festgelegt. Die Anwesenheit von Waffen-SS-Offizieren beweist, daß die Behauptung von Soldaten der Waffen-SS, sie hätten von der Politik des Massenmordes an Juden und anderen nichts gewußt, falsch ist. Tatsächlich nahm die Waffen-SS an den Morden teil, wenn man sie rief – ihr blinder Gehorsam schrieb es so vor.

LINKS: Gefangene warten auf ihren Tod aus der Hand eines SS-Erschießungskommandos. Die beiden im Vordergrund bitten vergeblich um Gnade. Die Herzen der SS-Männer sind solchen Bitten gegenüber verhärtet. Zu Beginn des Rußlandfeldzugs 1941 folgten SS-Einheiten und Einsatzgruppen den Armeen, um jene, die nicht in die Weltanschauung der Nazis paßten, zur Exekution zusammenzutreiben. Meist kam es zu Massenerschießungen. Ein SS-Unteroffizier, der an der Exekution russischer Juden teilnahm, schrieb in sein Tagebuch: „Was mögen sie wohl denken? Ich glaube, jeder hofft immer noch, daß er nicht erschossen wird. Ich empfinde nicht die geringste Reue. So ist es eben, und so soll es sein."

RECHTS: Sauber aufgereihte Leichen, bereit zum Transport in ein Massengrab oder das Krematorium eines Konzentrationslagers. Es gibt keine befriedigende Erklärung für die Ermordung von unschuldigen Männern, Frauen und Kindern bei Anti-Partisaneneinsätzen der Waffen-SS, etwa in Minsk, Charkow, Boves in Italien, Kissura in Griechenland und Oradour in Frankreich. Der Hinweis auf die Todesverachtung der Waffen-SS kann sie erklären, jedoch niemals rechtfertigen.

LINKS: Ordnungspolizei auf dem Weg zur Ermordung einer Gruppe polnischer Juden. Die Schaufeln werden die Juden erhalten, um sich ihr eigenes Grab zu schaufeln.

UNTEN: Insassen eines Konzentrationslagers in einem Steinbruch. Sie galten als entbehrlich, und ihre SS-Wachen wußten, wie sie ihnen das Maximum abverlangten, ehe sie starben.

LINKS: Erkennungsmarke der berüchtigten Gestapo, der Geheimpolizei des Dritten Reichs. Gestapo-Agenten trugen Zivil und hatten das Recht, Geständnisse mit Gewalt zu erzwingen. In ihrer Blütezeit umfaßte sie 45.000 Männer und 100.000 Informanten.

LINKS: Ein irreführendes Bild von Gefangenen eines Konzentrationslagers, die Munition für das Reich herstellen (auch die Uniformen für die Waffen-SS wurden in den Lagern produziert). Die Insassen waren an jeder Form der Kriegsarbeit, einschließlich des Baus der V-1- und V-2- Raketen, beteiligt. Jede Verletzung der strengen Vorschriften, die ihre Arbeit regelten, führte zu summarischer Hinrichtung. Auch bei jeder Sabotage wurde die gesamte Schicht ausgelöscht. Solche Maßnahmen hielten die Gefangenen bei der Stange.

RECHTS: Juden, ermordet 1939 in Polen von der späteren Division *Totenkopf.* Eickes Regiment *Brandenburg* kam im September 1939 nach Polen, um sogenannte „Säuberungs- und Sicherungsmaßnahmen" durchzuführen. Der Kommandant des Regiments, SS-Standartenführer Paul Nostitz, meldete an Eicke, daß er eine große Zahl von „verdächtigen Elementen, Plünderern, Aufwieglern, Juden und Polen" inhaftiert und erschossen habe. Tausende wurden getötet.

LINKS: Noch mehr Unschuldige, die die SS erschossen hat, diesmal in Rußland. Ganze Gemeinden wurden herausgeholt und erschossen, manchmal aus purer Laune heraus. Ein Bericht vermerkt, daß ein verantwortlicher Offizier der SS mit der Bitte um Anweisungen Verbindung mit seinem Hauptquartier aufnahm. Er hielt eine Gruppe von Zivilisten fest, von denen er *glaubte*, sie seien nicht als „untermenschlich" einzustufen. Die Antwort, die er erhielt, war knapp: Wenn der geringste Zweifel an ihrer rassischen Reinheit bestehe, seien sie auszurotten.

RECHTS: Es war den Angehörigen der deutschen Streitkräfte streng verboten, private Photographien von öffentlichen Exekutionen zu machen. Trotzdem versammelt sich hier eine gemischte Gruppe von Soldaten, dem Ende eines russischen Partisanen beizuwohnen. Diejenigen, die photographieren, scheinen sich um die Befehle nicht zu kümmern. Solche Bilder stehen der Aussage von früheren SS- und Armeesoldaten entgegen, daß sie von den Exekutionen und Greueltaten während des Kriegs nichts wußten. Auch wenn sie nicht daran teilnahmen, wußten sie zweifellos, was vor sich ging.

DIE HÖLLE AUF ERDEN

Die Brutalität und Unmenschlichkeit in den Konzentrationslagern des Dritten Reichs ist schwer zu verstehen, und noch weniger, daß sie fast zwanzig Jahre lang andauerte.

OBEN: Die Folter, die SS-Oberführer Hans Loritz, Kommandant von Dachau, ersann. Den Gefangenen wurden die Hände hinter dem Rücken gefesselt, dann wurden sie an den Händen hochgezogen. Die Opfer konnten wochenlang ihre Arne nicht bewegen.

OBEN: Ein SS-Standartenführer belehrt Männer der SS-Totenkopfverbände im Lager Dachau über ihre Pflichten. Unter der Leitung Theodor Eickes wurden die Wachen den Gefangenen der Lager gegenüber brutal und gleichgültig. Sie wurden ständig daran erinnert, daß die Insassen minderwertige, doch unversöhnliche Feinde des Nazismus seien.

UNTEN: Die Fahrt zur Hölle beginnt. Juden steigen in einen Viehtransporter ein, der sie ins Konzentrationslager Auschwitz bringen wird. Dort werden sie auf den unmenschlichen Lagerarzt, SS-Hauptsturmführer Dr. Josef Mengele, treffen. Er wird entscheiden, wer zur Zwangsarbeit eingeteilt und wer in die Gaskammer gehen wird.

LINKS: Die Kleider-Werkstatt in Dachau. Hier nähten jüdische Schneider alle Arten von Uniformen und stellten SS-Abzeichen her. Himmler wollte die „rassisch Wertlosen" in die Konzentrationslager schicken, damit sie „Gehorsam, Sorgfalt, bedingungslose Unterordnung und Loyalität ihren deutschen Herren gegenüber lernten. Sie müssen bis 100 rechnen, die Verkehrszeichen lernen und für ihr Gewerbe als Landarbeiter, Mechaniker, Steinmetz, Tischler usw. vorbereitet werden. Die Mädchen sollen als Landarbeiter, Weber, Spinner, Stricker und dergleichen ausgebildet werden."

RECHTS: Eine Kolonne von Gefangenen marschiert im Konzentrationslager Dachau unter den wachsamen Augen ihrer SS-Wachen zwischen den Bauten. Die Lagerwachen lernten, daß Barmherzigkeit und Gnade sinnlose, überkommene Absurditäten seien.

LINKS: Im Gegensatz zu der oben abgebildeten Kleider-Werkstatt war der Steinbruch die Hölle auf Erden. Dies ist der Bruch im Konzentrationslager Mauthausen, wo die Gefangenen, geschwächt durch schlechte Ernährung und Schläge, bei jedem Wetter schwere Steine die 148 Stufen hoch bis zu den wartenden Eisenbahnkarren schleppen mußten. Wer die Arbeit aus irgendeinem Grund nicht schaffte, wurde erschossen oder mit dem Gewehrkolben erschlagen. Alle würden schließlich sterben, die einzige Frage war, wann, doch die Wachen sorgten dafür, daß das letzte Quentchen Arbeitskraft herausgequetscht wurde, ehe der Tod als willkommene Erleichterung kam. Den ganzen Krieg hindurch gab es einen steten Wechsel zwischen der Waffen-SS und den Lagerwachen, sowohl bei Offizieren als auch unter den Soldaten – was die Behauptung Lügen straft, die Waffen-SS habe vom Völkermord nichts gewußt.

RECHTS: Das letzte Klassenphoto, das in Oradour-sur-Glane aufgenommen wurde, ehe Teile der Division *Das Reich* im Dorf eintrafen, um an den Bewohnern Rache für den Tod etlicher Waffen-SS-Soldaten durch die Résistance zu verüben. Die Mädchen wurden in der Kirche zusammengetrieben, die sodann angezündet wurde. Alle verbrannten. Insgesamt wurden in Oradour 642 Menschen beiderlei Geschlechts und jeden Alters ermordet. Das Dorf wurde nie wieder aufgebaut – eine Erinnerung an die unmenschliche Seite der Waffen-SS.

UNTEN: Überlebende eines Konzentrationslagers bei Kriegsende. Trotz ihrer Verfassung gehören sie zu den Glücklichen, anders als die Millionen, die vergast, und die Hunderttausenden, die in Osteuropa erschossen wurden. Nach seiner Gefangennahme zeigte man Himmler Bilder der Körper aus Buchenwald. Er antwortete: „Bin ich für die Exzesse meiner Untergebenen verantwortlich?"

Oben: Deutschen wird nach Kriegsende ihr Werk von ihren amerikanischen Bewachern vorgeführt. Seit dem Mai 1945 haben die Veteranen der Waffen-SS immer wieder versucht, sich von den Greueltaten, die im Namen des Nationalsozialismus begangen wurden, zu distanzieren. Doch kann dies einer Militäreinheit, die in einer ideologischen Schmiede als Fahnenträger des Nazismus geschaffen wurde, je gelingen? Es bleibt zweifelhaft, denn bei all ihrem Heldenmut und ihrer Selbstaufopferung auf dem Schlachtfeld, so wertvoll und bewunderungswürdig diese auch sein mögen, gibt es bei den Aktionen der Truppen Himmlers eine dunkle Seite. Der Historiker George Stein stellt es so dar. „Während weder das ideologische Schulungsmaterial der SS noch Himmlers begeisterte Ansprachen auf den ersten Blick als Überzeugungen der Waffen-SS in der Praxis verstanden zu werden brauchen, trifft es zu, daß der Nihilismus der Waffen-SS durch die nationalsozialistische Weltanschauung verstärkt und in eine bestimmte Richtung gelenkt wurde ... Wenn man sie, als Individuen oder Einheiten, rief, um bei solchen Operationen [Greueltaten] – sei es die Unterwerfung des Warschauer Ghettos oder die Ausrottung der Juden in Minsk – mitzuhelfen, dann zeigten die Männer der Waffen-SS ihre Kardinaltugend: blinden Gehorsam." Am Ende des Kriegs wandte sich die Waffen-SS sogar gegen deutsche Soldaten und Zivilisten, erschoß und erhängte Tausende wegen „Feigheit vor dem Feind". Im April 1945 etwa verurteilte Max Simon, Kommandant der Division *Reichsführer SS*, einen älteren Bauern zum Tod, weil er eine Gruppe von Hitlerjungen entwaffnet hatte, um zu verhindern, daß sie von den herannahenden amerikanischen Streitkräften getötet würden. Sogar nach Hitlers Tod setzten fanatische Männer der Waffen-SS den Kampf fort, da sie auf ihrem Eid der Treue, Tapferkeit und „Gehorsam bis zum Tode" beharrten. Bis 1945 hatte der Fanatismus religiöse Züge erhalten, und wehe seinen Gegnern. Die Soldaten der Waffen-SS mußten für ihre Aufgabe gehärtet werden, wie Himmler die Offiziere der *Leibstandarte* im Herbst 1940 ermahnte: „Wo wir bei Temperaturen von –40° Tausende, Zehntausende, Hunderttausende verschleppen mußten, wo wir die Härte haben mußten – hören Sie dies, doch vergessen Sie es sofort wieder – ‚Tausende führender Polen zu erschießen, wo wir die Härte haben mußten, andernfalls wäre es später auf uns zurückgefallen. In vielen Fällen ist es wesentlich leichter, mit einer Infanteriekompanie in die Schlacht zu ziehen, als Exekutionen auszuführen oder Menschen zu verschleppen." Diese Härte war die große Stärke der Waffen-SS; sie war aber auch verantwortlich für entsetzliche Greueltaten.

REGISTER